经世济民

诚信服务

德法兼修

“十四五”职业教育国家规划教材

数字商贸“岗课赛证”融通新形态一体化教材
网店运营推广1+X证书制度系列教材

新目录
新专标

高等职业教育商科类专业群
电子商务类专业新目录 · 新专标配套教材

网店推广

（第二版）

毕苑苑
电商2303

主编　北京鸿科经纬科技有限公司

中国教育出版传媒集团
高等教育出版社 · 北京

内容提要

本书是“十四五”职业教育国家规划教材、数字商贸“岗课赛证”融通新形态一体化教材、网店运营推广 1+X 证书制度系列教材、高等职业教育商科类专业群电子商务类专业新目录 · 新专标配套教材。本书针对《网店运营推广职业技能等级标准》（中级）设计内容，同时配套开发了新型活页式实训教材《网店推广实训》。

本书包含网店推广认知、SEO 优化、SEM 推广、信息流推广四个模块，以搜索引擎推广、信息流推广等工作领域对应的知识、技能、素养要求为主线，融合、提炼、归纳了淘宝直通车推广、速卖通推广、百度推广、今日头条推广等平台的核心推广技能，总结提炼了网店推广的核心知识体系，提升了网店推广知识性和实用性。

本书既可作为高等职业教育本科、专科及中职院校电子商务、跨境电子商务、网络营销与直播电商、移动商务、农村电子商务、商务数据分析与应用、市场营销、连锁经营与管理等相关专业的教材，又可作为获取网店运营推广职业技能等级证书（中级）的培训教材，还可供电子商务相关从业者和社会人士阅读参考使用。

本书配套建设了在线开放课程、课件、习题答案等数字资源，选取其中具有典型性、实用性的优质资源，在教材中以二维码形式进行了标注，供使用者即扫即用。其他资源服务见“郑重声明”页的资源服务提示。

图书在版编目（CIP）数据

网店推广 / 北京鸿科经纬科技有限公司主编. -- 2 版. -- 北京：高等教育出版社，2022.8（2023.12重印）
ISBN 978-7-04-058740-1

Ⅰ. ①网… Ⅱ. ①北… Ⅲ. ①网店－商业经营 Ⅳ. ①F713.365.2

中国版本图书馆CIP数据核字（2022）第098605号

网店推广
WANGDIAN TUIGUANG

项目策划 赵 洁　策划编辑 康 蓉 王 沛　责任编辑 王 沛　封面设计 李树龙
版式设计 杨 树　责任绘图 李沛蓉　责任校对 商红彦 吕红颖　责任印制 沈心怡

出版发行	高等教育出版社	网　　址	http://www.hep.edu.cn
社　　址	北京市西城区德外大街 4 号		http://www.hep.com.cn
邮政编码	100120	网上订购	http://www.hepmall.com.cn
印　　刷	涿州市星河印刷有限公司		http://www.hepmall.com
开　　本	787 mm× 1092 mm 1/16		http://www.hepmall.cn
印　　张	17.5		
字　　数	350 千字	版　　次	2019 年 11 月第 1 版
插　　页	1		2022 年 8 月第 2 版
购书热线	010－58581118	印　　次	2023 年 12 月第 4 次印刷
咨询电话	400－810－0598	定　　价	59.80 元

本书如有缺页、倒页、脱页等质量问题，请到所购图书销售部门联系调换

物 料 号 58740-A0

总　　序

从电子商务技术、电子商务服务到电子商务经济，电子商务行业经历了从具体的技术应用发展到相关产业形成的过程，并通过创新与协同发展融入国民经济的各个组成部分。党的二十大报告明确指出：“加快发展数字经济，促进数字经济和实体经济深度融合，打造具有国际竞争力的数字产业集群。”在新技术的冲击下，电子商务行业快速发展，企业对电子商务人才技能提出了新的需求，网店运营推广人才需求缺口进一步扩大，培养电子商务行业所需要的人才成为亟待解决的问题。

2019 年 1 月 24 日，国务院印发了《国家职业教育改革实施方案》，明确提出在职业院校、应用型本科高校启动“学历证书 + 若干职业技能等级证书”制度试点（以下简称“1+X 证书制度试点”）。2019 年 4 月，教育部等四部门印发了《关于在院校实施“学历证书 + 若干职业技能等级证书”制度试点方案》的通知，部署启动职业技能等级 1+X 证书制度试点工作。北京鸿科经纬科技有限公司开发的网店运营推广职业技能等级证书入围第二批职业技能等级证书。

网店运营推广职业技能等级证书以社会需求、企业岗位（群）需求和《网店运营推广职业技能等级标准》为依据，对学习者的职业技能进行综合评价，如实反映学习者的职业技术能力，探索高等职业教育学历教育的普遍性与电子商务相关行业企业职业技能等级训练的有机结合。网店运营推广职业技能等级证书以学历证书为基础，对学历证书要求的内容进行强化、补充、拓展。

截至目前，网店运营推广职业技能等级证书试点院校近 1 500 所，试点人数超 24 万人次，试点规模及覆盖范围不断扩大，现有考核站点 1 200 多个，共计 12 万名考生参与了考试。除试点院校外，一些非试点院校及社会考生也积极进行相关课程的教学及考证活动。

为落实“X”证书对“1”的强化、补充、拓展，确保网店运营推广职业技能等级证书的顺利、有效实施，实现数字商贸“岗课赛证”融通，北京鸿科经纬科技有限公司联合电子商务龙头企业以及职业教育专家，根据《网店运营推广职业技能等级标准》和相关专业教学标准，以实际岗位需求为导向，以“学训结合”为原则，以强化职业技能为目标，开发了符合行业发展和职业教育需求的网店运营推广 1+X 证书制度系列教材。

本系列教材自 2019 年 11 月出版以来，不仅极大地推动了网店运营推广职业技能等级证书制度的落地实施，而且广泛进入课堂，形成数字商贸“岗课赛证”融通的良性循环，受到广大院校的高度认可，系列教材全部被评为“十三五”职业教育国家规划教材。为了保持教材与时俱进地体现新技术、新工艺、新规范和新要求，编写团队对本系列教材进行了全新的升版修订，新版教材集中体现以下特色：

1. 寓价值观引导于知识传授和能力培养中，服务人才培养目标

党的二十大报告明确指出 :“教育是国之大计、党之大计。培养什么人、怎样培养人、为谁培养人是教育的根本问题。育人的根本在于立德。”本系列教材以习近平新时代中国特色社会主义思想为指导，坚持正确的政治方向、舆论导向和价值取向，落实立德树人根本任务。通过知识目标、技能目标、素养目标三维学习目标的构建，“德技并修”等课程思政类栏目的设立，以社会主义核心价值观为指导，对相关内容和案例进行了符合教学传播需求的改写，系统体现课程思政特色，实现对电子商务行业人才进行社会主义核心价值观、职业道德、法律意识与专业素养全方位综合培养的人才培养目标。

2. 构建科学合理的核心知识技能体系，解决课程在实现“从无到有”过程中的逻辑构建与内容取舍的困惑和难题

教材能否具有生命力，核心知识技能体系的确立是根本。教材的逻辑构建与内容取舍既要具有独立性，可以自成体系，又要具有兼容性，可以跨界融合。本系列教材以企业岗位需求为导向，注重课程的逻辑构建与内容取舍，凝练行业企业经验，注重横向单元的构建和纵向单元的深入，体系健全、逻辑严谨、重点突出、详略得当，既能满足教学需求，又能对接职业要求。

3. 强化职业教育类型特色，突出体现“岗课赛证”综合育人特色

党的二十大报告明确指出 :“统筹职业教育、高等教育、继续教育协同创新，推进职普融通、产教融合、科教融汇，优化职业教育类型定位。”本系列教材对接岗位需求，设立了“知识拓展”“典型案例”“直通职场”等栏目，搭建了“课”与“岗”连通的桥梁；对接电子商务技能大赛，增加了“大赛直通车”栏目，同步开发数字化教学资源，实现以赛促教、以赛促学；强化实训建设，配套开发新型活页式实训教材和数字化教学资源，实现“教学做”一体化。本系列教材内容具有针对性、灵活性、前瞻性，社会及企业认可度高，具有较强的指导性。

4. 数字化教学资源丰富，实现了在线开放课程和新形态一体化教材的“互联网 +”式互动

根据《网店运营推广职业技能等级标准》，本系列教材同步开发了在线开放课程，建设了微课、动画、视频、课件等类型丰富的数字化教学资源，通过扫描二维码可学习书中的案例、课件、微课、视频等丰富类型的资源，提高了学习的便利性和趣味性，实现了在线开放课程和新形态一体化教材的“互联网 +”式互动。

网店运营推广作为电子商务领域发展较快的事物，其行业技术要求日新月异，行业标准与规范也在发展中不断完善。本系列教材建设委员会在编写过程中力求准确、完善，但书中难免存在疏漏与不足之处，恳请广大读者批评指正。北京鸿科经纬科技有限公司也会努力做好 1+X 证书制度试点的培训和其他支持工作，更好地服务 1+X 证书制度试点工作。

网店运营推广 1+X 证书制度系列教材建设委员会

2023 年 6 月

第二版前言

《国家职业教育改革实施方案》提出，鼓励职业院校学生在获得学历证书的同时，积极取得多类职业技能等级证书，即实施 1+X 证书制度试点，提升就业创业能力，缓解结构性就业矛盾，真正培养社会适需的复合型技术技能人才。

为进一步完善相关行业技术技能标准体系，为技术技能人才教育和培训提供科学、规范的依据，北京鸿科经纬科技有限公司依据当前相关行业发展的实际情况，联合行业、企业、院校，组织有关专家开发了《网店运营推广职业技能等级标准》，并在此基础上开发了网店运营推广 1+X 证书制度系列教材。

本书依据《网店运营推广职业技能等级标准》（中级）编写，通过学习本书，学习者可以对网店推广形成系统而清晰的认知。本书在编写过程中调研了大量的电子商务龙头企业，分析企业对网店推广岗位技能的要求，形成了如下鲜明特色：

1. 坚持立德树人，融价值观塑造于知识传授和能力培养中

党的二十大报告指出："全面贯彻党的教育方针，落实立德树人根本任务，培养德智体美劳全面发展的社会主义建设者和接班人。"本书以习近平新时代中国特色社会主义思想为指导，学习并贯彻党的二十大精神，坚持正确的政治方向、舆论导向和价值取向，落实立德树人根本任务。通过知识目标、技能目标、素养目标三维学习目标的构建，"德技并修"等思政类栏目的设立，挖掘专业、职业岗位、课程背景下的育人元素以增强教材的育人功能，使学习者在学习网店推广知识与技能的同时，不断提高思想道德素养和职业素养，成为社会主义核心价值观的践行者和传播者。

2. 职业技能等级标准与相关专业教学标准双覆盖，构建科学合理的核心知识技能体系

本书遵循"X"是"1"的补充、强化、拓展的基本原则，实现职业技能等级标准与相关专业教学标准双覆盖，补充新技术、新工艺、新规范和新要求，强化职业技能、知识和素养，拓展职业领域和职业能力。本书从庞杂而碎片化的互联网内容中，科学地梳理出"网店推广"课程的核心知识点和技能点，形成新形态一体化教材的核心知识技能体系，合理取舍内容，将 SEO 优化、SEM 推广、信息流推广等工作领域作为重点和难点。

3. 落实"三教"改革，突出数字商贸"岗课赛证"融通特色

《国家职业教育改革实施方案》提出加大"三教"改革力度的精神，校企合作共同开发本书。本书在编写过程中，突出了数字商贸"岗课赛证"融通的新

理念。在对接岗位方面，本书根据网店推广岗位要求编写相关内容；在对接课程方面，坚持课程与教材同步建设的思路，在开发教材的同时，建设了在线开放课程，全方位助力教师教学能力提升；在对接大赛方面，本书设置了“大赛直通车”栏目，使教材内容与电子商务技能大赛赛项内容相结合；在对接证书方面，本书结合《网店运营推广职业技能等级标准》（中级）和专业教学标准，由企业和院校共同组成的团队经过多次研讨、论证，形成了教材体系和内容。

4. 聚焦关键工作领域，服务典型工作任务

本书在编写过程中调研了大量的电子商务龙头企业，分析企业对网店推广岗位技能的要求，聚焦 SEO 优化、SEM 推广、信息流推广三个关键工作领域，以聚焦关键工作领域、服务典型工作任务为原则构建教材内容，具有较强的针对性、灵活性和时效性。

5. 理实一体化设计，配套实训教材采用新型活页式形式

本书服务于网店运营推广职业技能等级证书，立足考核标准定向开发，社会及企业认可度较高，具有较强的指导性。遵循理实一体化开发的理念，本书配套出版了新型活页式实训教材，两本教材相辅相成，为参加网店运营推广 1+X 证书（中级）考核的考生以及网店推广相关的从业者和社会人士提供参考。

本书由北京鸿科经纬科技有限公司主编，并得到了广东科学技术职业学院、无锡商业职业技术学院等众多院校，以及高等教育出版社的精心指导与大力支持，在此对各位专家、老师的辛勤工作表示衷心感谢！

由于网店推广所涉及的知识与技能具有较强的前瞻性与时效性，相关的网店推广规则也在不断更新中，加之编者水平和时间有限，书中难免存在不足之处，敬请广大读者批评指正，以使本书日臻完善。

北京鸿科经纬科技有限公司

2023 年 6 月

第一版前言

《国家职业教育改革实施方案》（“职教 20 条”）提出，鼓励职业院校学生在获得学历证书的同时，积极取得多类职业技能等级证书，即实施“学历证书＋若干职业技能等级证书”（1+X 证书）制度试点，拓展就业创业本领，缓解结构性就业矛盾，真正培养社会适需的复合型技术技能人才。

为贯彻落实《国家职业教育改革实施方案》，积极推动“学历证书＋若干职业技能等级证书”制度，进一步完善相关行业技术技能标准体系，为技术技能人才教育和培训提供科学、规范的依据，北京鸿科经纬科技有限公司依据当前相关行业发展的实际情况，联合行业、企业、院校，组织有关专家，联合开发了《网店运营推广职业技能等级标准》，并在此基础上开发了网店运营推广 1+X 证书制度系列教材。

《网店推广》依据《网店运营推广职业技能等级标准》（中级）编写，通过对本书的学习，学习者可对网店运营推广形成系统而清晰的认知。

本书的内容组织具有以下特色和优势：

1. 以 1+X 证书制度设计为引领

本书积极贯彻落实国务院发布的《国家职业教育改革实施方案》关于 1+X 证书制度试点要求，加快学历证书和职业技能等级证书互通衔接。重点围绕服务国家需要、市场需求、学生就业能力提升，从电子商务职业技能领域做起，稳步推进网店运营推广 1+X 证书制度试点工作。

2. 深入浅出地阐释系统知识

通过充分的企业调研和文献挖掘，本书对网店推广的核心职业技能与要求进行了系统、深入地总结与提炼，由浅入深，从网店推广的认知开始，逐步引导学生掌握 SEO 优化、SEM 推广、信息流推广的核心技能。

3. 理论知识与实用技能融会贯通

本书不仅提高了网店推广的理论深度，同时根据广告投放系统的原理，深入浅出地剖析网店推广的内部机制，从实际工作角度出发，借助多个网店推广实训系统，向学习者阐述理论知识是如何落地的，将理论知识与实用技能融会贯通。

4. 举一反三、触类旁通，降低学习门槛

以往的网店推广教材，大多通过平台工具来讲解网店推广策略，虽然可以降低学习的门槛，但是却没有起到举一反三、触类旁通的效果。本书通过对市场上常见网店推广平台进行深入研究，提炼总结了网店推广职业技能的共性知识，使学生能够触类旁通，构建起网店推广的完整知识体系，在实际工作中能高效运营不同的网店推广平台。

本书由北京鸿科经纬科技有限公司主持编写，并得到了江苏经贸职业技术学院、浙江商业职业技术学院等众多院校，雷士照明等知名电商企业以及高等教育出版社的大力支持。在此对各位老师和朋友的辛勤工作表示衷心的感谢！

由于网店推广涉及的内容具有较强的时效性，加之编写时间及编者水平有限，书中难免存在不足之处，恳请广大读者批评指正，以使本书日臻完善。

北京鸿科经纬科技有限公司

2019 年 10 月

目　　录

模块一

网店推广认知

知识目标

- 了解网店推广的现状及发展趋势
- 熟悉各时期网店推广的典型特征及代表
- 了解网店推广常用的技术手段及其应用
- 熟悉网店推广中的思维方式
- 熟悉网店推广行业发展趋势

技能目标

- 能够根据网店推广趋势，分析网店推广过程中的运营策略变化
- 能够根据网店推广技术应用，分析网店推广过程中所使用的推广技术
- 能够应用网店推广思维，分析网店推广过程中的营销本质

素养目标

- 培养学生树立诚信经营、遵纪守法的意识
- 培养学生审时度势、解决问题的能力
- 使学生对新鲜事物、新闻热点等保持较高的敏感度和较高洞察力，树立突破陈规、诚信创造的意识
- 使学生具备良好的心态，能合理调节心理压力，具备团队合作意识

知识导图

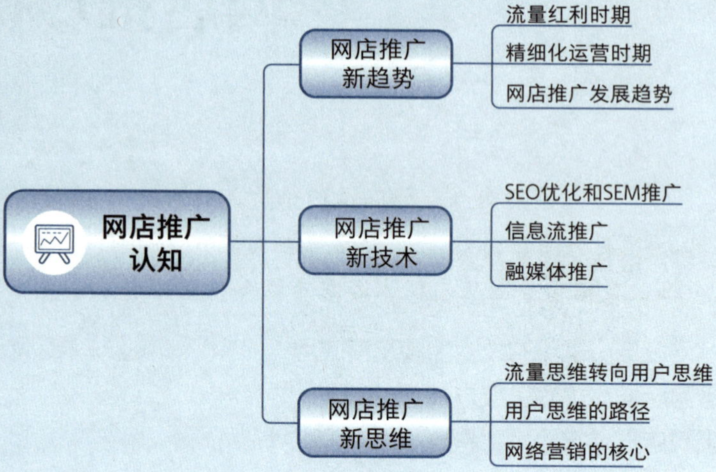

学习计划

- 知识学习计划

- 技能训练计划

- 素养提升计划

单元一

网店推广新趋势

【引例】

某品牌新品网店推广全过程分析

某品牌旗下某个洗护清洁类目子品牌在天猫店新品上市时，通过前期的大数据分析，数据服务团队发现沐浴露市场今年整体增速放缓。

同时，对比于竞品数据，品牌老顾客虽然在复购方面表现优异，但其兴趣及购买转化率略低于力士和舒肤佳。数据服务团队发现，目前品牌品类的单一，限制了品牌整体的搜索量和浏览基数，缺少拉新抓手，这对目前只有沐浴露这一单一类目的品牌发展有所限制。

而通过对数据的进一步研究，发现阿里线上身体洗护清洁品类整体是在高速且健康增长的。其中，沐浴露和身体乳是洗护品类生意的主要贡献。从对生长体系的分析来看，沐浴露的增长来源于对用户渗透的增加；尽管身体乳本身的规模没有沐浴露大，但高价格导致的经营收入增速最快，更大的市场机会在于中价格导致的消费升级。

经过市场调研后，该子品牌最终寻找到品类机会，以身体乳作为新品发力的主要切入点。一方面定位高端，升级中端价格带动用户，另一方面抓住品类拉新的机会，实现从沐浴露到身体乳的拓展与升级。

寻找到市场机会后，该子品牌天猫旗舰店进一步通过聚类分析工具，把消费者的基础属性（包括性别、城市、消费力等）与相关的沐浴露品牌及身体乳品牌的消费特性进行叠加复合后进行 AI 自主聚类，最终确认品牌新品的定位，并确认出品牌的核心目标人群和拓展目标人群。

该品牌通过历史数据以及行业的相关数据进行销售预估，并经过目标拆解对两款新品的新客蓄水（新客蓄水是指在某个活动前期进行活动宣传，让更多消费者知晓商品，并在活动当天产生购买行为）目标进行拆解与确认。

品牌对两款新品的包装设计及定价进行了全方位升级。但产品上线时间临近“双 11”，拉新资源紧张，站内效果上新计划又有冷启动期；新上的品类身体乳归属于美妆类目，面临与各大成熟的美妆品类抢客，拉新成本非常高，新客蓄水及最终的经营目标达成极具挑战。

在这样的背景下，该品牌店铺在“双 11”预热期开启 AIA 新享计划（见图 1–1）。

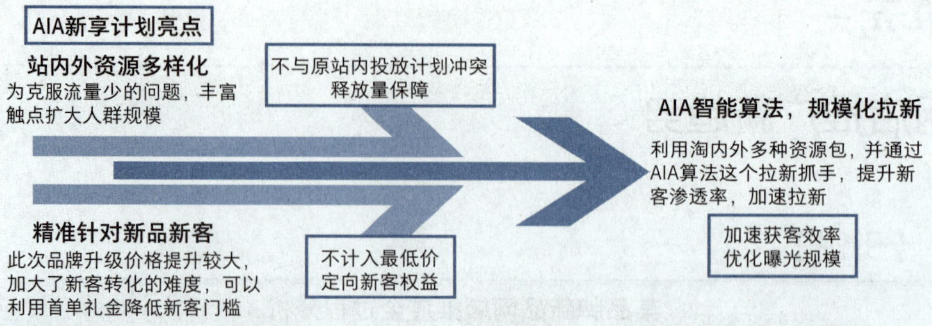

图 1–1　AIA 新享计划

针对新品的上新拉新，品牌方进行了前期站外“种草”、活动期站内首单礼金新客权益的精准定向，并配合阿里妈妈提供的会场资源反哺，从站外到站内，从“种草”到“收割”全场景、全链路进行新客触达和购买转换。其中，站外的“种草”准备了 20 多组短视频，通过阿里妈妈的 Uni-Desk 直投在抖音上进行投放。

站内的投放情况，AIA 新享计划触达的资源位目前主要为直通车和超级推荐坑位资源。从以往地投放经验来看，首页焦点图的资源表现一般都高于其他坑位资源，因此针对反哺的生态加持资源，主要选择了淘宝首单优惠首页焦点图和支付宝大牌直降首页焦点图，展现的效果如图 1–2 所示。

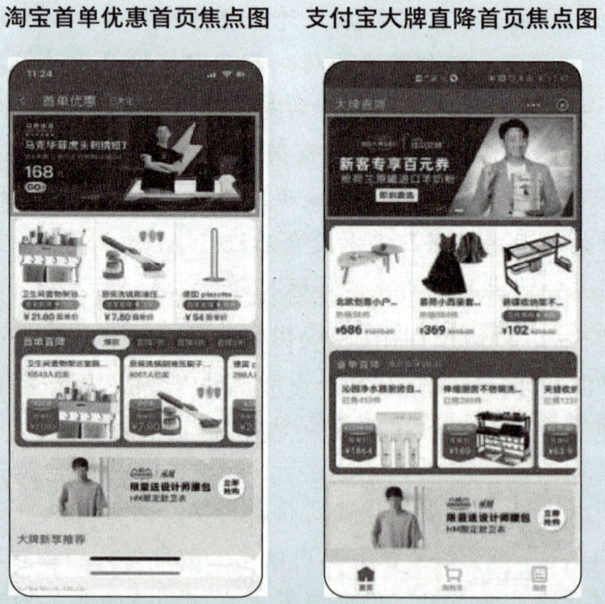

图 1–2　淘宝首单优惠首页焦点图与支付宝大牌直降首页焦点图

通过新客“首单礼金”氛围的打造（见图 1–3），品牌上新的新品在站外（抖音）及站内（包括直通车、超级推荐等资源位）进行大规模“种草”

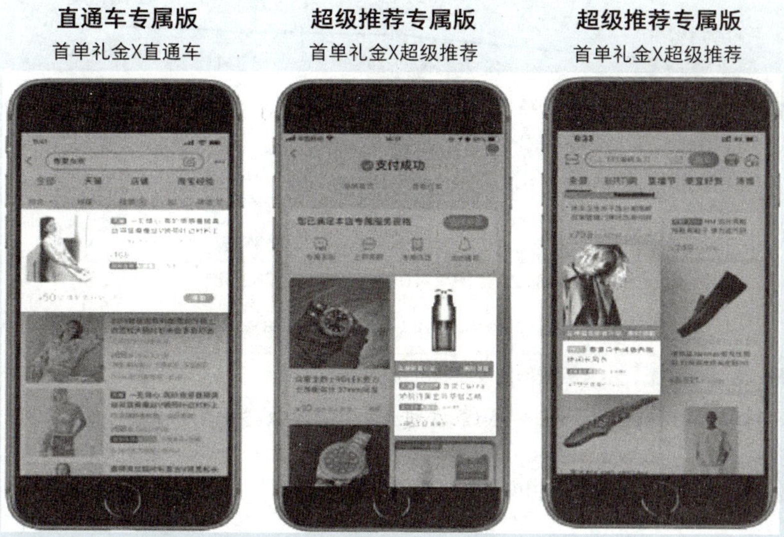

图 1-3　“首单礼金”效果图

和曝光，迅速触达店铺（品牌）新客人群，同时，“双 11”期间产品反哺并加持了会场的资源，瞬间触发客户的购买行为。活动期间，“首单礼金”引导曝光新客数达上千万人，生态加持资源曝光上百万次，新客新品成交笔数破万单，新客新品总成交额超百万元。

思考：通过阅读上述案例，分析如今网店推广的发展趋势是什么，作为网店经营者应如何顺应这种趋势？

网店推广的发展离不开整个互联网发展的变革。根据 2022 年 2 月 25 日中国互联网中心（CNNIC）发布的第 49 次《中国互联网络发展状况统计报告》截至 2021 年 12 月，我国网民规模为 10.32 亿人，较 2020 年 12 月新增网民 4 296 万人，互联网普及率达 73.0%，较 2020 年 12 月提升 2.6 个百分点。

截至 2021 年 12 月，我国手机网民规模为 10.29 亿人，较 2020 年 12 月新增手机网民 4 373 万人，网民中使用手机上网的比例为 99.7%。党的二十大报告在说明我国改革开放和社会主义现代化建设取得的巨大成就时，指出我国“互联网上网人数达十亿三千万人”。庞大的网民规模为推动我国经济高质量发展提供强大内生动力，加速了我国数字新基建建设、打通国内大循环、促进数字政府服务水平提升，加速“十四五”数字经济发展新篇章。

如图 1-4 所示，截至 2021 年 12 月，我国网络购物用户规模达 8.42 亿人，较 2020 年 12 月增长 5 968 万人，占网民整体的 81.6%。2021 年，网上零售额达 13.1 万亿元，同比增长 14.1%，其中，实物商品网上零售额占社会消费品零售总额比重达 24.5%。网络零售作为打通生产和消费、线上和线下、城市和乡村、国内和国际的关键环节，在构建新发展格局中不断发挥积极作用。网络零售的

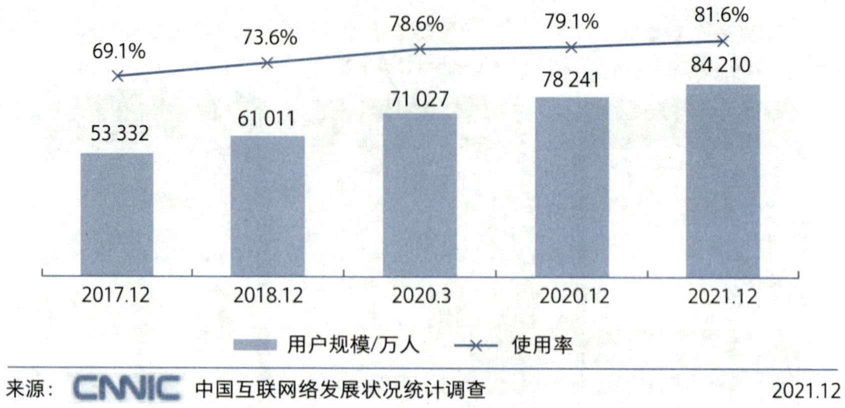

图 1-4　2017 年 12 月至 2021 年 12 月我国网络购物用户规模及使用率

快速发展为网店推广提供了良好的发展环境。

一、流量红利时期

在电子商务发展初期，很多依托电子商务成长的企业，都充分享受到了早期的流量红利，从而获得了爆发式的增长。电子商务发展经历了以下三个阶段：

（一）流量电子商务时代

早期通过淘宝开店，许多店铺享受了流量红利。但随着流量成本的升高，在没有一定品牌知名度和低成本流量导入的前提下，一个从零开始的店铺根本无法实现成长，流量电子商务时代日渐衰微，这就是典型的流量电子商务。电子商务的交易更多的是靠流量的转化，并结合电子化平台的助力，实现高效的商品流转，最终在互联网早期流量红利当头的时代，造就了一批快速成长的电子商务平台。

（二）社区电子商务时代

社区电子商务是指基于社区用户群体和场景而形成的电子商务形态。社区电子商务虽然也有流量电子商务的特征，但是其核心逻辑更多的是由人群或场景等具体标签形成的，而非简单地流量堆砌。

（三）媒体电子商务时代

媒体电子商务一直以来都被人所提及，但真正实现媒体电子商务业务创新突破的案例出现的时间并不长。如果说流量电子商务是起点，社区电子商务是进化，那么媒体电子商务则是电子商务的真正意义上的升级。媒体电子商务本质上是进行价值观的输出，形成绝对的影响后，进行商品销售和服务提供的行为。

电子商务早期的流量红利可以归结于以下三点：

（1）人口流量红利。互联网用户的快速增长，尤其是我国进入 4G 时代后，手机用户增长、网购人群的激增造就了流量的繁荣。

（2）平台流量红利。2009 年以前，淘宝、京东等电子商务平台处在“流量红利期”。为了提升客户满意度，各大电子商务平台做了很多宣传推广，引来大量流量。例如，淘宝网从站外中小网站以“农村包围城市”的广告投放策略，为淘宝网注入流量，而网站有意扶持品质相对较高的大卖家成为品牌，会免费送很多流量资源，将消费者流量分配给为数不多的淘宝大卖家，这也是淘宝黄金的流量红利期。

（3）站内搜索红利。最初的电子商务流量集中在淘宝搜索页面，商家在线商品数量和从业商家没有形成正面竞争，卖家通过简单的商品发布即可获取搜索流量，而且平台匹配了各种商家推荐渠道，卖家通过简单的促销即可获得销售额的增长。

二、精细化运营时期

在人口红利、流量红利减少的时代，产品的增值取决于对现有用户价值的深度挖掘，这就要求整个市场拉长产品生命周期，因此，网店运营要从过去爆发式的流量获取转变成精细化运营，细水长流才是运营最终追求的目标。

精细化运营是结合渠道、转化流程和用户行为数据，对流失率较高的用户环节展开有针对性的运营活动，以提升整体的目标转化率。精细化运营要同时从“精”与“细”两个维度下功夫，精要做到精品、精确、精准与精耕，细则代表细节、细致、细腻和细作。

精细化运营应该具备数据驱动的思维，掌握一定的数据分析工具，在实际工作中，不断从数据中提出问题，不断尝试，用数据来优化运营，进而实现客户数量和业务的增长。在后流量时代，只有适应用户需求，实行精细化运营，才能让企业进入良性发展轨道。

三、网店推广发展趋势

随着 5G 技术的落地和完善，移动互联网与物联网的结合将进一步打破线上线下的边界，网店推广将存在以下几个发展趋势：

（一）场景化全渠道营销，增强消费体验

商家将整合传统媒体和新媒体资源，构建场景（线下或线上场景），引领

消费者进入，全渠道挖掘流量。线上流量的减少和价格疯涨，使很多电子商务企业转向传统流量，寻找流量突破。无论是线下门店（“新零售”）、传统广告（如报纸、杂志、广播、电视等），还是面对面的“地推”，都成为挖掘流量的手段。

（二）私域流量，创造粉丝社群经济

店铺要运营好流量，让流量带来销量和增长。而电子商务平台内大部分流量和交易集中到头部。对于大多数中小型网店来说，流量从必需品变成了奢侈品。

私域流量是指商家可以自由反复利用，无须付费，又能随时触达，是被沉淀在公众号、微信群、个人微信号、头条号、抖音等自媒体渠道的用户。利用私域流量，商家可以多次免费触达用户，节省流量成本，获得稳定客户。利用较低投入获取流量之后，通过内容运营和 IP 打造使用户“种草”，从而提高用户的复购率并使其分享，提升用户终身价值，对现有流量进行更有效的转化，并对未发掘流量进行更深入、更精准开发。这就要求企业从流量思维转向用户思维，专注于把内容、服务、用户关系做得更好更精细，通过私域流量池生产原生化的内容，以增强用户黏性，进而创造粉丝经济。

（三）效果导向，打造优质品牌

企业在营销活动中要做到品效合一，也就是实现“品牌增长”和“实际效果”的双增长，在进行品牌曝光的同时，也要带来效果转化。效果营销，不是数字媒介公司常提到的 SEM（Search Engine Marketing，搜索引擎营销）、DSP（Digital Signal Processing，数字信号技术）等广告形式，而是在移动互联网时代，几乎所有传播形式都具备导向购买功能。

2021 年，悦鲜活与百度智能云跨界合作，借助国家跳水队“奥运精神，冠军品质”概念，向消费者提供有趣、新奇的活动和体验。从“中国制造”“中国质造”和“中国智造”三个层面将悦鲜活、国家跳水队、百度智能云进行跨界融合，打造 # 梦想起跳鲜活有智 # 主题营销，扩大了自身产品的影响力，提升了产品科技质感。

“流量占据通路，品牌占据人心。”品牌不仅是心智占有和信任背书，而且品牌本身就是巨大的流量池，品牌即流量。未来网店之间的竞争也是品牌的竞争。实际消费时，品牌对心智的占领也会起作用，使消费者不仅在第一时间想到该品牌，还会自发主动推荐。想要吃火锅，就去找海底捞；想要买手机，脑海里就出现华为、小米。

德技并修

《中华人民共和国电子商务法》赋予消费者的权利

党的二十大报告指出："推动多层次多领域依法治理，提升社会治理法治化水平。"在网店推广过程中，网店经营者要以法律为依据，切实保护消费者的合法权利。《中华人民共和国电子商务法》（以下简称"《电子商务法》"）涉及消费者的权利主要包括安全权、知情权、自主选择权、公平交易权、便利权、收货验货权、评价权、个人信息保护权和依法求偿权。

（1）安全权。《电子商务法》把人身权、财产权放在首位，第十三条规定了电子商务经营者销售的商品或者提供的服务应当符合保障人身、财产安全的要求。第三十八条明确了电子商务平台经营者履行对平台内经营者侵害人身、财产为核心内容的消费者合法权益行为采取必要措施的义务。不仅如此，第八十三条还规定了电子商务平台经营者违反第三十八条规定，不履行保护消费者合法权益相关义务的法律责任，保障了消费者的人身、财产不受侵害。

（2）知情权。《电子商务法》第十五条、第十六条、第十七条、第三十三条、第三十四条、第三十七条、第三十九条、第四十条等，分别对经营者身份信息、资质信息公示、经营者自行终止电子商务经营的信息公示、商品和服务信息的披露、服务协议和交易规则公示、自营业务区分标记、信用评价规则公示、以多种方式向消费者显示搜索结果等方面做了规定，保障了消费者享有知晓交易方及其所购买商品和服务具体情况的权利。

（3）自主选择权。《电子商务法》第十八条明确了电子商务经营者不得定向搜索侵害消费者的选择权，第十九条规定了电子商务经营者禁止搭售商品或者服务，以此来保障了消费者享有自主选择所需商品或服务的权利。

（4）公平交易权。《电子商务法》第十七条、第二十二条、第三十五条、第四十九条分别规定了电子商务经营者不得进行虚假或者引人误解的商业宣传、不得滥用市场支配地位、不得进行不合理限制、附加不合理条件、收取不合理费用，明确了合同成立和格式条款的效力，以保障消费者享有公平交易权利。

（5）便利权。《电子商务法》第二十一条、第二十四条，分别规定了电子商务经营者在押金退还、用户信息查询、更正删除等方面提供交易便利的义务，保障了消费者享有便利权。

（6）收货验货权。《电子商务法》第二十条明确了电子商务经营者交付义务及其风险责任的承担；第五十二条规定了电子商务经营者应当提供收货验货义务，以保障消费者享有收货验货权。

（7）评价权。《电子商务法》第三十九条规定了电子商务经营者应当提供消费者信用评价义务，保障了消费者享有对电子商务平台内销售的商品或者提供的服务进行评价的权利。

（8）个人信息受保护权。《电子商务法》第二十三条、第二十四条，规定了电子商务经营者应当履行个人信息保护义务，保障了电子商务消费者享有个人信息依法得到保护的权利。

（9）依法求偿权。《电子商务法》第三十八条、第四十五条、第五十四条，分别规定了电子商务经营者在因平台过错造成消费者权益受到侵害、知识产权侵权，因电子支付过错造成用户损失时应当承担法律责任；第五十八条规定了电子商务平台经营者建立商品、服务质量担保机制和先行赔偿责任，以此来保障消费者因购买、使用商品和接受服务受到损害时依法享有获得赔偿的权利。

单元二

网店推广新技术

【引例】

云南白药网店开业营销

为了让消费者了解产品消息，同时提升品牌曝光度和认知度，云南白药联合阿里进行了一场“大数据技术＋明星效应＋跨界宣传”的开业营销。对于很多刚开张的线上门店而言，短期的品牌曝光和销售冲量往往是常规的开业营销目的，而对于云南白药来说，其不同之处在于，其目标是刚上线就致力于通过开业营销来为品牌沉淀长期营销优势。因此，此次云南白药和阿里的合作，主要目的是品牌形象的打造和传播，以获得长远的品牌效应。

为了达到这个目的，在品牌特点和产品优势的基础上，云南白药还借助了阿里的生态平台以及大数据技术来对淘宝用户进行数据采集和分析，包括对用户的搜索、浏览、点击、购买、分享等行为进行深层次分析，知晓淘宝用户的使用习惯和偏好，并针对其年轻化的主要特点，结合云南白药自身的特性，策划出了将明星粉丝转化为店铺粉丝的营销思路，专攻明星粉丝这一人群，并进一步针对两位明星代言人的粉丝来组织营销互动活动。

为了激发明星粉丝群体的参与和互动热情，云南白药和阿里在淘宝发起了帮偶像上头条的活动，通过 PK 的方式来增强粉丝和品牌的互动。活动一推出就取得了非常好的效果，在短短几天内就引来数万粉丝的活跃参与，为其旗舰店迅速带来了 30 多万名粉丝，在短短的时间内就积累了极高的品牌热度。

此后，云南白药还与当时一部热播网剧的原著作者进行了联合跨界 IP 营销，推出了相关题材的主题套装，并借助阿里大数据技术对观剧人群进行了与淘宝用户重合度的数据收集和分析，同时在其他的一些平台上也做了相应的重合度抓取，将这些资源进行整合，有针对性地设计出了一套 IP 媒体矩阵。用这种方法，云南白药牙膏成功获得了销量上了显著提升。

思考：在网店推广技术不断革新的今天，网店经营者选用哪种推广技术才能在激烈的网店推广竞争中脱颖而出呢？

在新一轮科技与产业革命中，大批新技术进入应用爆发期，提高了零售业在采购、销售、服务等方面的运营效率及用户体验。对传统商业来说，新技术既带来了前所未有的生存与发展压力，又提供了巨大的转型创新发展动力与技术支撑；对新兴商业来说，新技术则带来了难得的发展时机和广阔空间；对商贸流通业来说，新技术则提出了传统与现代、线下与线上、实体与虚拟整合互动发展的新课题。新技术的创新应用如图 1–5 所示。

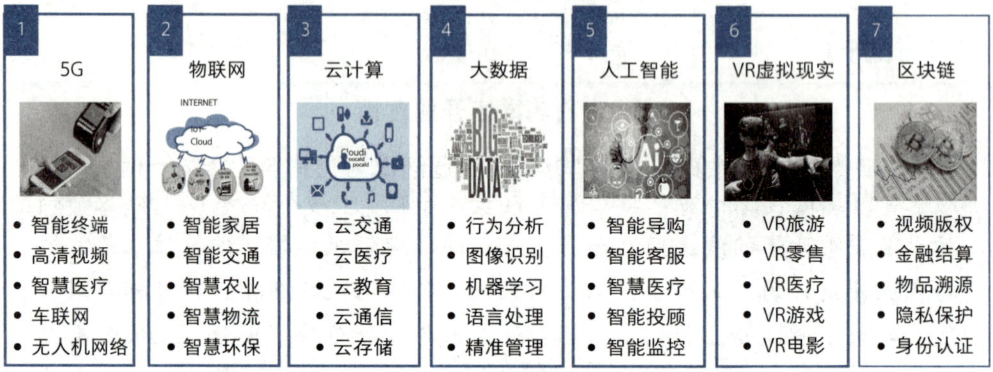

图 1–5　新技术创新应用

网店推广的发展离不开技术的进步。从互联网到移动互联网再到 5G 时代，技术的更新迭代不仅推动了商业模式的不断变革，也使网店推广方式不断变化。

流量红利时期得益于互联网用户的快速增长和平台的流量扶持政策，许多卖家通过简单的促销即可获得销售额的增长，网店推广的技术应用极少。

随着流量红利的消失，网店获取流量的难度增加，新技术不断被应用到网店推广中。从 SEO 优化和 SEM 推广到信息流推广，再到以人工智能为核心的智慧推广，推广方式的变化也见证了技术的革新。

推广方式是网店推广中非常重要的内容，对不同的推广方式，网店需要制定不同的推广策略和优化策略。根据不同的视角，网店推广方式有不同的分类和方式，看似错综复杂，但又互相交融，万变不离其宗，最终都是以提高网店人气、增强客户黏性以及推广品牌形象为推广目标。网店的推广方式主要分为 SEO 优化和 SEM 推广、信息流推广、融媒体推广等。

一、SEO 优化和 SEM 推广

搜索引擎是目前企业公认的核心网络推广渠道之一。搜索引擎优化（Search Engine Optimization，以下简称为 SEO 优化）是通过学习利用搜索引擎的搜索规则，进而提高网站在相关搜索引擎内的排名的方式。SEO 优化是建立在以用户搜索体验为中心的基础上的，通过提高网页级别、建立合理的网站链接结构 / 目录结构、丰富网站内容及表达形式，使网站自身设计符合搜索引擎规则，进而在搜索引擎上获得较高的排序权重。

搜索引擎营销（Search Engine Marketing，以下简称为 SEM 推广）是根据用户使用搜索引擎的方式，利用用户检索信息的机会，尽可能将营销信息传递给目标用户，是基于搜索引擎平台的网络营销，利用人们对搜索引擎的依赖和使用习惯，在人们检索信息的时候将信息传递给目标用户。SEM 推广的基本思想是让用户发现信息，并通过点击进入网页，进一步了解所需要的信息。

二、信息流推广

信息流推广是一种新兴的营销方式，并逐渐成为营销界的新宠。信息流推广依托于海量的用户数据和信息流生态体系，可精准捕捉用户意图，结合不同平台，将信息投放给目标客户。信息流推广主要具有两大独特优势：一是主动性，用户主动接收信息，根据不同平台的定向方式将广告展现到用户的眼前；二是原生性，信息流推广在物料制作上比较符合平台特性，用户如果不留意，很难察觉到其具有广告的性质。

三、融媒体推广

党的二十大报告指出：“推动战略性新兴产业融合集群发展，构建新一代信息技术、人工智能、生物技术、新能源、新材料、高端装备、绿色环保等一批新的增长引擎。”随着 5G 时代到来，AR/VR、人工智能、物联网等技术的发展会降低人们对智能手机的依赖，智能音箱、各种穿戴设备、智能传感器等各种智能终端将会推动网店发生革命性变化。主流媒体大力发展融媒体，从“两微一端”（微博、微信及移动客户端）等平台建设、短视频 H5 等形态扩展，到中央厨房等机制创新，“相加”的“物理变化”已经完成，“相融”的“化学反应”正在发生。

典型案例

“北京冬奥会”融媒体作品异彩纷呈

在 2022 年北京冬奥会举办期间，多家网络媒体发布了与北京冬奥会相关融媒体作品，有力地烘托出了“一起向未来”的冬奥气氛。

北京冬奥会恰逢农历虎年春节，人民网和《人民日报》中央厨房—蓝蓝天工作室共同推出“萌小虎”表情包。该表情包由一只从东北虎豹国家公园奔来的小老虎“领衔”出演，通过表情包这种年轻人青睐的社交语言，拉近与粉丝的距离，让大家一起为北京 2022 年冬奥会喝彩，为中国奥运健儿加油。

新华网结合中国传统绘画艺术，采用手绘画卷的形式，全景展现北京 2022

年冬奥会 24 个主要场馆，发布了名为“北京 2022 年冬奥会场馆图鉴”H5 长卷作品（见图 1-6），将比赛项目等有机融入其中。本 H5 长卷作品第一次用艺术手法全景式地描绘了北京冬奥会主要场馆，用建筑语言生动诠释了冬奥精神和中国魅力，呈现出新时代人与自然和谐共生、构建人类命运共同体的理念。

图 1-6　“北京 2022 年冬奥会场馆图鉴”H5 长卷

央视网“冰雪朋友圈”系列短视频主题为青春追梦更励志、轻松传递正能量。该系列策划将整个冬奥会分为预热期、赛事期、回顾期，追踪奥运热点赛事，展现奥运健将的拼搏英姿，传递奥林匹克“更快、更高、更强、更团结”的精神。

国际在线发布了 H5 互动小游戏《我的冬奥村奇遇记》，通过闯关问答、视频展现等形式，向网友介绍北京冬奥村。为配合 H5 产品发布，还在微博平台设置了 # 我的冬奥村奇遇记 # 和 # 一起开启冬奥村奇妙之旅 # 等话题，邀请网友一起体验北京冬奥村奇妙之旅。

单元三

网店推广新思维

【引例】

“天猫超级新秀”短片新思维

“天猫超级新秀”推出的《什么是“宝藏”》的IP短片通过讲述三个年轻女孩的故事真实地展现了当代年轻人的“宝藏”特质。这个短片从形式到内容、态度，都有不少创新之处。

在短片中，第一个女孩充满文艺范儿，随身带着相机出门，偶尔仰头拍下一朵云，都能产生灵感，创作出一幅版画；第二个女孩充满潮酷范儿，去大海冲浪、在城市跑酷，身体和灵魂永远都在路上；第三个女孩充满浪漫范儿，独自出门旅行，走走停停，但人群中的“一个眼神”，就让她认定了对的人，把一个人的旅行变成了两个人的浪漫……

首先，广告片的形式很别致。它并未用传统说教式语气强势灌输，而是巧用设问形式，在短片开头抛出问题“什么是宝藏”，引发大家的兴趣和思考。然后通过三个女孩的故事带领用户一起寻找线索，最后才给出解答，并引导用户“上天猫超级新秀，打卡宝藏新品牌”。通过这种环环相扣、层层递进的形式，短片很自然地激发了用户的代入感，从而将“宝藏新品牌”与“宝藏青年”关联，达到打开消费者心智的目的。

其次，短片讲故事的角度也很新颖。在以往女性为主角的广告中，人们更多看到的是女性如何克服困难，从而显示女性力量的内容。但这支短片的基调轻松很多。短片没有刻意去表现女孩的不易，而是把注意点落在她们年轻、可爱的精神层面。几个不同生活轨迹的“宝藏”女孩，以勇敢和开放的心态探索这个世界，都在不经意间发掘到属于自己的“宝藏”。这支广告对“宝藏”则有着更个性化的解读，例如：“宝藏，是所有经历，也是经历的所有。它就是一种感觉，感觉对了，就是了。”“宝藏，就是每一次的探索。探索，带我们打开更大的奇妙世界。”

此短片强调的是一种不可复刻的经历、情感和精神层面的体验，而这恰好与“天猫超级新秀”主打的“打卡宝藏新品牌”理念相关联。“Z世代”的消费者太少会因为一个商品在视频中的展示就买单，更多会因为一个理念认同、情感共识而买单。“天猫超级新秀”为用户提供了海量宝藏新品牌，让消费者在“打卡宝藏新品牌”的过程中，收获“宝藏”经历和情感体验。

思考：“天猫超级新秀”运用了怎样的推广思维，这其中有哪些地方值得网店经营者思考和学习？

网店推广对于提升网店的人气和销量、增强客户黏性、推广品牌形象有非常重要的意义。从SEO优化和SEM推广到信息流推广，再到人工智能，网店推广的方式随着技术的发展不断变革，营销推广不管怎么变化，营销的本质是没有改变的，即要符合客户的需求，要通过现象看到本质，洞察营销背后的真正逻辑，因此，只有更新推广思维，适应变化，才能保持自身的优势地位。

一、流量思维转向用户思维

在过去很长一段时间内，网店推广的惯性思维就是尽可能多地收割流量。但由于流量红利的消失和获客成本的持续攀升，许多商家开始从流量思维转向用户思维。从流量思维到用户思维，要从关注数字到关注数字背后的消费群体，这是对网店推广的巨大认知变化。

流量思维的典型体现是漏斗模型。漏斗模型传递的核心信息有两点：一是让尽量多的流量汇入漏斗入口，二是让每个环节流量的流失率降到最低。从本质上看，流量思维背后导向的是“一锤子买卖”式的单项交易，这种思维的终点是不计后果地获取流量。简单来说，流量思维不关注用户的生命周期价值，其弊端行业在电子商务高速发展时期并未显现，但显然，流量思维已经不适合当下的行业状态。从流量思维转向用户思维是不可逆的趋势。

店铺需要的是关系沉淀和销售转化。流量思维不是广告营销的终点，而是中转站；由真实用户带来的关系沉淀和销售转化，才应该是店铺推广的目的。

二、用户思维的路径

如何给客户带来更好的体验？如何让客户获得更满意的服务？这两个基于用户思维的问题将是未来店铺推广的核心。对平台卖家而言，消费者的兴趣点在哪，流量就要放在哪里；需求在哪里，流量就在哪里。

建立用户思维，有两条细分路径：一是提高对客户的精准识别能力，同时保证他们获得良好的购物体验；二是店铺能应对推广过程中各种挑战，提高客户服务能力。

目前，像信息流推广等基于大数据的广告形式可以帮助店铺实现精准广告投放，让合适的人在合适的时间和合适的地点看到合适的广告，提升客户体验。而店铺也可以在推广中搭建私域流量池，提供内容和服务，不断沉淀客户，进而形成粉丝经济。

三、网络营销的核心

流量是电子商务交易完成的必要条件，没有流量，就没有交易。既然流量如此重要，找到流量背后的影响因素，相应地进行有针对性的精准营销，便变得不可忽视。

网络营销的核心是市场定位，定位是指一种行为过程，即主体将定位塑造成差异化的形象，并通过传播在受众的大脑中产生深刻印象。市场定位是指为使产品在目标消费者心目中相对于竞争产品而言占据清晰、特殊和理想的位置而进行的安排。市场的本质是客户，需求所需要的外显形态会与时俱进地发生变化，市场定位就是把产品的差异化形象烙印在受众大脑中的过程，而非“定位高端人群”“定位中高端市场”。若以“交换”为市场营销的核心，则无法解决市场在哪里的问题。从目的角度来看，网店推广的主要目的是利用各种网络推广方法，使商品在最大范围让受众目标知晓。而网络营销更注重的是通过推广，能够产生什么样的销售指标和经济效益。

因此，从推广角度来看，网店在完成店铺装修和产品上架之后，网店推广是非常重要的。只有推广做好了，才能给店铺带来流量，进而产生成交量。

（一）提升人气销量

持续不断的推广，保持店铺和商品的高曝光率，吸引更多的人关注网店的商品，可以挖掘更多的潜在客户。网上的店铺有千千万万个，要在众多店铺中脱颖而出，就需要店铺的排名靠前。店铺排名与信誉、流量、收藏量等因素有关。持续不断的推广，信誉不断增长、收藏人数增多、流量倍增，都可以提高店铺排名。排名越靠前的店铺，被买家看到的机会就越多；信誉越高的店铺，给买家的感觉就越可靠，这是一个良性循环的过程。

如果一个店铺没有人气、流量，就不会有销量，因此，人气的提升对于新开网店来说至关重要。很多店铺在进行推广之前，大部分客户需求的商品是在搜索好几页之后才搜索到的，甚至搜索不到，更别说商品关键词了，商品关键词很多都是出现在几十页甚至百页以后，在移动互联网时代，消费者很难付出时间与精力去筛选。商家可以设想下，如果消费者搜索时都找不到相关信息，这无疑就失去了潜在的销售机会和销售线索，更谈不上店铺人气销量的提升。

因此，网店推广对于店铺提升人气销量非常重要，做好了网店推广，对吸引人气、提高销量起着积极的促进作用，直观来看，有以下三点：

（1）当消费者看到店铺的收藏人数很多、人气很高时，在潜意识里会增加消费者对店铺的信任度，在下单时不会犹豫再三，进而提高商品的成交量。

（2）当店铺具有较高人气时，可以让网店在商品销售时更加得心应手。

（3）当商品的销量较高时，才能吸引更多消费者的关注，加深消费者的印象，使消费者在购物时更容易产生从众心理而加快下单的速度。

（二）增强客户黏性

网店通过宣传、促销等推广活动保持与老客户的联系，不断提高其购买欲望。网店推广也是不断地促使老客户产生购买行为的过程，要多保持跟客户的联系，并且在一定的时间内做一些促销活动。大部分老客户还是比新客户更容易打动的，需要花费的成本也更低。许多网店做得好的原因都是因为它们有着一批忠诚客户。相反，如果店铺长期不进行推广，客户会因为其需求无法被满足就会对店铺失去兴趣，从而减少或改变原来的购物需求，转投其他竞争对手店铺进行消费。

例如，两家经营同样商品的网店，一家每天都会花费大量的资金去引流，但都是一锤子买卖，虽然看着好像很红火，但等到流量成本增加以后，这家店铺的营销成本就难以为继。而另一家店铺看似每天的流量都很平淡，但该店铺只做少量的精准推广，注重客户的切身体验，努力做到让消费者反复的买这一目标。如此一来，用不了太久，该店铺就会通过客户的口碑传播，逐渐累积到大量的忠实客户，甚至不再需要额外的资金投入就能保证每天都有比较稳定的流量进入。

因此，网店推广最终目的就是通过引流留住客户，只有这样才能赢得消费者和市场的真正认可。要把客户放到与商品同样重要的位置上，并用心做好网店推广，增加客户黏性，强调网店推广的重要性，采用多种途径和方法维护客户黏性。

（三）推广品牌形象

推广过程也是品牌宣传过程。客户购买的不仅是商品，只要坚持不懈地推广，流量就会增加，也会让客户看到网店的独特性，品牌度和信誉度也会不断地提高。网店推广是向用户展示网店好的一面或者网店独特的一面。网店推广可以提升品牌和产品知名度，要是网店推广做得优秀，不仅可以突破销售的瓶颈，还可以把网店带上一个新的发展历程和发展空间，这就是网店推广的价值。

目前市场上呈现品牌形象激烈竞争的局面，所以迎合消费者需求的品牌形象推广方案，是让消费者产生好感，圈定忠诚度的客户群体。在消费者心目中，只有品牌是可信的，质量是有保障的，哪怕价钱贵一点，也愿意去买单，由此可反映出品牌推广的重要性。只有不断地将自己的产品推送到用户眼前，向用户持续、不断地加深概念，产品的品牌形象影响力才会越来越强。只有等到一定的量变，才会逐渐转化成质变，逐渐提升品牌竞争力。

品牌形象推广需要坚持，要做很多细节，但也要抓住时机进行引爆，扩大影响力。例如，抓住时事热点，结合品牌特点进行传播内容的创新，并将这些内容形成广告、软文等在各大平台进行传播。对于品牌形象推广的策略，包括时间、时机的选择，在合适的时间提供合适的内容，让消费者对品牌形象进行传播，使消费者认可品牌形象。同时，在后期的维护中，更要与消费者进行联系与互动，以此做好品牌形象的精准推广。

同步测试

1. 单项选择题

（1）以下不属于网店推广新技术的是（　　）。

A. SEO 优化和 SEM 推广　　B. 信息流推广

C. 融媒体推广　　D. 传统媒体推广

（2）以下不属于网店推广新思维的是（　　）。

A. 消费思维　　B. 流量思维转向用户思维

C. 用户思维的路径　　D. 网络营销的核心

（3）“站在风口上，猪都会飞。”这个“风口”是指（　　）。

A. 流量红利　　B. 资本运营

C. 网络安全　　D. 思维转变

（4）从（　　）年开始，网店推广经历了从流量红利时期到精细化运营时期的过程。

A. 2001　　B. 2002　　C. 2003　　D. 2004

（5）（　　）是指基于社区用户群体和场景而形成的电子商务形态。

A. 流量电子商务时代　　B. 社区电子商务时代

C. 媒体电子商务时代　　D. 精细化电子商务时代

2. 多项选择题

（1）网店推广新趋势包括以下（　　）趋势。

A. 流量红利时期　　B. 精细化运营时期

C. 网店推广发展趋势　　D. 网红趋势

（2）网店推广的作用是（　　）。

A. 降低生产成本　　B. 提升人气销量

C. 增强客户黏性　　D. 品牌形象推广

（3）未来网店推广将存在以下（　　）发展趋势。

A. 场景化全渠道营销，增强消费体验

B. 私域流量，创造粉丝社群经济

C. 效果导向，打造优质品牌

D. 停滞不前

（4）电子商务早期的流量红利可以归结于以下（　　）。

A. 人口流量红利　　B. 平台流量红利

C. 站内搜索红利　　D. 站外搜索红利

（5）信息流推广的优势包括（　　）。

A. 主动性　　B. 原生性　　C. 趋势性　　D. 营利性

3. 判断题

（1）网店推广的发展离不开整个互联网发展的变革。（　　）

（2）社区电子商务虽然也有流量电子商务的特征，但是其核心逻辑更多的是由人群和场景等具体标签形成，而非简单地流量堆砌。（　　）

（3）私域流量是商家可以自由反复利用，无须付费，又能随时触达，是被沉淀在公众号、微信群、个人微信号、头条号、抖音等自媒体渠道的用户。（　　）

（4）搜索引擎是目前企业公认的核心网络推广渠道之一。（　　）

（5）网店推广对于提升人气销量、增强客户黏性、推广品牌形象没有任何作用。（　　）

4. 案例分析题

“95后”店主张泽恩的淘宝饰品店 sumiyaki 开店不到一年，销售额就突破了1 000万元，积累了26万名粉丝，成为酷女孩的“宝藏”饰品店。

在品牌创立之初，张泽恩发现饰品市场两极分化严重，一边是设计感极佳、但品牌溢价过高的小众设计师产品；另一边是性价比高，但设计平常的仙女风饰品。

因此，他决定用原创设计填补市场空缺，开创“甜酷风”这一风格赛道，并在价格和风格之间找到平衡点，以动感、中性的设计和友好的价格为消费者提供差异性的选择。

张泽恩的网店致力于满足女生爱“逛”的心理，在各类大促时间“掐点”上新，使趁着便宜买鞋买包的消费者也有可能来店里逛逛。此外，该店铺还通过推广和买家秀“种草”促进加购。通过多渠道预告上新，工厂同步生产，再根据粉丝的反馈调整运营和备货，也让小本生意不被库存所压。

因为鲜明的风格，Sumiyaki 被打上了“iFashion”的标签，并参加了“淘宝有新咖”新商家孵化计划，获得流量补贴，产品得以在首页信息流中不断曝光。2021年11月参加新商家孵化计划后，10款单品先后成为爆款。

在以上案例中具体运用了哪些网店推广新思维？

模块二

SEO 优化

知识目标

- 了解搜索引擎排序机制
- 掌握关键词挖掘方法与技巧
- 了解商品标题的作用
- 掌握商品标题制作与优化方法
- 掌握商品属性编辑与优化方法
- 熟悉商品详情页的作用
- 掌握商品详情页编辑与优化方法

技能目标

- 能够根据搜索引擎搜索规则，提高网店在有关搜索引擎内的自然排名
- 能够根据搜索引擎排序机制，提高商品在相关页面的排名
- 能够根据商品标题的制作流程，完成商品标题制作
- 能够根据商品标题优化技巧，完成商品标题的优化
- 能够根据商品属性优化技巧，完成商品属性的优化
- 能够根据商品详情页优化技巧，完成商品详情页的优化

素养目标

- 培养学生遵守法律法规，遵循公序良俗，注重网店推广内容的正确价值导向，自觉营造良好的网络生态环境
- 培养学生树立遵守法律法规与行业准则的职业理念
- 使学生具备良好的职业道德、正面积极的职业心态和正确的职业价值观

知识导图

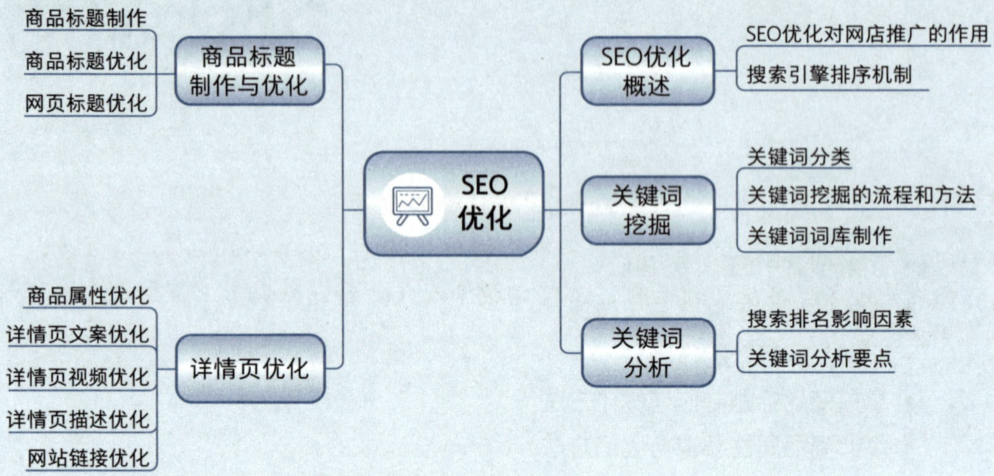

学习计划

- 知识学习计划

____

____

____

- 技能训练计划

____

____

____

- 素养提升计划

____

____

____

单元一

SEO 优化概述

【引例】

小米通过 SEO 优化提高搜索排名

在小米集团上市期间的天猫搜索词排行榜上，品牌词“小米”“红米”在热搜排名里占据了前两位，品牌词搜索人气之和是排在第三位的“手机”类目搜索词的 5 倍之多。

根据 IDC 的统计数据，2021 年二季度全球智能手机出货量下降至 3.42 亿部。但是小米二季度的出货量逆势增长，达到 3 190 万部，同比增长 48.8%，位居全球第四大手机品牌，市场份额达到 7%，相比上年同期上涨 3%。“小米”依然排在前三名（见图 2-1），并且搜索“手机”这个关键词，并没有出现“小米”的直通车广告，因此，可以确定“小米”在直通车推广上的投入要远远小于竞争对手。

图 2-1 “手机”搜索结果

思考："手机""智能机"等关键词在淘宝平台的竞争非常激烈，为什么"小米"能够脱颖而出，牢牢占据自然搜索排名的前列呢？SEO 优化对网店的作用都有哪些？搜索引擎内部的排序机制是怎样的呢？本模块将重点解答这些问题。

一、SEO 优化对网店推广的作用

搜索引擎优化（Search Engine Optimization，SEO），也称 SEO 优化，是一种利用搜索引擎的搜索规则来提高网店在有关搜索引擎内自然排名的方式。狭义的 SEO 优化就是针对搜索引擎的检索特点，使网站建设和页面内容建设的基本要素符合搜索引擎的检索原则，让网站对搜索引擎更加友好，从而使网站（网店）在搜索引擎中的排名更靠前。狭义的 SEO 优化舍弃了用户体验这部分，只关注网站在搜索引擎中的排名。从范围上来看，狭义的 SEO 优化仅涉及网店或者网站，而广义的 SEO 优化涉及所有存在搜索引擎的地方。

SEO 优化一般包括标题优化、商品类目优化、详情页优化、相关性优化、权重优化等，以此来使网店获取更好的自然搜索排名和更多的平台推荐机会，带来更多免费流量。SEO 优化是网店获取平台免费流量的重要手段，以电子商务平台为例无论是国内电商平台（如淘宝、天猫、京东等）还是跨境电商平台（如速卖通、亚马逊等）上的店铺流量，主要来自平台免费流量（关键词搜索、系统推荐）、自主访问流量（收藏夹、购物车、店铺链接）、付费推广流量（SEM 推广、信息流推广）等，其中免费的平台流量占比最高。某淘宝店免费流量来源分类如图 2-2 所示，免费平台流量也是众多卖家争相抢夺的目标之一，因此，SEO 优化对网店推广极为重要。

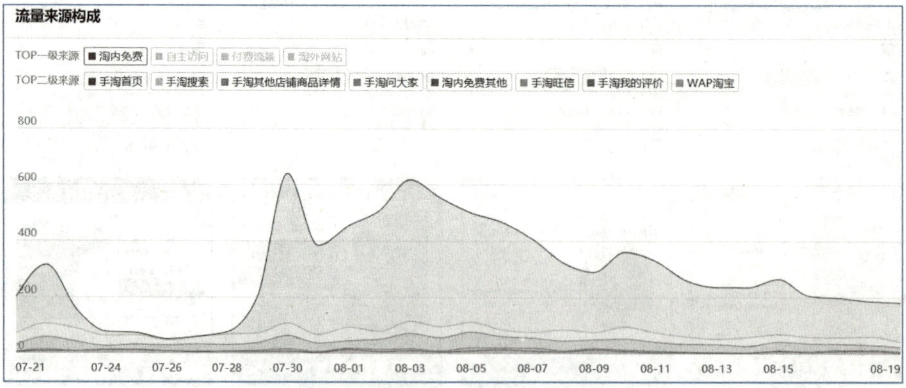

图 2-2 某淘宝店免费流量来源分类

SEO 优化的具体作用如下：

（一）降低网店获客成本

网店获客成本是指网店获取新的客户所产生的费用，其公式为：网店获店本 =（营销总费用 + 销售总费用）/ 获取新客数。网店流量来源一般包括免费流量和付费流量，要降低网店的获客成本，就要提高免费流量在总流量来源中所占的比重。当消费者需要了解一种商品或者一项服务时，一般会通过搜索引擎进行搜索，因此，SEO 优化不仅能为网店带来免费流量，也能够为其带来精准客户。以淘宝为例，如图 2–3 所示，某淘宝店经过 SEO 优化后，店铺免费流量一直占据流量来源的榜首，其中峰值当日免费流量占比高达 97%。由此可见，SEO 优化对一个网店获取免费流量十分重要，通过 SEO 优化，网店的付费流量获取成本才能被更多的免费流量分摊，从而获取更高的利润。

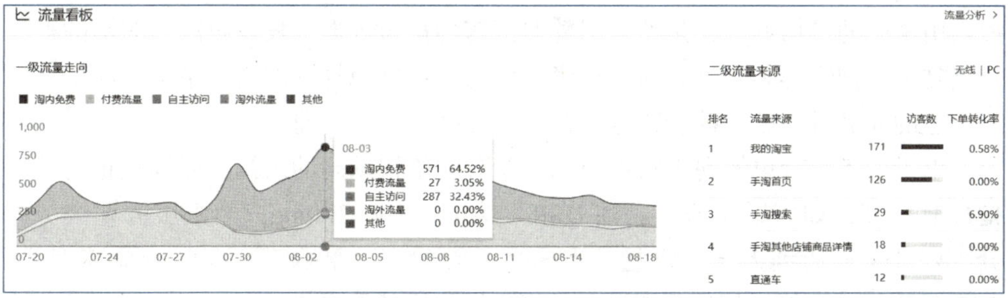

图 2–3 某淘宝店流量来源分布图

（二）影响付费推广效果

网店的付费推广效果是指网店通过付费的方式，达到提高店内商品或服务曝光量、转化率等指标的效果。如果一个网店只重视付费流量而忽略 SEO 优化，那么即使网店投入大量的付费推广成本，不良的 SEO 优化仍会影响搜索引擎的推荐结果和搜索结果，甚至会降低付费推广的效果。SEO 优化和 SEM 推广、信息流推广等付费推广是相辅相成、互相促进的。做好付费推广的前提是做好 SEO 优化，在付费推广的助推下，增加电商平台的总流量。

例如，某淘宝店铺的自然搜索流量和直通车推广流量变化是相辅相成的，当店铺自然搜索流量在店铺总体流量中表现良好且呈现上涨状态时，店铺运营专员一般会适当控制直通车等付费流量的引入（淘宝直通车和手淘搜索访客数对比如图 2–4 所示），这样做一方面可以降低店铺付费推广的成本，另一方面可以将店铺运营节奏维持在一个相对稳定且有小范围上涨的状态，使店铺保持以免费流量为主、以付费流量为辅的健康发展状态。

（三）提升网店权重

网店权重指搜索引擎根据网店表现给出的一个综合评分。网店权重是网店在

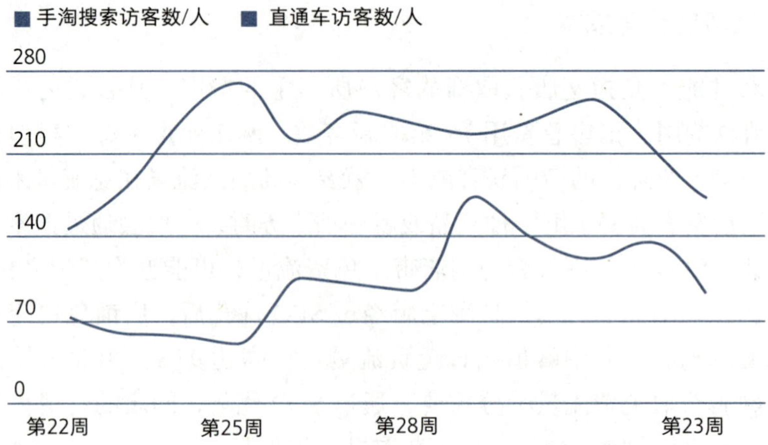

图 2-4　某淘宝店铺直通车和手淘搜索访客数对比图

搜索引擎中的可信赖度，是搜索引擎对网店的排名依据。权重越高，店铺的可信赖度越高，搜索排名则越靠前。搜索引擎为了更好地管理网店，精准地向用户推荐合适的商品或服务，都会通过设置权重等级来区分店铺。

电子商务平台更倾向于将优质的流量分配给权重高的店铺。店铺权重的计算指标有很多，如店铺类型、店铺 DSR（Detail Seller Rating，卖家服务评级）评分、好评率、店铺人气、销量、点击率、转化率、复购率、旺旺响应速度等，SEO 优化的结果能直接反映在这些计算店铺权重的重要指标上。

例如，速卖通平台对卖家店铺制定服务等级考核指标基准，即每日服务分由店铺的成交不卖率、纠纷提起率、货不对板仲裁提起率、货不对板仲裁有责率、好评率、DSR 商品描述、DSR 卖家服务、DSR 物流等指标共同决定，如图 2-5 所示。SEO 优化的结果能直接反映在这些指标上，在速卖通平台上，每日服务分得分越高，店铺权重越高，对搜索的排序越有利。可见，SEO 优化对速卖通店铺权重的提升极为关键。

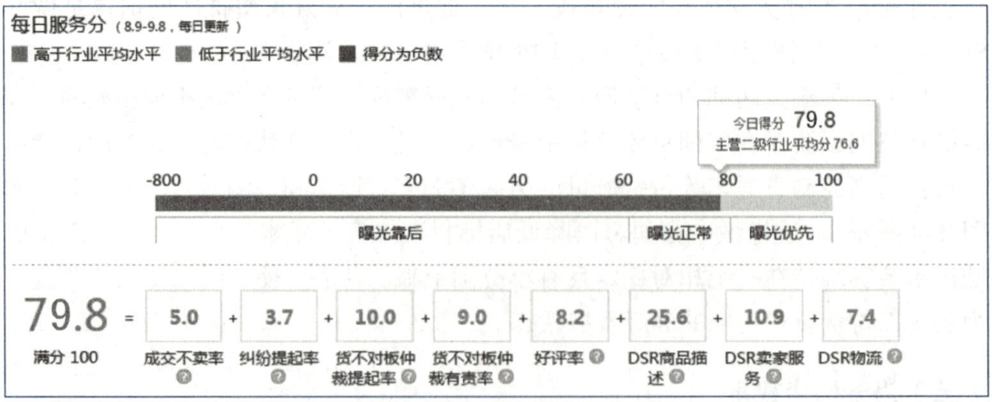

图 2-5　速卖通卖家服务等级考核指标

二、搜索引擎排序机制

搜索引擎优化

搜索引擎排序机制的定义可以从以下两个维度入手：

从搜索引擎维度而言，搜索引擎排序机制是指搜索引擎对搜索结果进行排序的方法，根据搜索引擎排序算法对搜索排名的影响因素（包括描述质量、相关性、服务质量、权重等）进行指标打分，完成排序。

从用户搜索维度而言，搜索引擎排序机制是指搜索引擎通过用户引导、搜索词拓展、搜索词拆解、内容筛选等行为对用户进行商品或服务推荐的过程。

互联网行业的发展日新月异，各大互联网平台的搜索规则也在不断变化升级，个性化搜索成为百度、淘宝、京东、速卖通、亚马逊等各大平台搜索引擎发展的趋势，搜索引擎由最初满足用户搜索需求上升到为用户提供更优质的服务体验。

个性化搜索具体表现为：当平台用户积累到一定数量的时候，根据用户的各种交互行为（如浏览、点击、收藏、加购等）和不同偏好，采用大数据挖掘和人工智能技术，构建用户画像，刻画出该用户的偏好（如内容偏好、价格偏好、地域偏好和品牌偏好等），定制搜索内容的行为。

互联网平台搜索引擎的目标是帮助完善搜索意图、为用户推荐合适的商品或服务，以提高整体搜索效果。搜索工具的工作过程如下：首先，对用户输入的搜索词进行解读分析；其次，根据解读后的搜索词对商品或服务的内容进行筛选；最后，根据用户属性，将筛选的商品或服务按照不同维度的得分进行排序后，展现在用户的搜索结果中。下面主要从用户搜索角度来分析搜索引擎为用户进行商品或服务推荐的搜索结果排序机制，包括用户引导、搜索词拓展、搜索词拆解、内容筛选四个环节。

（一）用户引导

用户引导是指在用户开始搜索之前，互联网平台根据对用户人群画像的构建，在搜索框中间或者下方默认向用户推荐其可能搜索的关键词、类目词、品牌词、特定活动等，引导用户搜索相关热门内容，或提示用户所要搜索的关键维度的过程。

例如，在速卖通、淘宝、京东等电商平台中，“历史搜索”能够帮助用户检索历史需求，对需求进行重复多次搜索，“历史搜索”中的关键词转化率一般优于搜索引擎推荐的其他关键词；“热门搜索关键词”一般多是短词、热门词或大促热门活动主题，意在解决用户的冷启动问题。推荐依据为通过算法模型计算的用户在电子商务平台的历史交互行为（点击、收藏、加购、购买等），以此推荐精准的关键词，同时能够起到关联销售的效果。几个典型的电商平台搜索框默认界面如图 2–6 所示。

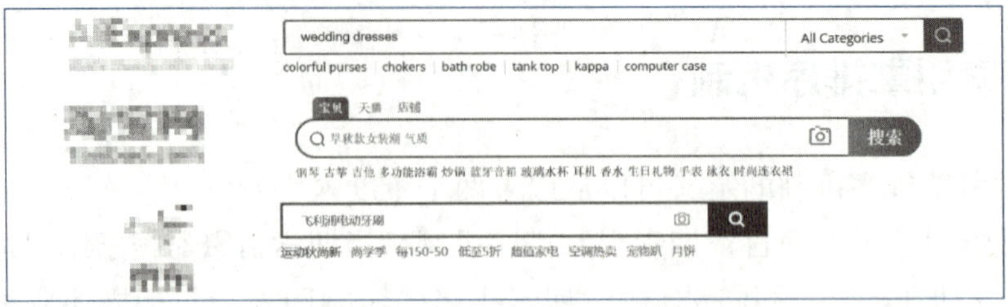

图 2-6 典型的电商平台搜索框默认界面

以手机淘宝客户端为例，当用户点击搜索框，还没有输入搜索信息时，手淘平台会推荐关键词和相应的内容，主要包括历史搜索、搜索发现等，手机淘宝客户端默认搜索界面如图 2-7 所示。

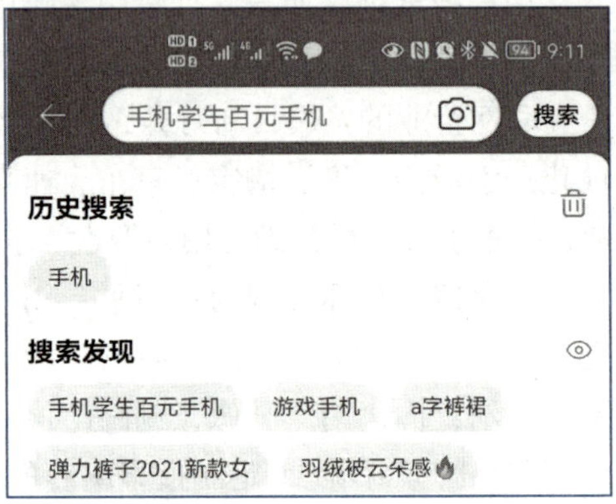

图 2-7 手机淘宝客户端默认搜索界面

（二）搜索词拓展

搜索词拓展是指当用户在搜索框中输入要搜索的信息之后，搜索引擎通过搜索联想和自动补全功能，向用户推荐与搜索词非常相关的关键词的过程。用户通过点击推荐关键词，能搜索到更精准的结果。

搜索词拓展能够帮助用户在搜索之前更好地理解系统需求，避免出现搜索词反馈的商品或服务信息较少或者反馈的商品或服务信息与用户的真实需求不相匹配等问题。系统如果直接使用这些搜索词对数据库中的内容进行检索、排序，并将其再推荐给用户，往往会和用户真实需求存在误差，降低了用户的搜索体验。而系统提供的推荐词，是经过众多真实数据验证、有了海量数据支撑的搜索关键词，用户如果使用了这些推荐的关键词，得到的搜索结果会和预想的结果更加相关，可以有效提升用户的搜索体验。这也是系统在 SEO 优化的关键词挖掘过程中，对搜索框中的推荐词如此看重的原因。

各大电商平台搜索引擎搜索词推荐比较如图 2-8 所示。

系统拓展搜索词的过程如下：当用户开始输入搜索词时，每输入一个关键词，系统就会采用前缀匹配原则，先使用品类引导词对用户输入的搜索词进行补全，当出现明显的品类引导词后，系统进一步明确用户搜索的类目，用更细粒度属性的标签筛选词继续进行补全。淘宝搜索词补充过程如图 2-9 所示。

电子商务平台有专门的系统模块收录了用户海量的查询词日志（Query Log），并对这些日志进行了大数据分析，统一建模，建立数据库和索引。当用户进行搜索查询后，系统实时根据用户输入的搜索前缀，从索引中挖掘出大量候选

图 2-8　速卖通、手淘、拼多多搜索词推荐比较

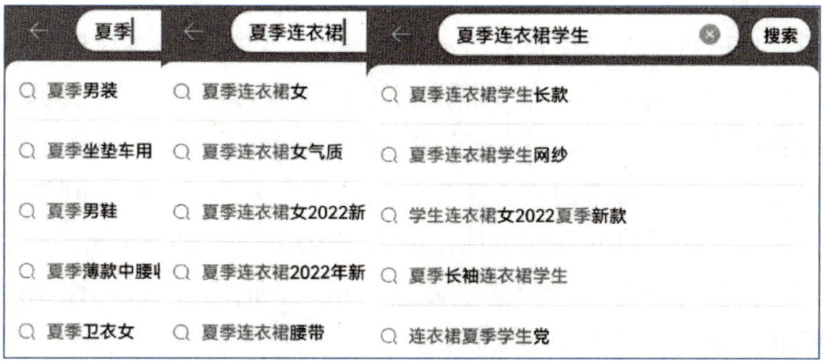

图 2-9　淘宝搜索词补充过程

的查询词句，按照相关性计算模型，对候选查询词进行打分，显示出得分高的候选词。目前，淘宝、天猫、拼多多、京东、速卖通平台的推荐候选词一般不超过10个，这是因为过多过长的候选词容易造成信息过载，干扰用户的选择。

挖掘候选查询词句依据用户特征（性别、年龄、体型、职业、教育、消费能力、行为标签等）、环境特征（季节、天气、温度、地理位置等）、搜索词特征（展现量、点击率、转化率、频数等）、候选查询词特征（展现量、点击率、转化率、频数等）进行，系统将这些特征转化为可以用来计算的数学向量，通过向量计算用户查询词与候选查询词的相似度与相关性，从而保证搜索结果与用户检索需求相匹配。

（三）搜索词拆解

搜索词拆解是指在用户的搜索词确定之后，搜索引擎对用户的搜索词拆解，进行语义解析，预测用户的搜索意图的过程。

在电子商务平台中搜索词拆解包括词性识别、类目预测、性别预测和拆解拓展等。

1. 词性识别

这一过程能够帮助搜索系统快速定位到用户想要搜索得到的商品。核心词定位不同，搜索结果则截然不同，因此从搜索词中快速准确地定位核心词非常重要，只有给予核心词更高的分值权重，搜索结果才能更加符合用户的真实搜索意图。例如，当用户输入搜索关键词“连衣裙大码”时，那么，核心词必然为“连衣裙”，“大码”则为“修饰词”，因为只有“连衣裙”这个词才能够确定用户需要的是什么商品。因此，词性识别如下：

核心词：连衣裙

类目预测：女装

性别预测：女性

属性、标签识别：最新款

2. 类目预测

类目预测是指系统参考用户本身的标签属性，对用户所搜关键词所属类目进行判断的过程。如“连衣裙大码”，系统不仅需要参考用户搜索的类目词“女装/连衣裙”，还需要参考标签属性词中的“大码”。在商品筛选搜索的过程中，类目是系统筛选商品的重要参考因素，将类目相关性作为重要指标，既能保证商品搜索的效率，也能保证类目的强相关性，从而保障用户的搜索体验。

例如，一组搜索词为“2022最新款连衣裙”，那么，通过词性识别和类目预测，系统能够对搜索词做出如下判断：

核心词：连衣裙

类目预测：女装/女士精品>大码女装

性别预测：女性

属性、标签识别：最新款　2022　大码　宽松

3. 性别预测

性别预测是指系统参考用户本身的标签属性，对用户所搜关键词所属性别进行补全的过程。如当某男性用户搜索“衬衫”时，电商平台在搜索框中实时进行精准的关键词推荐的同时，在后台加上了这个用户“性别”“地域”等个人属性，用“衬衫　男”查询系统内的商品，如图2-10所示。

4. 拆解拓展

拆解拓展是指搜索引擎系统对用户输入的关键词进行拆解之后，对核心词的改写和拓展，以此来获得更丰富、体验更好的搜索结果。对用户输入的搜索词进行拆解之后，数据量依然不够丰富，直接搜索系统内部存在海量的商品标题、商品属性描述，搜索结果既不够丰富，又过于宽泛。对于一个搜索查询，会有很多相似的问法或者相似的查询词，对于搜索系统这一计算机系统来说，向其输入越丰富的指令，就会得到越丰富的结果，所以搜索系统根据对用户输入的搜索词进行拆解和拓展就十分重要。

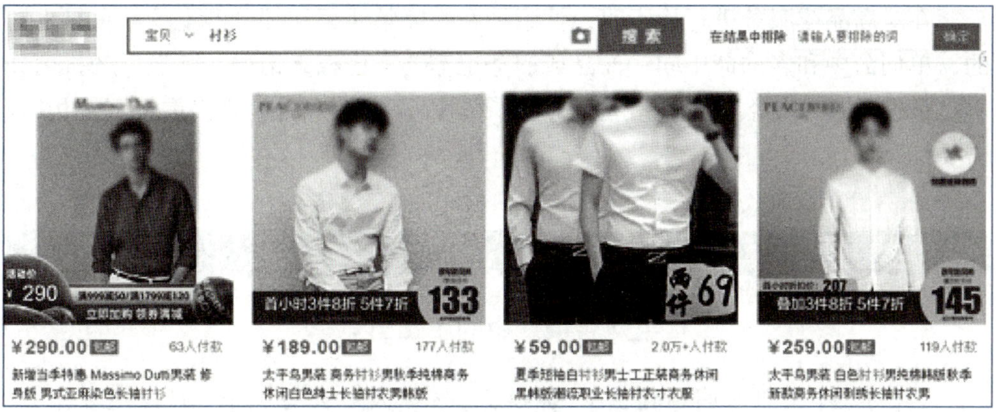

图 2–10 某男性用户在淘宝搜索“衬衫”的结果

在网站中搜索词拆解比较简单，在对搜索词拆解之后，一般会出现以下几种情况：

（1）完全匹配，即网站中完整地出现了搜索词，并且关键词的位置也相同。

（2）部分匹配，即对搜索词拆解后，网站关键词中只出现了部分搜索词。

（3）分词匹配，即将搜索词作为两个独立的词组分别出现在标题中的不同位置。

（4）同义词匹配，即用同义词对搜索词进行替换后的网站推荐。

（四）内容筛选

内容筛选是指当互联网搜索引擎系统完成搜索词的拆解后，就会得到一个关于搜索词的向量集合，系统通过搜索用户标签的提炼，得到一个关于用户的向量集合。这两个集合里包含有不同关键词的权重和不同用户标签的权重，它们将会被用来进行商品或服务的筛选。

在对商品或服务进行检索时，参考的指标有标题、参数、规格、品牌、类目、促销类型等。这些指标的权重也组成了向量集合。最后，系统通过计算向量集合直接的相似度来得出搜索排名，向量之间相似度越高的，排名就会越高。搜索词权重示意如图 2–11 所示。

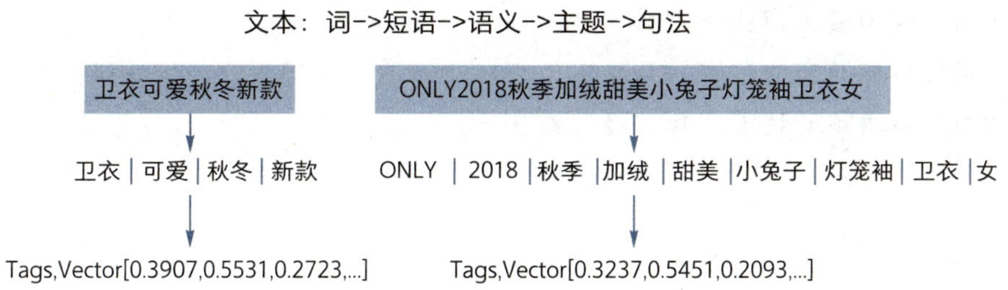

图 2–11 搜索词权重示意图

在对商品或服务进行检索时，搜索词在被完整匹配和部分匹配的权重是不同的，单词命中和多词命中同一商品或服务也需要考虑权重情况。筛选后的排名并不是最终的搜索排名，还需要考虑非常多的因素，每个因素的权重也不尽相同，需要综合考虑。

德技并修

杜绝网店推广中的不正当竞争

党的二十大报告明确指出："加强反垄断和反不正当竞争，破除地方保护和行政性垄断，依法规范和引导资本健康发展。"这为优化公平竞争营商环境打下了坚实的政策基础。在商品属性编辑与SEO优化过程中，网店经营者应该寻求公平和诚实地超越竞争对手的方法，通过卓越的表现而非不道德或非法的商业行为寻求竞争优势，尊重并公平对待竞争对手。在竞争过程中，网店经营者不可通过操纵、隐藏、滥用特权信息、误传重大事实或其他非法的交易行为向他人获取不合理的利益。《中华人民共和国反不正当竞争法》第九条明确规定：

"经营者不得实施下列侵犯商业秘密的行为：

（一）以盗窃、贿赂、欺诈、胁迫、电子侵入或者其他不正当手段获取权利人的商业秘密；

（二）披露、使用或者允许他人使用手段获取的权利人的商业秘密；

（三）违反保密义务或者违反权利人有关保守商业秘密的要求，披露、使用或者允许他人使用其所掌握的商业秘密；

（四）教唆、引诱、帮助他人违反保密义务或者违反权利人有关保守商业秘密的要求，获取、披露、使用或者允许他人使用权利人的商业秘密。

经营者以外的其他自然人、法人和非法人组织实施前款所列违法行为的，视为侵犯商业秘密。

第三人明知或者应知商业秘密权利人的员工、前员工或者其他单位、个人实施本条第一款所列违法行为，仍获取、披露、使用或者允许他人使用该商业秘密的，视为侵犯商业秘密。

本法所称的商业秘密，是指不为公众所知悉、具有商业价值并经权利人采取相应保密措施的技术信息、经营信息等商业信息。"

单元二

关键词挖掘

【引例】

利用关键词挖掘工具进行网店推广

百度关键词规划师（其页面见图2–12）是一款免费的百度搜索推广工具，该工具能帮助网店更精准地挖掘出潜在的具有较高商业价值的关键词。网店在百度搜索引擎中进行关键词竞价付费推广时，利用关键词规划师提供的相关信息数据，可以挖掘出优质的关键词，从而提高商品展现量，获取更多流量，提升商品转化率。在搜索引擎优化自然搜索排名的过程中，关键词规划师依然适用。

图2–12　百度关键词规划师页面

关键词规划师是利用AI技术和大数据分析技术，分析百度全网网民的搜索数据，提供关键词的准确历史数据及统计信息，为网店挖掘行业内高相关度、高展现量的优质关键词，为网店提供数据参考，帮助网店获得更精准优质的流量和较好的转化效果。

思考：在日常的关键词挖掘与分析过程中，应当如何有效利用这些关键词挖掘工具呢？

根据搜索排名的影响因素，可以发现要提高在搜索引擎内的自然排名，优化标题是提升自然搜索流量的一种有效方式，可以最大化获取搜索流量、提高展现量及转化率。因此，在搜索引擎优化搜索排名过程中，能否在自然搜索结果页中被用户搜索到，关键词起到了非常重要的作用。

一、关键词分类

关键词是指用户在使用搜索引擎时输入的表达个人需求的词汇，它往往是最能直接反映出用户意图的。如果网店选对关键词，那便可以快速地出现在精准用户的搜索结果中，达到引流的目的。在前面 SEO 优化作用与原理中介绍过，搜索引擎需要对用户输入的搜索关键词进行词性识别，并根据关键词不同的词性分配不同的权重，因此，熟悉并掌握关键词的分类是非常重要的技能。

目前行业内并没有对关键词的类别划分形成统一标准，但在主流搜索引擎中常见的关键词类型一般有：核心词、品牌词、属性词、营销词和长尾词等。

（一）核心词

核心词是指与商品有紧密联系的、能精准表达商品的关键词。核心词是标题的重要组成要素，标题中的其他相关关键词往往可以围绕核心词延伸出来，例如，“夏季连衣裙中长款”，这里的核心词就是“连衣裙”。一般核心词字数较少，多为行业内的短词、热词和大词，搜索量非常大，但数量往往较少，因此竞争激烈。同时，用户在使用核心词搜索商品时，搜索引擎很难准确判断用户的精准需求，只能大致确定用户所需商品的类目，在搜索结果中无法精准地展现用户需要的商品，这类词的转化率往往偏低。常见的核心词主要有商品词、类目词等。

（1）商品词一般指的是商品的名称，例如“自行车”“牛仔裤”“手机”等。

（2）类目词一般指的是商品所属类目的名称，类目词又可细化为一级类目、二级类目、三级类目以及四级类目等。以淘宝网为例，连衣裙属于女装类目下的子类目，女装属于一级类目，连衣裙属于二级类目，连衣裙类目下面还包括“半身裙”“针织裙”“丝绒裙”“打底裙”等三级类目，这些三级类目名称都可以作为核心词出现在商品的标题中，如图 2–13 所示。

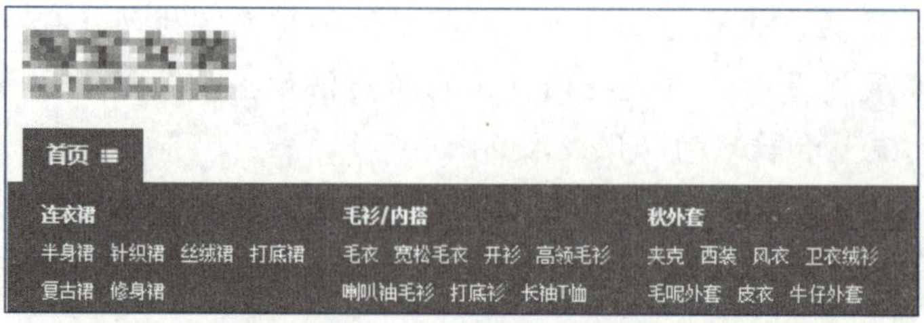

图 2–13　淘宝网女装“连衣裙”类目

（二）品牌词

品牌词是指商品的品牌名称，例如“华为”“海尔”等品牌名称。网店在使用品牌词时，要避免不当使用他人品牌词，否则可能会构成侵权。

（三）属性词

属性词是指描述商品参数、特征的关键词，例如，商品的尺寸、材质、颜色、型号、风格、样式、用途等。属性词既能够帮助用户了解商品的详细情况，也能够帮助电子商务平台快速地将商品信息匹配给合适的用户。某电子商务平台商品属性查找界面如图 2–14 所示。

图 2–14　某平台电子商务商品属性查找界面

例如，用户搜索“连衣裙 2022 中长款丝绸”，其中“中长款”“丝绸”均属于连衣裙的属性，用户能够通过属性词对商品建立起全面立体的认识，同时方便用户挑选自己需要的商品，因此属性词往往是影响用户购买决策的一个重要因素。

（四）营销词

营销词是指具有营销性质的关键词。营销词包括描述优惠信息、突出商品卖点、展现品牌信誉等的词汇，通常作为核心词和属性词的补充，例如“2022 新款”“包邮”“正品”。在挖掘关键词时，除了可以选择一些常见的热门促销词之外，还可以根据用户心理以及搜索习惯选择关键词，这样更能吸引用户的注意力，使其产生好感，提高商品的展现量和点击率。

（五）长尾词

长尾词是指商品的非中心关键词，但与中心关键词相关，也可以带来搜索流量的组合型关键词。长尾词一般由 2 个或 2 个以上的词组成，至少 3 个字以上。长尾词通常由核心词、属性词、营销词等搭配而成，比如“粉色蕾丝软清新”“荷叶长裙大码轻薄”。长尾词的总体数量非常庞大，搜索量较小，竞争度不大，但用户用长尾词搜索时目的性更强，需求更加精准，由此带来的转化率比较高。

（六）其他分类

除了上述关键词分类方法外，常见的关键词分类方法还有以下两种：

1. 按照竞争度分类

根据关键词的竞争度，可将关键词分为热门关键词、冷门关键词和一般关键词。

（1）热门关键词。热门关键词是指搜索量很大或者竞争度强的词。一般多为核心词和常见的属性词。如果网店在标题中使用热门关键词，且在该关键词搜索下的自然搜索结果中排名靠前，那么从中可以获得巨大流量。

（2）冷门关键词。冷门关键词是指搜索量较低的词。一般多为不常用的长尾词，竞争度较小、覆盖人群较少。冷门关键词虽然搜索量较低，但是数量庞大，如果能有效地利用冷门关键词，也能获得一些流量。

（3）一般关键词。一般关键词介于热门关键词和冷门关键词之间，是指具有一定的搜索量或有一定竞争度的词。由于热门关键词竞争度太大，因此，竞争力一般的网店往往可以偏向选择这类关键词。

2. 按照搜索量和点击量分类

按照关键词给网店带来的搜索量和点击量的多少，可将关键词分为大词、中词和小词。大词与热门关键词的意义相近，是指能给网店带来搜索量和点击量的关键词。小词与冷门关键词的意义相近，是指流量较小的关键词。中词与一般关键词的意义相近，介于大词与小词之间，主要是核心词和属性词的拓展词。

二、关键词挖掘的流程和方法

（一）关键词挖掘流程

了解关键词的分类和作用后，下一步就可以开始进行关键词挖掘，但如何高效地挖掘优质关键词，是很多网店亟须解决的问题。通常挖掘关键词的步骤如下：

第一步，网店应该先深入了解自己的商品或服务以及用户的搜索习惯等。同时，需要了解搜索引擎的排名机制，这样才能更精准地挖掘关键词。

第二步，网店根据所在搜索引擎、行业的情况，设定关键词挖掘的范围。在通常情况下，关键词要与商品相关，不能一味地追求关键词的数量。使用与商品或服务不相关的关键词，可能会导致被搜索引擎降权。

第三步，网店可以采用多种不同的关键词挖掘方法进行关键词挖掘。

第四步，网店将挖掘到的关键词制作成关键词词库，并定期动态调整词库中的关键词。

关键词选取应该尽量选择与网店内容或商品有相关性的、搜索次数多且竞争小的关键词，同时主关键词不能太特殊。

关键词的挖掘和整理

1. 关键词选取原则

（1）选择能代表商品或服务的关键词，例如商品词和品牌词。

（2）站在潜在客户的角度，设想潜在客户会用什么样的词找寻此类商品或服务。

（3）根据企业不同的推广需求，策划合适的关键词（通用词、针对词）。

（4）扩展尽可能多的关键词，以便获得更多潜在受众的关注（地域词、长尾词）。

2. 关键词选取技巧

（1）确定核心关键词。

（2）根据核心关键词进行关键词扩展，或根据关键词推荐工具进行关键词扩展。

（3）分组，把意义相近、结构相同的关键词放到同一个推广单元中进行管理，使关键词与创意的匹配更通顺。

（二）关键词挖掘方法

目前，关键词挖掘主要有以下三种方法：

第一种方法是直接在搜索引擎搜索时给出的提示词中获取关键词，例如搜索下拉框、推荐关键词等。推荐关键词是利用平台的数据分析功能，根据商品信息推荐的与商品相关度较高的关键词。推荐关键词是指在一定时间内统计并经过指数化处理后生成关键词的搜索热度、点击率、转化率、竞争度、市场均价等数据，根据这些数据找到的与商品相关的关键词。

第二种方法是利用搜索引擎为网店提供的数据分析工具获取关键词，例如，淘宝的生意参谋、京东的商智、速卖通的数据纵横、百度推广的关键词规划师、百度指数等。网店可以通过搜索查找关键词的形式进行关键词的拓展，例如，搜索“连衣裙”，能够找到与“连衣裙”相关的关键词。这种方式可以围绕核心关键词进行拓展，整理出关键词表。

第三种方法是借助市场中成熟的第三方关键词挖掘工具获取关键词。

不同形态网店的关键词挖掘方法存在不同，下面对不同形态网店的关键词挖掘方法进行分析。

1. 电子商务平台网店的关键词挖掘方法

以淘宝网店为例，淘宝网店的关键词挖掘方法主要有直通车系统推荐词、直通车流量解析、生意参谋选词助手、淘宝搜索下拉框等。

（1）直通车系统推荐词。直通车系统推荐词是直通车后台根据商品的类目、标题、创意标题、商品属性等推荐关键词的选词工具。直通车系统推荐词是一种比较常用的选词方法。网店在为直通车推广计划添加关键词时，系统会根据商品、人群等，推荐与该词相关的关键词，如图 2–15 所示。

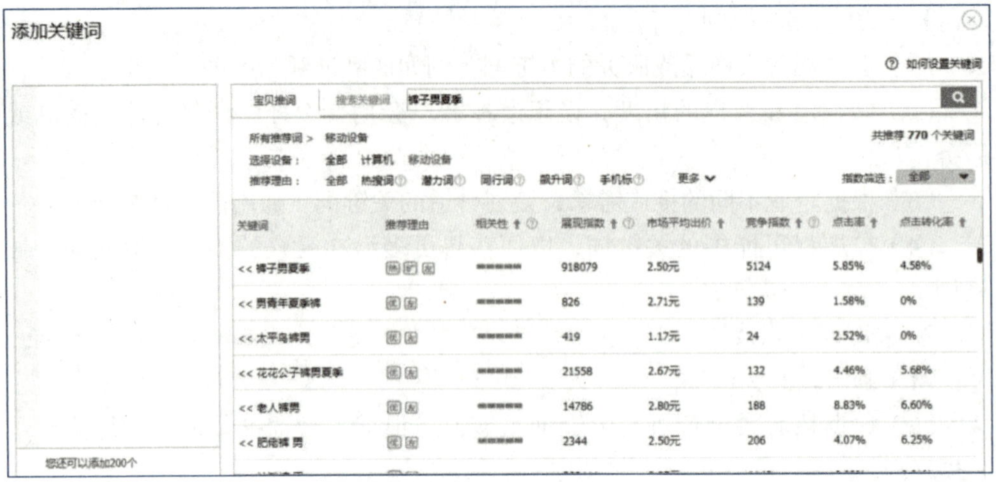

图 2–15　直通车系统推荐词

系统还会根据关键词的投放效果，给关键词附上推荐理由，也就是为关键词打标，这样的打标词往往是网店可以重点选择的。目前，直通车系统推荐的打标词主要有以下几类：

① 同行词：指的是同类店铺所购买的、投入产出比比较高的关键词。

② 热搜词：指的是展现指数较高的关键词。

③ 手机标：指的是有机会在手机淘宝和淘宝买家端搜索结果中展示的关键词。

④ 置左词：指的是有机会在淘宝网 PC 端搜索结果中左侧展示的关键词。

⑤ 质优词：指的是点击转化率和投入产出较高的关键词。

⑥ 潜力词：指的是有一定展现量且市场平均出价或竞争指数较低的关键词。

⑦ 锦囊词：指的是展现在移动端自然搜索排序中推荐的关键词。

⑧ 飙升词：指的是近期搜索量快速增长的关键词。

网店在直通车系统推荐关键词的基础上，需要根据自身的具体情况选出优质的关键词。常见的选择关键词的方式有以下两种：

第一种是通过平台的指数筛选功能选择关键词。网店可以根据关键词与商品的相关性、展现指数、市场平均出价、竞争指数、点击率、点击转化率等指标进行筛选，如图 2–16 所示。

第二种是结合以往经验选择关键词。虽然系统打标词相对来说是优质关键词，但网店并不一定要照单全收，也要根据不同推广时期的推广重点有所选择。比如，网店主要针对移动端进行推广时，就可以多选择锦囊词。这是因为这些关键词是系统根据对移动端消费群体的搜索习惯的分析得出的，在移动端的投放效果较好。

（2）直通车流量解析。直通车流量解析是淘宝直通车提供的一款市场流量

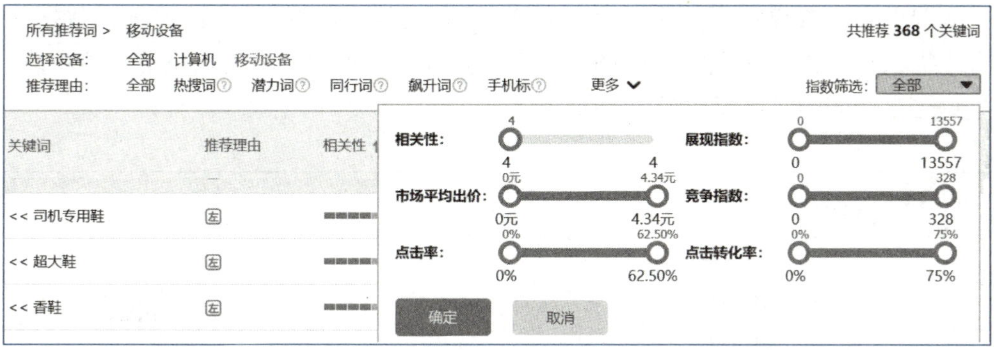

图 2-16　直通车系统推荐词指数筛选

竞争情况分析工具，如图 2-17 所示。进入直通车后，在“工具”栏中便可找到“流量解析”工具，在这里可以获得“市场数据趋势”“人群画像分析”“竞争流量透视”三大类数据信息，为网店挖掘关键词提供数据辅助及相关词推荐功能。

图 2-17　直通车流量解析

在“市场数据趋势”中，可以获得市场趋势数据（展现指数、点击指数、点击率、点击转化率、竞争度、市场均价等）、相关词推荐、行业趋势词排行（热搜词排名、飙升词排名、新词排名）等数据。

在“人群画像分析”中，可以获得人群基础属性（性别、年龄、消费层级、类目笔单价）、优质人群组合、关联购买类目分析等数据。

在“竞争流量透视”中，可以获得地域分布、设备分布、搜索时段分布、关键词平均出价等数据。

网店一方面可以根据“相关词推荐”中提供的关键词并结合上述相关数据信息选择关键词，另一方面通过其他方法挖掘到的关键词也可以在此处进行测试检验，并获取相关数据。

（3）生意参谋选词助手。生意参谋是阿里巴巴提供的一个商家统一数据平台，提供包括数据作战室、市场行情、装修分析、来源分析、竞争情报等功能。生意参谋选词助手界面如图 2–18 所示。

图 2–18 生意参谋选词助手界面

网店可以利用生意参谋中的选词助手工具挖掘关键词并获取相关数据。进入生意参谋主界面后，单击导航栏“流量”选项，再单击左侧菜单栏中的“选词助手”，通过生意参谋选词助手，网店可以查找自身店铺的引流搜索关键词和行业相关搜索关键词及其他数据信息。

网店可以根据生意参谋中提供的关键词以及该关键词带来的访客数、引导下单转化率、全网搜索热度、全网搜索热度变化、全网点击率、全网商品数、直通车平均点击单价等数据，挖掘到优质的关键词。

（4）淘宝搜索下拉框。淘宝搜索下拉框既是网店了解用户热门关键词搜索习惯的重要工具，也是获取关键词的重要渠道之一，如图 2–19 所示。

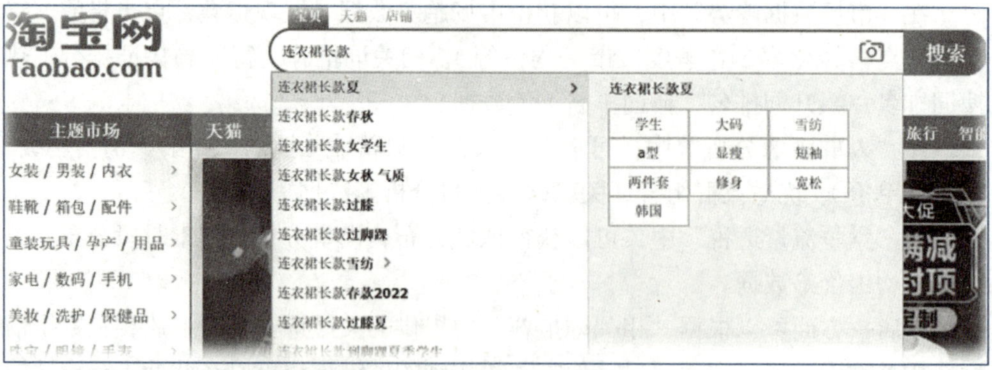

图 2–19 淘宝搜索下拉框

淘宝搜索下拉框位于淘宝网首页上部，在搜索框里输入和商品相关的关键词时，搜索框会自动下拉并给出一些相关的关键词，这些关键词往往是拥有较高搜索量的词。

除此之外，当鼠标移动到淘宝搜索下拉框中的关键词时，右侧还会出现该关键词系统推荐的相关扩展词，这也是网店获取关键词的方法之一。

2. 自建网站的关键词挖掘方法

以百度搜索引擎为例，自建网站的关键词挖掘方法主要有百度推广关键词规划师、百度指数、百度下拉框、百度相关搜索等。

（1）百度推广关键词规划师。关键词规划师是百度推广的一款关键词挖掘工具，如图 2–20 所示。百度关键词规划师根据网站的搜索词推荐相关的关键词和关键词包，并提供这些关键词相应的数据信息，包括来源、整体周均搜索量、竞争激烈程度等。网站可以根据相关关键词的投放效果数据，并结合实际推广情况选择优质的关键词。

图 2–20　百度关键词规划师

（2）百度指数。百度指数是以百度用户行为数据为基础的数据分析平台，如图 2–21 所示。百度指数可以为网站提供的主要数据包括：基于关键词的趋势研究、需求图谱、人群画像等。

“趋势研究”模块提供了关键词 PC 端和移动端的搜索指数，以及相关的媒体指数、咨询指数等数据，如图 2–22 所示。在这一模块中，网站可以获得关键词的热度及其变化趋势的数据。

“需求图谱”模块提供了与该词相关的关键词以及相关关键词的相关性、搜索热度、搜索变化率等数据，如图 2–23 所示。在这一模块中，网站可以获得与该关键词相关的关键词及其相关数据。

“人群画像”模块提供了关注关键词人群的地域分布、年龄分布、性别分布等数据，如图 2–24 所示。在这一模块中，网站可以了解目标用户的属性及其搜

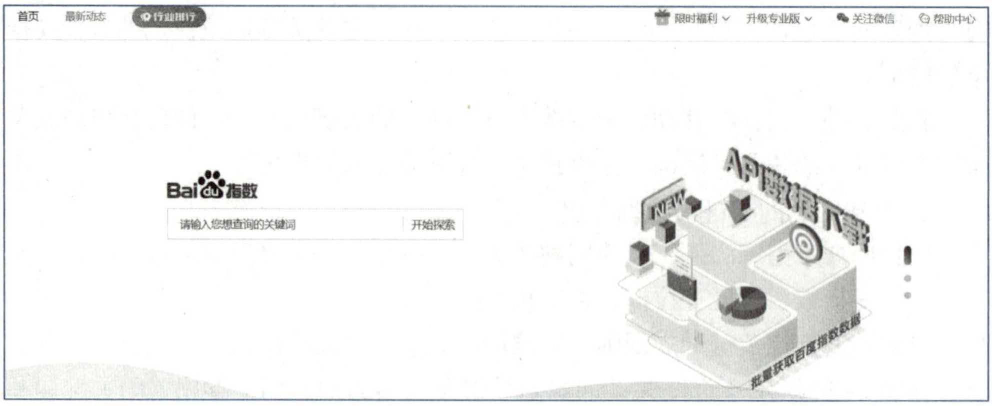

图 2–21　百度指数首页

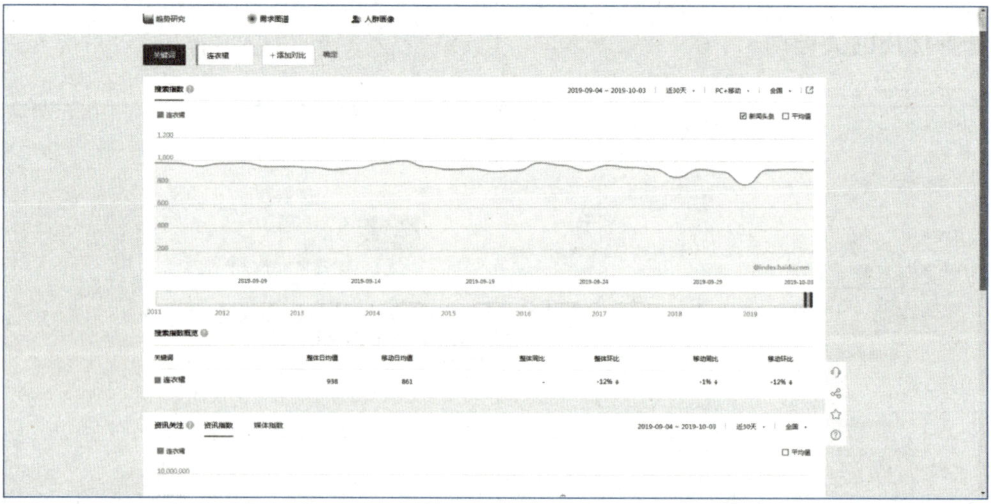

图 2–22　百度指数“趋势研究”模块

索行为习惯的数据。

（3）百度搜索下拉框。百度搜索下拉框既是用户了解用户热门关键词搜索习惯的工具，也是获取关键词的一个非常重要的渠道，如图 2–25 所示。

百度搜索下拉框位于百度搜索页面上部，在搜索框里输入关键词时，搜索框会自动下拉并给出一些相关的关键词。这些给出的关键词往往是在短期内搜索热度较高的词。

（4）百度相关搜索。百度相关搜索是在百度搜索结果页面底部出现的相关词，如图 2–26 所示。一般每个页面中会出现 9 个与搜索关键词相关的词。这些相关词是百度根据搜索该关键词用户的行为习惯进行统计分析，从而选出搜索热度最高、相关性最强的词组，最终将这些相关词展现在页面最底部的相关搜索中。

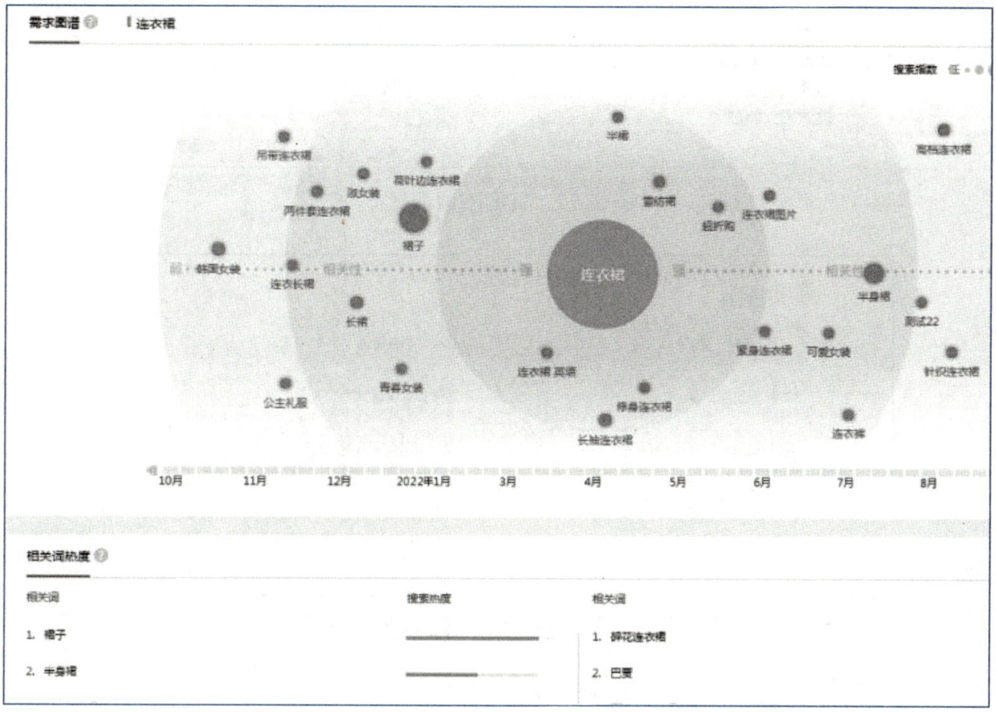

图 2-23　百度指数“需求图谱”模块

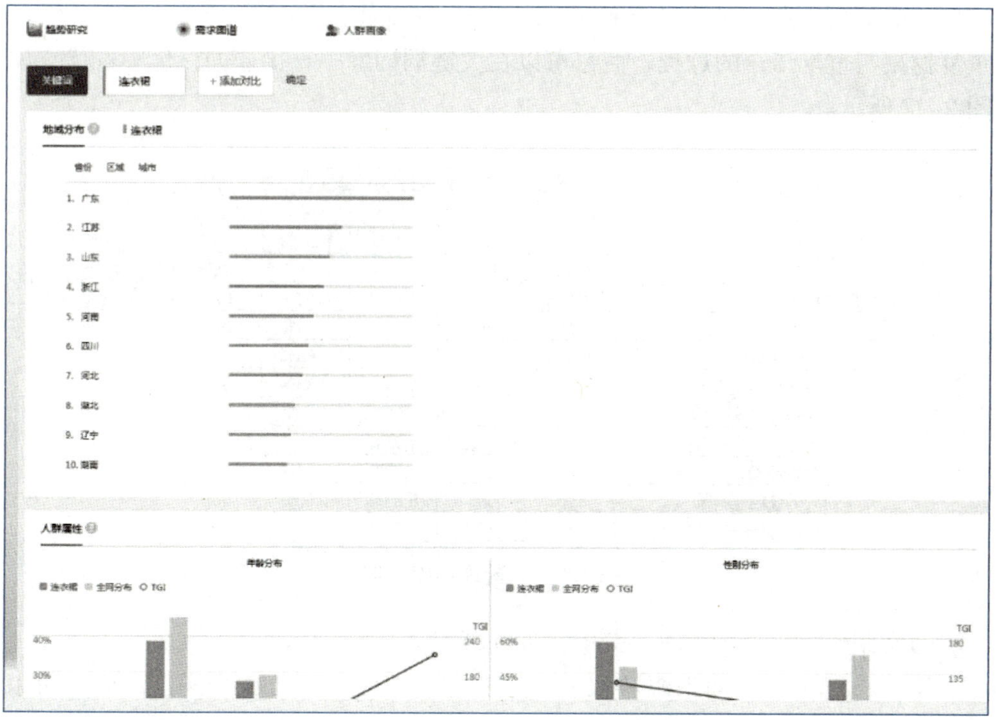

图 2-24　百度指数“人群画像”模块

图 2–25　百度搜索下拉框

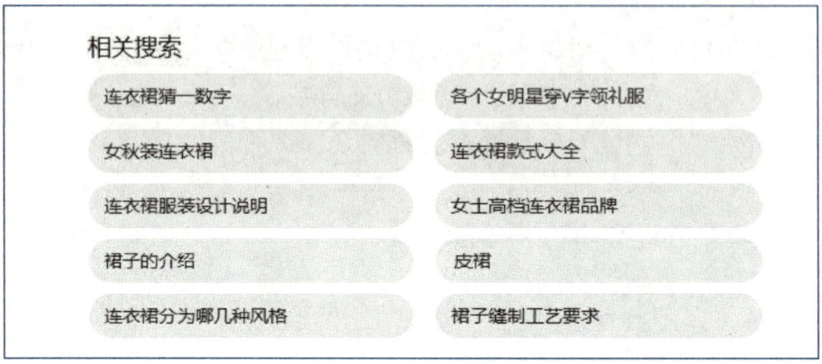

图 2–26　百度相关搜索

三、关键词词库制作

关键词词库制作的目的是使商家在进行 SEO 优化的时候，可以省去关键词重复挖掘与重复筛选的过程，商家可以在关键词词库中直接选词，优中选优，如图 2–27 所示。

关键词	展现指数	点击指数	点击率	点击转化率	竞争度
大码女装	1282329	45370	3.54%	0.65%	10074
大码连衣裙	64901	3337	5.14%	0.33%	1703
女装两件套	37912	1596	4.21%	0.44%	359
女装连衣裙	23655	1408	5.96%	0.85%	674
大码	22505	586	2.61%	0.51%	1650
女装大码t恤	18908	1180	6.24%	0.85%	73
女装大码连衣裙	11386	684	6.01%	0.73%	355
大码连衣裙 新款	2212	79	3.59%	2.52%	207
大码 100千克 t恤	1846	80	4.35%	1.24%	52
女装宽松	7947	614	7.73%	0.98%	131
大码红色连衣裙	9379	499	5.33%	0.60%	108
大码气质连衣裙 胖mm	9257	525	5.68%	0.57%	241

图 2–27　关键词词库示例

通常制作关键词词库时，商家需要注意以下三点：

第一，对于从不同来源获取的大量关键词，商家需要进行辨别。商家可以初步剔除一些无用词及违规词。无用词主要是指与商品关联度弱、搜索量过低、点击率和转化率过低的关键词。违规词是指违反广告法、违反所在平台规则的关键词。

第二，商家可以根据不同商品、商品类目等，利用 Excel 工具分类制作关键词词库。当然，在制作的时候要注意，不仅要把关键词填入到词库中，还要将与关键词相关的数据在词库中保留下来，以便进行 SEO 优化时作为参考。

由于不同电子商务平台的市场环境、数据指标等存在差异，商家需要针对不同的电子商务平台制作专门的关键词词库。例如，针对淘宝网店制作关键词词库时，可以选择保留搜索人气、点击率、支付转化率、竞争度、全网商品数等数据；针对网站在百度搜索引擎中制作关键词词库时，则可以选择保留整体搜索量、移动端搜索量、竞争激烈程度、地域分布等数据。

第三，关键词积累是一个长期的过程，还需要商家定期动态更新关键词词库。比如，需要定期新增关键词、更新关键词相关数据；需要定期筛选出数据表现不好的关键词，但是不要直接筛除这些关键词，可以在关键词词库中标注出来，避免下次进行标题优化的时候再次使用。

单元三

关键词分析

【引例】

通过诊断搜索排名影响因素提升网店流量

某淘宝女装C店主要销售低价时尚女装，为了能够提升自然搜索流量，提高免费流量的成交占比，2022年5月28日开始进行SEO优化。如图2-28所示，SEO优化前的店铺销售额为一个月16万元，店铺访客数量为3 801人；优化后第一个月实际完成销售额23.4万元，店铺访客数量为9 130人，在整个女装行业搜索下降的情况下完成了45%的业绩提升。

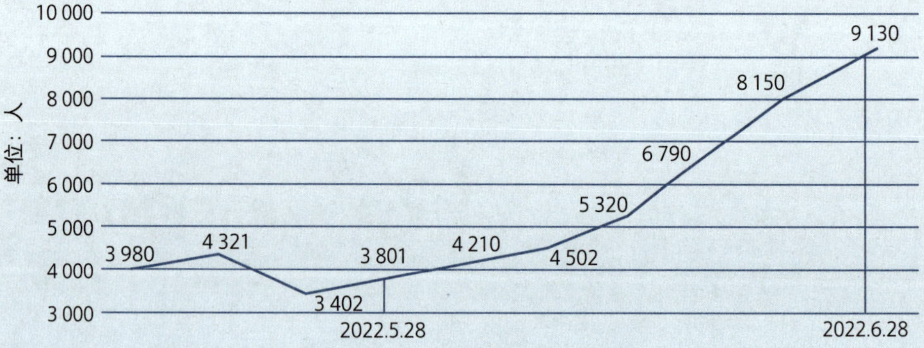

图2-28　店铺访客统计图

通过与负责该店网店推广的负责人小王进行沟通发现，此次店铺业绩提升主要源于其为店铺做的搜索诊断，主要包括商品标题、属性、详情页等的描述质量如何、用户搜索关键词与商品属性的关联度、商品类目等是否相关，店铺DSR评分如何等，以上都是对于商品搜索排名最基本影响因素的诊断，对这些因素的优化也是在短期内快速、有效地提升搜索流量的方法。

思考：以上这些搜索诊断是影响搜索排名的主要因素，那么，这些搜索排名影响因素又是如何来影响最终排名的呢？

一、搜索排名影响因素

搜索排名影响因素是指影响搜索引擎结果排序的因素。影响搜索引擎搜索排名的因素有很多，但究其核心影响因素主要包括描述质量、相关性、服务质量、权重等，下面将对这四个搜索排名的核心影响因素进行详细介绍。

（一）描述质量

描述质量是指对网店中的标题、详情页等描述的质量。描述质量的高低对用户体验存在极大影响，进而影响搜索排名。不同形态网店的描述质量所包含的要素不尽相同，下面对网店的描述质量进行深入分析。

1. 商品描述质量

对于淘宝、速卖通等电子商务平台的SEO优化而言，描述质量是指电子商务平台中网店的商品描述质量，主要包括网店的商品标题、类目、属性、详情页等商品描述的质量。电子商务平台上的网店在进行商品描述时，务必要做到真实、准确，且在真实、准确的基础上进行创新和优化，提升质量。作为卖家，必须准确地告诉买家其网店销售的是什么的商品，是否符合其真实需求，从而帮助其快速做出购买决策。如果因为虚假描述而引起纠纷，不仅会严重影响商品排名和店铺信誉，还会受到电子商务平台处罚。若要保证商品描述质量，则需要尽力做到以下两点：

（1）商品描述完整准确。商品描述是商家发布商品时需要添加的信息，主要包括商品标题、商品类目、商品属性和商品详情。这些商品描述是买家做出最终购买决策的重要依据，因此必须准确完整。

（2）详情页与主图清晰美观。为了提高买家的购物体验，电子商务平台会倾向于能够提供清晰美观、突出细节、点击率和转化率高的详情页与主图的卖家。同时，电子商务平台严格禁止盗用其他卖家的图片，更倾向于个性化、具有独特性的卖家店铺。

2. 网页描述质量

对于自建网站的企业而言，只有不断对其在百度等搜索引擎内进行SEO优化，提高搜索排名，才能获得更多的免费流量。自建网站的描述质量是指网页描述质量，包括标题和详情页内容质量，需要综合考虑内容的可读性和价值性（内容能为用户产生的价值）。提供优质内容的网页，能在更大程度上满足用户需求，提升用户体验，搜索排名自然更加靠前。若要保证网页描述质量，提升搜索排名，则需要做到以下四点：

（1）标题和详情页内容中务必包含关键词，但要适度使用，达到的效果既有利于搜索引擎检索，又具备可读性以吸引用户。

（2）优质原创内容的不断创造和合理的价值性转载可以提高网页内容新鲜度、充实性和丰富度，有助于提升用户体验，提高搜索排名。

（3）在详情页中适度运用小标题，让详情页内容更加条理清晰，短句子和短段落能使用户产生更好的阅读体验。

（4）详情页内容中段落和句子以简短为宜，而在兼顾可读性和价值性的基础上，文章内容篇幅宜长，深度展开的长文也是网页描述质量的一大指标。

（二）相关性

相关性是指搜索关键词与网店要素之间的相关性匹配程度，用于反映两者以上要素之间的关联性。不同形态网店的相关性所包含的要素不尽相同，下面对不同形态网店的相关性进行深入分析。

1. 电子商务平台网店的相关性

对于淘宝、速卖通等电子商务平台的 SEO 优化而言，相关性是指用户搜索关键词与店铺商品所属类目、商品标题、商品属性之间的相关性匹配程度，主要包括类目相关性、标题相关性和属性相关性。

（1）类目相关性。类目相关性是指用户搜索关键词与店铺商品所属类目之间的相关性匹配程度。类目相关性作为搜索的基础，对店铺来说非常重要。根据电子商务平台搜索引擎排序机制，当搜索引擎获取用户提交的关键词后，首先会判断该关键词属于哪个类目，因此，若商家在发布商品时商品类目选择错误或者不合适，那么即使标题优化等做得再好，也很难获得搜索展现。

以淘宝为例，淘宝搜索引擎具备强大的自我学习功能，其会对用户的历史搜索行为（点击、加购、收藏、购买等）进行挖掘分析，得出当前用户最有可能成交的类目，然后将其优先推荐给用户。如图 2–29 所示，当用户搜索“睡衣”时，淘宝搜索引擎优先推荐的类目是“女士内衣 / 男士内衣 / 家居服”，放在这个类目下的商品会被优先展示。

而放在“女装 / 女士精品”“童装 / 婴儿装 / 亲子装”等类目下的“睡衣”将会在“女士内衣 / 男士内衣 / 家居服”这个类目下的商品被展示之后再被展示，甚至不被展示。基于此，可以认为“女士内衣 / 男士内衣 / 家居服”这个类目对于“睡衣”这个关键词是相关性最强的类目。

综上所述，在用户通过关键词进行搜索时，平台优先展示与该关键词相关性最大的类目的商品，放错类目的商品将不被展示，甚至会被降权，因此。店铺在上新过程中务必要对商品的类目选择持慎重态度。

（2）标题相关性。标题相关性是指用户搜索关键词与商品标题之间的匹配程度，匹配程度越高，则相关性越大，将被优先展示。

以淘宝为例，当用户在淘宝平台中搜索关键词“滚筒洗衣机”时，如图 2–30 所示，在综合排序下，店铺商品标题中核心词为“洗衣机”的要比核心词为“洗衣机配件”的相关性高，将被优先展示。

综上所述，在用户通过关键词进行搜索时，平台优先展示商品标题中关键词与用户搜索关键词相关性最强的商品。

（3）属性相关性。属性相关性是指用户搜索关键词与商家发布商品时选择的属性之间的匹配程度，匹配程度越高，则相关性越强，将被优先展示。

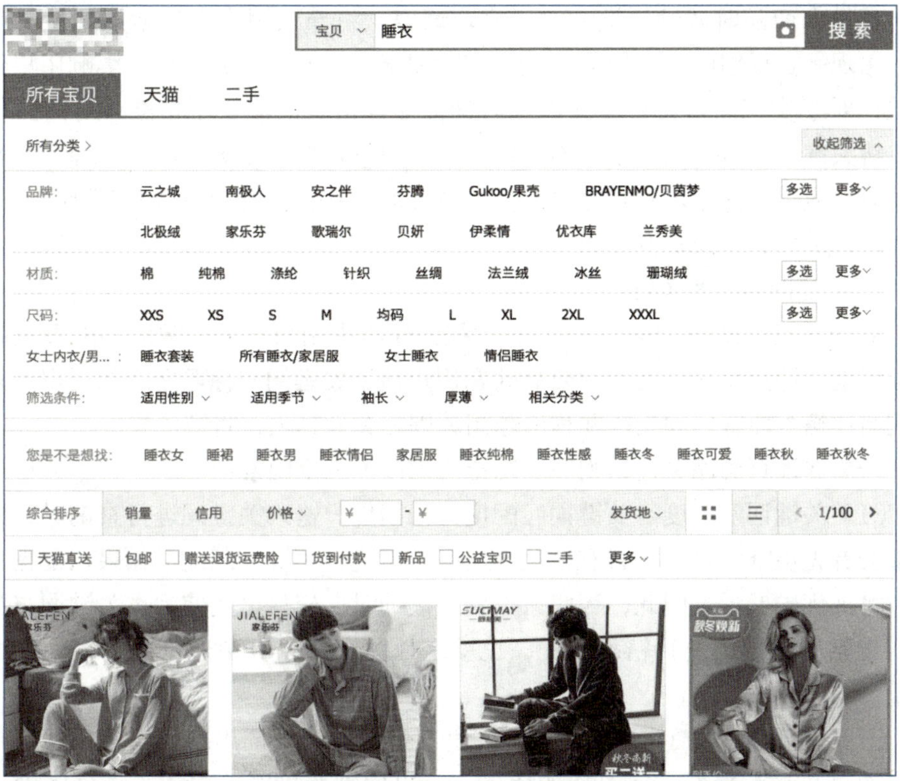

图 2–29　关键词“睡衣”搜索下的自然搜索结果页

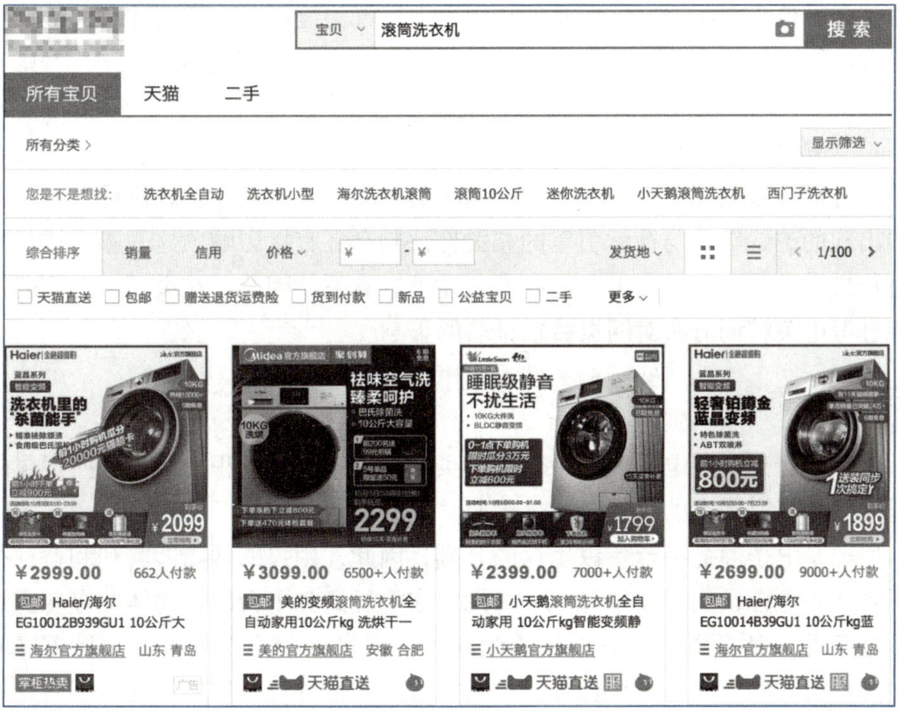

图 2–30　关键词“滚筒洗衣机”搜索下的自然搜索结果页

若发布商品时属性错选，对于用户而言，将导致用户在搜索该属性关键词时，出现平台反馈的搜索结果与用户实际搜索需求不相符的情况，影响用户购物体验；对于卖家而言，将导致进入店铺商品详情页的流量不精准，对商品转化率、跳失率、销量等指标带来不利影响，进而影响搜索排名。因此，商家在发布商品时，应尽可能地填写符合自身商品特征的属性，提升用户搜索关键词与属性之间的相关性，从而提升搜索排名。

2. 自建网站的相关性

对于自建网站的SEO优化而言，相关性是指用户搜索关键词与网页之间的匹配程度，即页面相关性，主要反映在用户搜索关键词与标题之间和用户搜索关键词与详情页内容之间，匹配程度越高，则相关性越大，将被优先展示。

若要保证页面相关性，则需要综合考虑以下三个因素：

（1）关键词匹配度。关键词匹配度是指当用户输入关键词进行查询时，搜索引擎会首先检查网页中是否有该关键词，然后进行关键词匹配，如果匹配程度较高，将被优先展示。因此，当商家设置关键词时，应尽可能使网页关键词与用户可能搜索的关键词进行精准匹配，也就是使关键词以更贴近日常用语的方式来设置。

（2）关键词密度（词频）。关键词密度是指某关键词出现的次数所占字符数与该网页总词汇量所占字符数的比例，可以用来衡量网页中的关键词密度是否合理，合理的关键词密度有助于提升网页的搜索排名。目前业界公认最优关键词密度区间值为2%～8%，因此，在网页中设置关键词时，应当注意关键词设置的合理性，不能过度重复关键词或者使用与主题内容不相关的关键词，否则将被处罚。

3. 关键词分布

关键词分布是指关键词在网页中出现的位置。关键词在正副标题、首段、正文中出现的位置等均与搜索引擎的相关性评判存在直接影响，这一影响按递减顺序进行排序是：左上＞右上＞左＞右＞左下＞右下。因此，在设置关键词时，应当综合考虑关键词分布对网页搜索排名的影响。

（三）服务质量

服务质量是指在电子商务平台中的买家与卖家交易过程中，卖家所提供的服务能够满足买家需求的程度。

用户是电子商务平台赖以生存的基础，因此，用户的购物体验和利益往往会被平台优先考虑，而卖家服务质量对用户在电子商务平台的购物体验存在直接影响。基于此，各类电子商务平台均倾向于把流量分配给卖家服务质量较好的店铺，且均设置有相应的考核标准，对卖家服务质量进行考核，以规范平台卖家服务水平。

从买家角度来看，其利益诉求在于通过电子商务平台快速找到自身想要的商品，并且在整个交易过程中获得优质服务，包括售前、售中、售后和物流等服务。买家在选择从哪个店铺购买商品时，不仅是在比较商品的质量和价格，也在观察、比较卖家店铺对买家应该承担的责任。

现有主流电子商务平台对于卖家服务质量的考核主要分为店铺 DSR 评分和店铺服务指标。

1. 店铺 DSR 评分

（1）店铺 DSR 评分的含义。店铺 DSR 评分是连续 6 个月内，所有店铺买家就商品与描述相符、卖家服务态度、物流服务质量三项指标对卖家进行分项评分的算术平均值。每项店铺评分均为动态指标，起始评分均为 5.0 分。DSR 评分高的店铺才能健康良性发展，拥有良好的买家体验。店铺 DSR 评分指标的含义如下：

① 描述相符：反映店铺商品质量是否符合买家需求，主图和详情页是否和实物相符等。

② 服务态度：反映卖家团队综合服务水平，即卖家提供的服务能否让买家满意。

③ 物流服务：反映卖家物流的整体水平，包括发货速度、到货时长、客服服务态度、物流人员的服务能力和服务态度等。

（2）店铺 DSR 评分对搜索排名的影响。店铺 DSR 评分作为衡量店铺服务水平的重要指标，近年来在自然搜索排名中的权重不断提升。店铺 DSR 评分低将对店铺及商品带来如下三方面的影响：

① 直接影响商品及店铺搜索排名。

② 造成店铺流量减少且严重影响转化率。

③ 影响各种活动的报名及审核，活动受到限制，无形中降低店铺权重及销量，尤其当店铺 DSR 评分小于 4.4 分时，店铺所有商品将被搜索降权。

例如，图 2–31 所示为某天猫店铺的店铺 DSR 评分，可以发现该店描述相符评分高于同行业平均值，服务态度评分和物流服务评分均与同行业持平。可见，该店具有较高的服务质量，这将有助于提升该店在平台中的店铺权重，且该评分在详情页中的显示，将有助于买家做出购买决策。

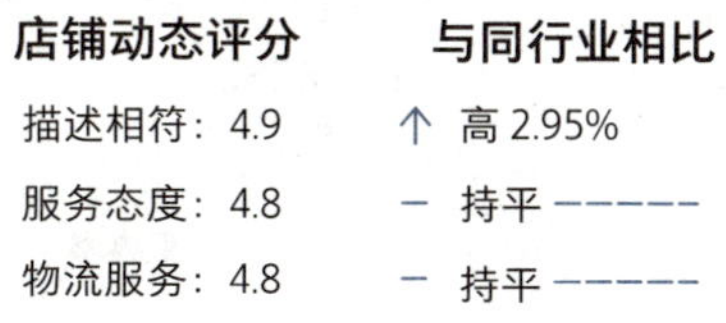

图 2–31　某天猫店铺的店铺 DSR 评分

（3）店铺 DSR 评分的转型升级。随着业务和市场的迅速发展，消费者对于服务体验的要求也在不断升级变化。为更好地帮助商家提升店铺综合服务能力，全链路提升买家购物体验，当前部分主流电子商务平台正在对店铺 DSR 评分进行转型升级，其中，京东通过京东平台风向标对店铺 DSR 评分进行替代，天猫以“基础服务考核分”体系逐步替代店铺 DSR 评分对天猫店铺的考核。

以京东为例，京东平台风向标是京东平台的店铺综合服务能力模型，模型指标覆盖消费者购物体验各环节，为商家提供评估店铺综合服务能力数据支持。目前，京东平台风向标已全面完成对店铺 DSR 评分所有功能的替换，替代店铺 DSR 评分作为店铺续签和活动提报的基础门槛要求，图 2–32 所示为京东平台风向标排名，京东根据店铺的风向标排名对店铺进行星级评定。

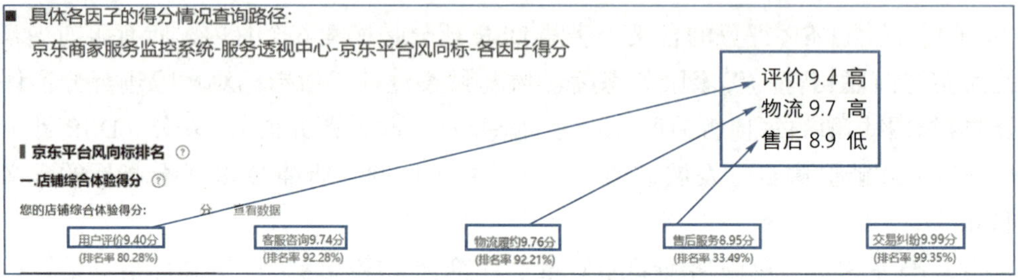

图 2–32 京东平台风向标排名

图 2–33 所示为由京东风向标结果转化为店铺星级形式在各前端页面向消费者展示的示例，旨在体现商家的全链路服务水平，为消费者购物提供更全面的参考。

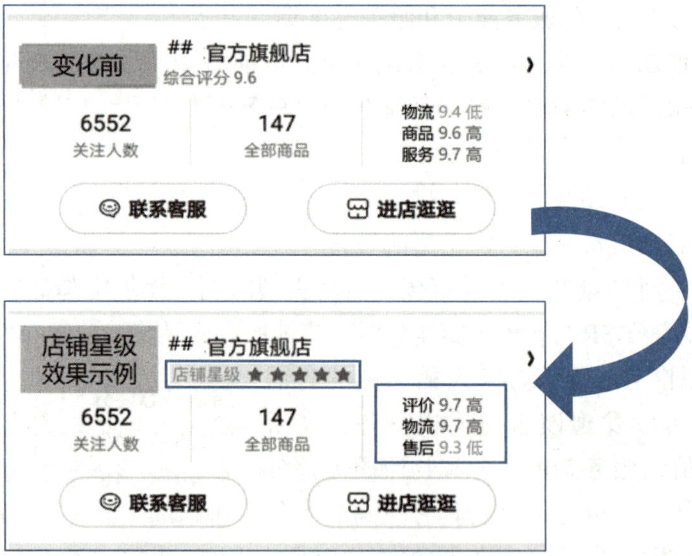

图 2–33 京东平台风向标店铺星级效果示例

2. 店铺服务指标

电子商务平台的店铺服务指标有很多，其核心指标主要有品质退款率、纠纷退款率、退货退款自主完结时长等，这些指标都与店铺商品质量和整体服务有关，对搜索排名存在较大影响。

（1）品质退款率。品质退款率是指近 30 天内，因品质相关退款原因发起的退款笔数与支付子订单数的比例，退款包括售中和售后的退款和退货退款。品质退款是指买家因商品质量问题发起的退款，即买家在发起退款时选择与商品质量相关的退款原因（如材质不符、做工瑕疵、描述不符及其他质量问题等）。品质退款率高往往意味着卖家商品质量存在问题，因此，卖家需要持续关注店铺的品质退款率，若发现问题，需及时进行供应商的调整。

（2）纠纷退款率。纠纷退款率是指近 30 天内，判定为卖家责任的纠纷退款笔数与支付子订单数的比例。纠纷退款率高往往意味着电子商务平台介入处理退款的次数多，这在一定程度上意味着店铺的服务能力和服务水平存在问题，尤其是在退款问题的处理上，因此，卖家需要持续关注这一指标，及时提升店铺客服妥善处理退款问题的能力。

（3）退货退款自主完结时长。退货退款自主完结时长是指退货退款自主完结（售中 + 售后）总时长与退货退款自主完结总笔数（退货退款中，电子商务平台客服实际介入处理的退款不统计在内）的比例。退货退款自主完结时长较长往往意味着店铺在处理售中和售后问题上效率较低，需要卖家店铺及时简化规范客服处理买家退货退款的流程，督促客服及时跟进。

品质退款率、纠纷退款率、退货退款自主完结时长等店铺服务指标均对店铺商品在平台中的综合搜索排名存在影响，需要持续关注调整。

综上所述，可以发现卖家服务质量中店铺 DSR 评分和店铺服务指标均对搜索排名存在极大影响。同时，当前主流电子商务平台开始倾向于能在咨询、物流、售后、纠纷全链路服务水平均表现优异的店铺。因此，在未来店铺运营团队的整体合作中，客服、物流、运营、推广、设计美工的全链路配合显得愈发重要，旨在提升店铺综合服务能力，全方位提升买家购物体验。

（四）权重

权重对搜索排名也有着较大影响，权重越高，在搜索引擎所占的比重越大，在搜索引擎排名就越靠前，这在一定程度上有助于流量的提升。

对于电子商务平台而言，影响网店商品详情页搜索排名的权重为商品权重；对于自建网站而言，影响自建网站在搜索引擎搜索排名的权重为网页权重。

1. 商品权重

商品权重既是电子商务平台根据商品表现给出的一个综合评分，也是电子商务平台对商品进行搜索排名的关键依据。商品权重主要由商品人气、商品产出和作弊处罚三个方面决定。商品权重越高，说明商品在电子商务平台搜索引擎所占的分量越重，搜索排名自然就会靠前；权重低则反之。

（1）商品人气。

① 商品人气含义。商品人气是指商品交易转化能力，这一能力的体现源于从买家浏览、收藏、加购到最终成交转化的整个阶段。图 2–34 所示为电子商务

"营销漏斗"模型，这一模型很好地诠释了商品在电子商务平台中成交转化的全过程，从买家触达店铺商品，到产生兴趣（长时间停留商品页面等），再到形成购买意向，继而采取行动（加购、收藏、下单购买等），最后支付成交，因此商品人气可以通过曝光量、点击率、转化率、加购人数、收藏人数、销量等指标很好地反映出来。

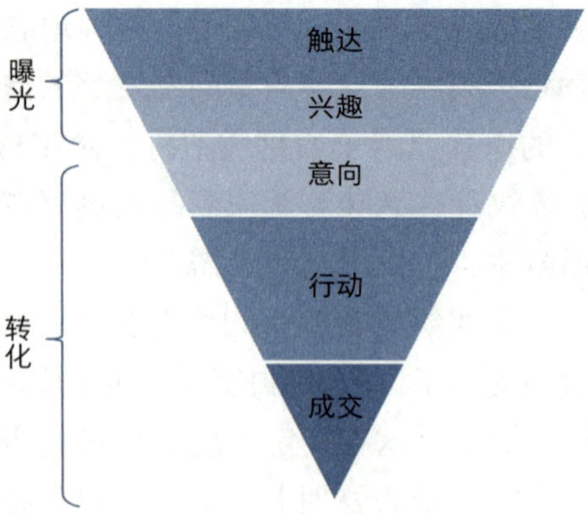

图 2-34 电子商务"营销漏斗"模型

商品人气高，说明该商品符合大多数买家的需求，商品交易转化能力强，商品市场竞争优势明显，平台会更倾向于将其推荐给买家，搜索排名自然就会靠前。

② 商品人气的影响指标。商品人气主要由曝光量、点击率、加购人数、收藏人数、转化率、销量等指标决定，这些指标的含义如下：

a. 曝光量（展现量）：通过搜索关键词展现店铺或店铺商品次数。

b. 点击率：用户搜索后点击商品的点击数与用户搜索行为数量的比例。

c. 加购率：将商品加入购物车的访客去重数与访客数的比例。

d. 收藏率：新增点击收藏商品的去重人数与访客数的比例。

e. 转化率：在一定时间段内，来访客户转化为支付买家的比例。

f. 销量（支付件数）：买家完成支付的商品数量。

商品曝光量、点击率、加购率、收藏率、转化率以及销量等指标均影响着商品人气，单一指标的上涨并不意味着商品人气的提升，甚至会出现导致其他指标下降的情况。只有所有指标同时上涨，才能带来商品人气的提升，从而提高商品权重，带来搜索排名的提升。

（2）商品产出。

① 商品产出含义。商品产出（俗称"坑产"）是指搜索某关键词所对应的商品单位曝光产出，即该搜索关键词所对应的单位曝光量下商品所能成交的金额。当前电子商务平台用户增长进入瓶颈期，商品产出高意味着商品对电子商务平台流量使用的效率高，因此，电子商务平台将更倾向于把流量给商品产出高的商品，从而提高电子商务平台整体流量的效率，提升用户购物体验。因此，商品产出的高低影响着商品权重，最终影响着搜索排名。

② 商品产出的影响指标。商品产出由点击率、转化率和客单价三个指标决定。其中，客单价是指平均每个支付买家的支付金额，多天的客单价为统计周期内的成交总金额除以统计周期内去重的累计成交人数。

商品点击率、转化率和客单价均影响着商品产出，单一指标的上涨并不意味着商品产出的提升，甚至会出现导致其他指标下降的情况。只有所有指标同时上涨，才能带来商品产出的增加，从而提高商品权重，带来搜索排名的提升。

（3）作弊处罚。作弊处罚是指在电子商务平台中，卖家采取违反平台规则的作弊行为，平台相应给予的处罚。常见的作弊行为包括类目错放、属性错选、标题堆砌、重复铺货、广告商品、描述不符、计量单位作弊、商品超低价、商品超高价、运费不符、SKU 作弊、更换商品、信用及销量炒作等。这些作弊行为一旦被电子商务平台发现，电子商务平台不仅对违规商品给予搜索排名靠后甚至下架删除的处理，还会根据卖家搜索作弊行为累计次数的严重程度对整体店铺给予搜索排名靠后或屏蔽的处理，情节特别严重的，平台将给予冻结账户或关闭账户的处理。

2. 网页权重

网页权重是指搜索引擎给网页赋予一定的权威值，对网页权威性做出评估或评价。影响网页权重的因素有很多，但究其核心因素主要包括网页内容时效性、用户参与度和链接建设。网页权重越高，说明自建网站在百度、谷歌等搜索引擎所占的份量越重，搜索排名自然就会靠前；权重低则反之。

（1）网页内容时效性。网页内容时效性是指网页内容在不同的时间发布具有很大的差异，其决定网页内容在特定时间内发布是否有效。坚持有规律的网页内容更新，以及对网页内容更新频率、更新时间和更新数量的控制有利于提高网页的活跃率，提高用户对搜索引擎的信任度，从而提高网页权重，搜索排名自然得到提升。

（2）用户参与度。用户参与度是指确定用户参与网页点击、阅读、转发、评论、点赞等互动行为程度的指标。用户对网页内容的参与度越高，那么搜索引擎就会认为其重要程度和受欢迎程度越高，网页权重自然就会提高，网页则更有机会被展现给用户。

（3）链接建设。链接主要分为内部链接和外部链接两种形式，是在制作网站页面时用来关联相关信息的，主要用来告知用户所链接页面的重要程度。对于搜索引擎而言，链接是用来证明页面与页面的相关性或重要性的，一个页面得到的链接越多，链接质量越高，网页权重就会得到提升，在某种程度上就反映了该页面的重要性，搜索引擎给予的重视程度就会越高，搜索排名自然就会得到提升。

① 内部链接。内部链接是指自建网站内部页面与页面之间的相互链接关系，俗称“内链”，其主要作用在于向搜索引擎及用户表明所链接内容的重要性，一般首页的权重最高。通过内链的设置，可以为用户提供更多相关内容，降低跳失率，提高用户体验，从而提升网页权重，提高搜索排名。

② 外部链接。外部链接是指自建网站与站外页面之间的链接关系，俗称“外链”。外链的数量、质量、相关性都会影响网页的搜索排名。例如，一个 IT 行业的企业官网链接了很多机械化工类的网站，此时搜索引擎会认为该官网恶意添加外部链接。

搜索引擎会将网站页面被抓取的日期作为一个参考因素，该网页在单位时间内获得链接的数量越多、质量越高，则该网页的质量相对越高，搜索引擎将赋予该网页更高的权重，有助于该网页搜索排名的提升。

二、关键词分析要点

（一）关键词分析的内容

关键词分析的内容包括关键词竞争度分析、关键词趋势分析、关键词需求分析和关键词转换率分析。

1. 关键词竞争度分析

关键词竞争度分析就是分析这个关键词在行业排名中被搜索的难易程度。关键词竞争度分析主要有以下三个方面：

（1）关键词搜索指数。该指数越高，说明每天的搜索量越大，竞争度越高。以百度搜索指数为例，百度搜索指数是一种以网民在百度的搜索量为数据基础，以关键词为统计对象，通过计算出各个关键词在百度网页搜索中搜索频率的加权，用来分析用户对关键词搜索关注程度及持续变化情况的工具。

（2）关键词的商业价值。某些关键词的商业价值很高，很多商家愿意花钱做推广，也有商家想利用这些关键词提高自然排名。通常这种关键词在百度排名首页有 8 个以上的推广链接，大部分搜索这些关键词的用户行为会被这些推广链接截取。

（3）关键词所在网站首页的质量。关键词所对应网店（商品）排名优化的难易程度取决于其所在网站首页的质量，如果关键词在大型网站的首页或者在高权重网站首页上，提高关键词所对应网店（商品）的排名相对困难，而在低权重网站的首页或者竞争度较低的网站首页上，提高其排名相对容易。

2. 关键词趋势分析

关键词趋势分析可结合百度相关搜索、下拉框和百度指数需求图谱来进行。针对相关搜索，要关注一个月左右的搜索量；针对下拉框，需关注最近一两周的搜索量。如果相关搜索里没有某些关键词，则在下拉框中很有可能在未来的一个月内对这些关键词的需求会增加。

百度指数需求图谱可以给出相关检索词和排名上升较快检索词，如图 2–35 所示为“男装”的百度指数需求图谱。想要使网站在一个月内有好的排名，就要使网店有排名上升较快的检索词的内容。网店需要经常关注排名上升较快的检索词，不断更新排名上升较快的检索词的内容。

3. 关键词用户需求分析

关键词用户需求分析就是分析搜索这个关键词的用户需要哪些内容，做需求

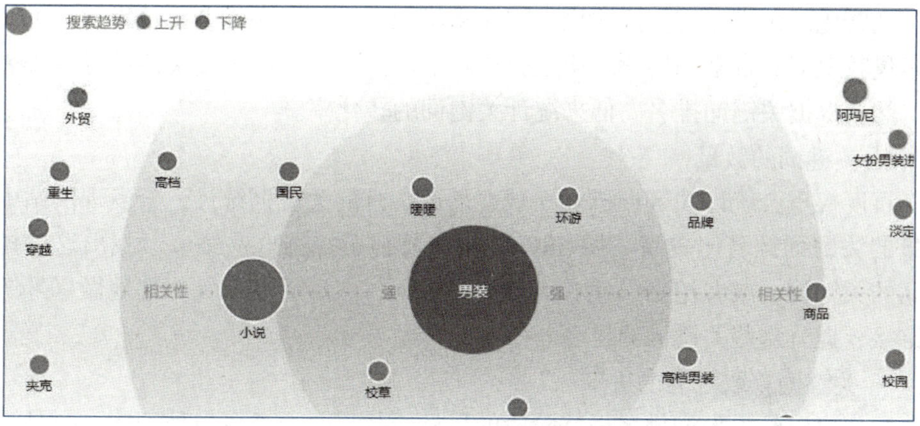

图 2-35　“男装”的百度指数需求图谱

分析的目的就是全面了解用户需求并满足其需求，把用户留在网店内。关键词需求分析方法如下：

（1）分析下拉词和相关搜索词。一些竞争度较大的长尾词也有下拉词和相关搜索词，比如，如果用户搜索“斗式提升机型号”这个关键词，其需求就是把不同斗式提升机型号做一个对比，了解不同型号的功能运用。

（2）分析潜在需求。潜在需求是指消费者由于某些原因还没有明确显示出的需求。一旦条件成熟，潜在需求就转化为显性需求，从而为企业提供商机。潜在需求是十分重要的，在消费者的购买行为中，大部分需求是由消费者的潜在需求引起的。因此，企业要想在激烈的市场竞争中取胜，不但要着眼于显性需求，更应捕捉市场的潜在需求，进而采取行之有效的开发措施。

4. 关键词转化率分析

关键词转化率分析需要借助工具完成，比如百度商桥等，百度商桥能记录用户是通过搜索什么关键词进入店铺的以及浏览了哪些页面等。也可以采用客服询问的方式或者结合统计后台的方式来进行，例如：询问客户通过搜索哪个关键词进入店铺，结合百度统计后台以及咨询时间获取用户搜索信息。

（二）关键词排名分析

SEO 优化作为一种基础的网络推广方法，可以被运用到各种营销方式里面，其中，最重要的工作就是关键词排名分析，只有对 SEO 优化的关键词进行定期分析，找出不佳效果的原因，总结达到最佳效果的经验，才能有针对性地调整 SEO 策略，做好 SEO 优化工作。

关键词排名分析涉及关键词排名高低、关键词的数量、关键词获取排名的进度等方面。

1. 关键词排名高低

网店要关注关键词排名高低，这是因为如果网店挑选的主关键词竞争度比较高，从转化的角度而言，这些词的转化率虽然不高，但是排名比较靠前，再加上搜索量较大，其带来的转化效果也会比较好。因此，网店需要关注关键词排名高低，然后根据关键词排名高低来统计关键词的转化率。

2. 关键词的数量

百度权重会统计关键词排名。观察最近一月的关键词统计，会发现网站中有大量的关键词排名比较高。做 SEO 优化就要善于挖掘这些细节，找出这些排名较高的关键词，或者挖掘一些有潜力的关键词，然后后期有针对性地做好外链和锚链接，提升这些关键词的排名。

3. 关键词获取排名的进度

网店可以给关键词排名做好阶段的目标，如果 3 个月可以使网店（商品）排名提高至搜索结果首页，那么每个月，甚至每半个月网店对关键词排名的进度就需要很好地把握，把需要做到的进度细分到每天的工作，根据定制的进度表，根据我们所做工作的表现，如果提前完成就可以坚持做，还没达到就要提高自己的进度，争取在最短的时间内完成工作。

（三）关键词分析技巧

1. 分析关键词的互斥问题

关键词的互斥性是指网店的两个关键词之间没有任何相关性，这种情况可以理解为相互排斥，即互斥性。定位网店关键词时，一定要考虑关键词是否存在这种互斥性，搜索引擎会根据关键词的相关性来判断网店主题，如果关键词设置出现互斥问题，那么搜索引擎排名会比较低。

2. 选择对用户有价值的关键词

当用户在搜索一个关键词时，如果这个关键词不能完全满足用户的需求，此时就需对这类关键词进行更加深入的挖掘，将这个关键词所隐藏的用户需求挖掘出来，这样的关键词才是对用户和 SEO 优化都有价值的词。

3. 选择有权威性的关键词

关键词的权威性是指类似于企业品牌词，对 SEO 优化得到关键词要进行深入的推广和营销，打造出属于自己的品牌关键词。不管是网站或是产品的品牌关键词都要具有权威性，只有具备足够的权威性，才可以使用户对网站产生信赖感。

4. 分析网站关键词的竞争度

在选择关键词时，一定要先分析该词的竞争度，要根据自己的资源和实力来为自己网店的关键词进行定位，不要好高骛远，否则只会得不偿失。

单元四

商品标题制作与优化

【引例】

通过标题优化提升网站排名

某集团公司网站主要经营3C类产品，已经拥有大量的基础用户，随着行业竞争加剧，企业面临较大的竞争压力，每日新增用户数量呈现下降趋势。集团公司为了获取更多用户，提升业绩，决定在网站方面加大投入，以吸引高质量客户的关注。集团公司通过调查研究发现，目前网站在吸引客流方面主要存在以下几类问题：

（1）网页标题关键词搜索排名不高。

（2）网站部分页面经常改版，导致网页搜索降权。

（3）网页内容更新不规律，导致搜索引擎不能有规律地抓取网站。

网站推广部门针对问题，决定通过以下几个方面的改进来加强网站的SEO优化：

（1）通过网页标题优化、关键词布局来提升网页排名。

（2）通过精准关键词深挖，引入精准流量提升网站排名。

（3）通过网页内容有规律的更新提升网站内容相关性，提高转化率。

通过SEO优化，网站的访问人次与关键词百度自然排名有了较大提升，月新增流量提升比率变化明显，SEO优化效果如图2-36所示。

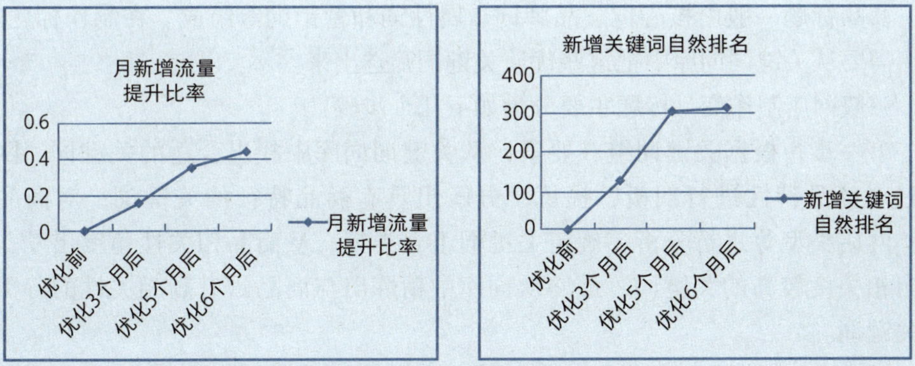

图2-36　SEO优化效果

思考：作为集团公司的网站推广负责人，应该怎样制定标题优化策略呢？

一、商品标题制作

（一）商品标题

1. 商品标题的概念

商品标题是描述商品的名称，通过标题可以让买家找到商品，快速了解商品的类别、属性、特点等。商品标题是与买家自然搜索联系最紧密也是影响最大的因素，一个优秀的商品标题可以为商品带来更多的自然搜索流量。

正确认识商品标题

网店商品的标题由多个关键词组成。以淘宝网为例，淘宝网店商品标题最多只能由 60 个字符组成（一个数字、英文字母或空格为 1 个字符，一个汉字为 2 个字符），网店在制作商品标题时要充分利用这 60 个字符的空间，争取获得标题流量最大化。

2. 商品标题的作用

一般商品标题具备三个非常重要的作用：一是明确告诉潜在买家网店卖的是什么；二是告诉搜索引擎网店卖的商品是什么；三是影响商品自然搜索结果排名，标题关键词与商品的相关性是搜索引擎进行商品排序的重要因素。对于网店而言，一个商品标题的好坏，在很大程度上决定了商品能否在自然搜索结果中展现，能否提升网店的自然流量，能否提高商品的转化率。

一个好的商品标题，应该满足两个条件：一是便于点击，标题设置需要符合买家的购物习惯；二是便于展现，标题中需含有买家搜索的关键词，且关键词的相关性较高。

（二）商品标题制作流程

商品标题一般由核心词、品牌词、属性词和营销词等组成。在制作标题时，网店需要从关键词词库中把这些优质关键词筛选出来。

一般网店制作商品标题主要分为如下几个步骤：

第一步，根据关键词组成要素，从关键词词库中找出合适的关键词。网店通过对商品特性进行剖析，提炼、分解出具有商品特征的关键词；对商品类别、网店类型等进行分析，确定关键词组合类型；从商品相关性角度出发，挑选出相关度较高的关键词，最终从词库中精炼出与商品具有高相关性的各类优质关键词。

第二步，根据关键词数据指标，筛选出优质关键词。网店根据网店类型、商品数据的时效性、周期性与竞争性等不同角度对关键词进行筛选；根据关键词的展现量、点击率、转化率等指标进行关键词的排序与筛选；分析重复出现或含义类同的关键词，删除不必要的重复关键词；最终选出最优关键词，并进行组合。

第三步，调整标题关键词排序。网店需要根据买家的搜索习惯调整关键词的顺序。比如，商品标题中到底用“丝绸连衣裙”还是用“连衣裙丝绸”关键词组合呢？这时网店可以将这两个关键词组合放到淘宝搜索中去验证，判断哪个关键词更符合买家的搜索习惯，最终确定关键词。网店还需要根据关键词与商品的相关性、电子商务平台搜索引擎排序机制调整关键词排序。

第四步，确定商品标题。网店进行商品标题测试，查询关键词的商品排名，更换搜索排名较高的关键词。根据商品的动态经营数据，网店可以适当地对商品标题进行优化调整。

（三）商品标题制作技巧

商品标题的优劣关系到商品搜索权重的高低，会影响商品的自然搜索流量、网店的活跃程度。在创作商品标题时，需要注意以下几点技巧：

1. 合理利用空间

（1）商品标题长度尽可能写满。网店制作商品标题时，要尽可能写满，比如淘宝为 60 个字符，速卖通为 128 个字符，这样能够提高商品关键词的覆盖率，商品被搜索、展现的可能性将会变大。要选择与商品相关度高的关键词，不能为了写满字符数量而堆砌一些无用的关键词。标题关键词要与商品的属性一致，例如，如果商品是连衣裙，则不应当使用“衬衣”；如果商品是运动款，则不应当使用“商务款”等。也就是说，标题关键词要真实可信，如果虚构关键词，网店的商品可能会被下架，网店也有可能被扣分。

（2）重要关键词前置。目前多数买家使用移动端在网上购物，在移动端展现搜索结果时，标题往往会被截断，分成两行进行展现，买家一般倾向于先看前面的关键词，所以将核心词放在前面，从视觉营销的角度设置核心词，能够有效提高商品的点击率。

（3）关键词覆盖广泛。因为单个商品标题的字数有限，所以将不同关键词使用在不同的商品标题中，既能个性化地描述网店商品，也能使网店中的关键词覆盖尽可能多的人群。

2. 制作误区

在商品标题制作中，同样的关键词在不同的商品中的转化率和点击率是不一样的，这主要是因为商品的权重不同，搜索排名结果差异比较大。如果添加的是与商品属性不符的关键词，那么该商品的点击率和转化率也会相对较低。常见的标题制作误区主要有以下四点：

（1）直接复制爆款标题。由于一个关键词的曝光量是有限的，如果自己网店商品的竞争力不及同行，直接复制同行的爆款标题，商品的搜索权重也会降低，商品搜索结果排名无法达到期望的效果，因此，绝对不可以直接抄袭其他店铺的标题。

（2）直接按自身想法写标题。如果不结合数据分析，直接按照自身想法撰写标题，那么这个关键词有没有展现、是否精准都不得而知，因此，要结合数据指标选择关键词制作商品标题。

（3）盗用其他品牌词。在商品标题中使用与商品自身无关的其他品牌的关键词虽然可能会获得一些流量，但是这种行为涉及搜索作弊，而且属于侵权行为。

（4）堆砌关键词。在制作商品标题时，切记不要重复堆砌关键词。这样做一方面浪费了标题有限的字符空间，另一方面标题质量就会降低，可能会受到搜索降权处罚。

（5）频繁优化标题。频繁优化商品标题关键词，可能会导致搜索降权，建议至少 7 天以上才考虑优化一次标题，等新标题的权重形成了之后，再酌情进行商品标题优化。因为修改标题会有一些影响，所以在修改优化标题的时候一定要先考虑好。

二、商品标题优化

商品关键词优化与选择

商品标题优化是关键词的组合优化，得出高质量的商品标题，提升商品的表现能力，提高商品的点击率，获得更优质的自然流量。商品标题优化的方法多种多样，效果不一而足，并没有一个标准的公式来达到预期的优化效果。商品类型不同，商品所处的竞争阶段不同，竞争条件不同，那么商品标题的优化策略也是不同的。

按照商品所处的竞争阶段，商品标题优化的策略可分为三种，分别为爆款标题优化策略、日常销售款标题优化策略和新品 / 滞销品标题优化策略。

（一）爆款标题优化策略

爆款是指在商品销售中，供不应求、销量很高的商品。爆款标题优化策略的核心就是和同行网店去竞争行业最大的流量入口，做到类目内曝光度最大化，让商品达到行业搜索曝光度最高，也就是使标题尽可能覆盖更多的关键词，尽量选择综合搜索热度较高的关键词。

因此，爆款标题应该是行业内的热词、短词，应该剔除和自身商品不相关的属性关键词及品牌词，选择出现点击次数最多、搜索指数最高的关键词组合成曝光度最高的标题。但需要考虑的是，既然商品已经成为爆款，那么在优化时需要特别慎重，不要轻易增减或修改关键词。如果修改不当，有可能导致流量减少。

（二）日常销售款标题优化策略

日常销售款商品虽然没有达到爆款的量级，但每天都会产生销量，通常网店中这类商品的数量是最多的。日常销售款的竞争力弱于爆款的竞争力，即使选用了行业大词、热词作为商品标题关键词，商品的曝光率也高不过爆款。因此，日常销售款选择关键词，应该以商品的属性词为基础进行关键词拓展，从而达到较高的转化率。

在进行日常销售款标题优化时，网店为了获取与自身商品属性相关度高的流量，应尽可能包含更多的属性相关词，让符合属性的关键词曝光度最大化。

要做到属性曝光度最高，网店可以按照以下三个步骤进行优化：

第一步，确定商品的核心属性。

第二步，通过各种关键词挖掘方法，采集相关的属性关键词，扩充词库中的属性关键词。

第三步，选出关键词词库中相关的属性关键词，选择展现指数和点击指数较高的属性关键词，组合成曝光度最高的标题。

（三）新品 / 滞销品标题优化策略

网店新品是指上线不久，基础销量比较少，几乎没有买家评价或买家秀的商品，因此，商品获取免费自然搜索流量的能力比较弱，跟已经成为爆款的竞品相比没有任何竞争优势。滞销品从广泛意义上来讲是指市场上因某些原因不受消费者欢迎而导致销售速度极慢的商品。淘宝定义滞销商品是 90 天前首次发布的，且最近 3 个月内没有卖出过任何一件的商品。滞销商品不进入淘宝搜索平台，滞销品的点击率、转化率和商品权重都比较低，即便使用全标题去搜索也很难找到对应商品。大多数网店都存在新品和滞销品，如何提高这两类商品的权重，对于网店来说非常重要，而标题优化就是其中有效的一种手段。

由于新品 / 滞销品的流量获取能力低于爆款商品和日常销售商品，那就必须改变标题的优化策略。在选择关键词时，不要去选择行业大词和属性热词，不要一味地追求展现量，这类商品要尽可能拿到精准的搜索流量，尽量去选择竞争度小但较精准的关键词并将其放到标题中，比如优质的长尾词。

速卖通标题与关键词匹配规律

总之，商品标题优化的综合策略就是差异化商品搜索优化方向，爆款、日常销售款、新品 / 滞销品的商品标题方向是不一样的。确定差异化的商品标题优化方向后，就能够根据商品的特点选择不同的关键词并着手商品标题优化。

典型案例

爆款商品标题优化

下面以某淘宝商品为例，简单介绍一下爆款商品标题优化的整体思路。商品的主要信息如表 2-1 商品信息表所示。

表 2–1 商品信息表

<table>
<tr><td>标题</td><td colspan="5">海边度假雪纺连衣裙女装新款潮流裙子夏季高腰法式淑女裙子</td></tr>
<tr><td colspan="2">展现量 / 次</td><td>点击量 / 次</td><td>点击率</td><td>成交量 / 次</td><td>转化率</td></tr>
<tr><td colspan="2">191 988</td><td>22 781</td><td>11.87%</td><td>1 802</td><td>7.91%</td></tr>
<tr><td>类目</td><td colspan="5">女装 / 女士精品＞＞蕾丝衫 / 雪纺衫</td></tr>
<tr><td>属性</td><td colspan="5">品牌名称：百驼
产品名称：雪纺淑女连衣裙
适用年龄：25～29 周岁
尺码：S M L
图案：纯色
风格：通勤
通勤：淑女
领型：V 领
腰型：高腰
衣门襟：套头
颜色分类：黄色 蓝色 粉红
袖型：喇叭袖
组合形式：单件
裙型：A 字裙
年份季节：2021 年夏季
袖长：短袖
裙长：中长裙
流行元素 / 工艺：蝴蝶结 系带
销售渠道类型：商场同款（线上线下都销售）
廓形：A 型
材质成分：聚酯纤维
适用人群：青年女装</td></tr>
<tr><td>描述</td><td colspan="5">明星同款裙子，时尚潮流与你同行。在夏天，谁不想更加美丽呢？轻盈的雪纺，飘逸柔美、轻薄、透气，彰显浪漫与自由，民族风的韵味与假日气息相互映衬，淑女风蝴蝶结系带甜美可人，小花边与荷叶边的装饰荡漾着温柔感，中长款的长度不挑身高，小个子也能完全驾驭</td></tr>
</table>

1. 关键词拓展

根据表 2–1 中的商品信息，对商品标题、商品属性和商品描述中的关键词进行提炼、总结并分类，如表 2–2 所示。

表 2-2　关键词拓展表

词类	关键词
核心词	连衣裙　中长裙　A 字裙　裙子　女装
品牌词	百驼
属性词	雪纺　淑女　纯色　通勤　淑女　V 领　高腰　套头　黄色蓝色粉红　喇叭袖　A 字　短袖　蝴蝶结　系带　A 型　聚酯纤维
营销词	明星同款　时尚　潮流　小仙女　轻盈　飘逸　柔美　轻薄　透气　浪漫自由　民族风　度假　淑女风　甜美可人　小花边　荷叶边　女人　温柔感不挑身高　小个子

2. 关键词的相关性瘦身

通过关键词挖掘，建立该商品的关键词词库。从标题与商品的相关性角度，删除与商品相关性不强的关键词。

原标题变为“度假雪纺连衣裙女装潮流裙子夏季高腰淑女裙子”。

3. 关键词分词

将标题进行关键词拆分：度假 / 雪纺 / 连衣裙 / 女装 / 潮流 / 裙子 / 夏季 / 高腰 / 淑女 / 裙子。然后，利用网店推广实训系统关键词查询工具查询关键词搜索人气情况，如图 2-37 所示，再通过搜索排名查询的方式验证标题优化的效果。

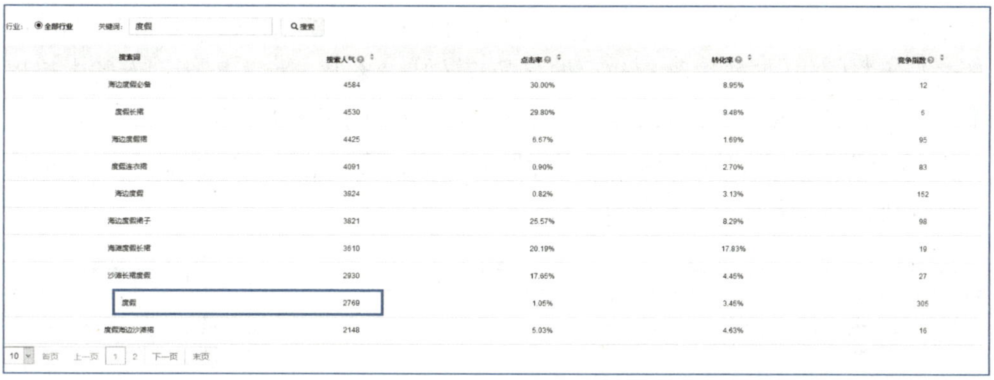
行业：◉全部行业　关键词：度假　搜索

搜索词	搜索人气	点击率	转化率	竞争指数
海边度假必备	4584	30.00%	8.95%	12
度假长裙	4530	29.80%	9.48%	6
海边度假裙	4425	6.67%	1.69%	95
度假连衣裙	4091	0.90%	2.70%	83
海边度假	3924	0.82%	3.13%	152
海边度假裙子	3821	25.57%	8.29%	98
海滩度假长裙	3610	20.19%	17.83%	19
沙滩长裙度假	2930	17.65%	4.45%	27
度假	2769	1.05%	3.45%	305
度假海边沙滩裙	2148	5.03%	4.63%	16

10　首页　上一页　1　2　下一页　末页

图 2-37　关键词搜索排名

4. 标题关键词字数的控制

观察标题的长度，目前标题的字数是 21 个汉字（42 个字符），由于标题的最大长度为 30 个汉字（60 个字符），可尝试添加合适的关键词，以求覆盖更多的买家搜索需求。添加的关键词可以从表 2-2 的关键词拓展表里进行筛选。筛选时，可以从以下两个角度进行筛选：

（1）根据关键词与商品的相关性，添加相关度高的关键词。例如，添加关键词“蝴蝶结”，因为这个关键词不仅出现在商品的属性信息中，还出现在商品的描述信息中，与商品具有较强的相关性。添加后利用搜索功能查看排名，当搜索“蝴蝶结”时，商品的排名为“76”。

（2）根据关键词的搜索热度，添加搜索热度高的关键词。例如，“中长裙”关键词的搜索人气为 16 024，“套头”关键词的搜索人气为 14 190，均属于搜索人气较高的关键词。添加这两个关键词后，分别利用搜索功能查看排名，当搜索关键词“中长裙”时，商品排名为第 64 名，当搜索关键词“套头中长裙”时，商品排名为第 24 名。

这样可以组合成商品标题“度假雪纺连衣裙女装潮流裙子夏季高腰淑女裙子蝴蝶结套头中长裙”。

5. 标题的再优化

初步进行标题优化后，通过搜索排名查询功能继续查询每个关键词的商品排名，然后再进行标题的下一轮优化。

（1）根据关键词搜索的商品排名，更换排名靠前的关键词。例如，“度假雪纺连衣裙女装潮流裙子夏季高腰淑女裙子蝴蝶结套头中长裙”中的关键词“潮流”，经过搜索排名查询发现，当搜索关键词“潮流”时，商品的排名为第 461 名。更换为“通勤”，标题变为“度假雪纺连衣裙女装通勤裙子夏季高腰淑女裙子蝴蝶结套头中长裙”，当搜索关键词“通勤”时，商品的排名为第 149 名。搜索其他关键词，商品排名无变化。因此，在这种情况下，可以用“通勤”代替“潮流”。

（2）对于竞争力强的爆款商品，在能够保证商品的排名情况下，大词的效果往往要优于小词。例如，将“女装”关键词换成“系带”，搜索“系带”，商品的排名为第 94 名，虽然排名靠前，但是效果不比“女装”好，因为“女装”可以覆盖更多的买家搜索词，而“系带”很难覆盖更多的买家搜索词。

“女装”与“系带”关键词对于标题的影响，可以借助“网店推广实训平台”进行判断，其搜索词对比如图 2-38 所示。

行业：◉全部行业　关键词：女装　搜索

搜索词	搜索人气⊙	点击率⊙	转化率⊙	竞争指数⊙
韩货女装	4	0.00%	0.00%	16
westlink女装	4	0.00%	0.00%	7
优眠一号女装	4	0.00%	0.00%	1
素木原创女装旗舰春装	3	0.00%	0.00%	11
矮个子春季新款女装	3	0.00%	0.00%	2
玖姿女装清仓折扣裤	1	0.00%	0.00%	17
素木女装外套新款	1	0.00%	0.00%	14

10　首页　上一页　352　353　354　355　356　357　358　359　360　361　下一页　末页

行业：◉全部行业　关键词：系带　搜索

搜索词	搜索人气⊙	点击率⊙	转化率⊙	竞争指数⊙
棒球帽系带	18	16.67%	0.00%	25
婚鞋新娘鞋系带	1	0.00%	0.00%	14

10　首页　上一页　8　9　10　11　12　13　14　15　16　17　下一页　末页

图 2-38 搜索词对比

组合成的商品标题为“度假雪纺连衣裙女装通勤裙子夏季高腰淑女裙子蝴蝶结套头中长裙”，SEO 优化得分如图 2-39 所示。

请输入产品标题　搜索　结束产品标题优化　(总得分：0)

产品标题	所属类目	推广后曝光量	推广后点击量	推广后点击率	推广后成交量	推广后转化率	交易转化能力满分	交易转化能力	产品质量满分	产品质量分	产品分	SEO得分	操作
西汇真丝连衣裙春夏新款杭州大牌重磅桑蚕丝印花长裙	女装/女士精品>>连衣裙	2053	696	33.90%	227	32.61%	39	21.7	13	8.32	73.88	0	优化标题
度假雪纺连衣裙女装通勤裙子夏季高腰淑女裙子蝴蝶结套头中长裙	女装/女士精品>>连衣裙	294438	38842	13.19%	3512	9.04%	39	23.92	13	10.66	78.13	267.3393	优化标题

图 2-39　SEO 优化得分

（3）接下来，进行标题中关键词的微调，例如，商品属性中的商品名称为“雪纺淑女连衣裙”，将标题中的“雪纺淑女连衣裙”紧密相连。

最终，调整后的标题为“度假雪纺淑女连衣裙女装通勤裙子夏季高腰裙子蝴蝶结套头中长裙”。

6. 成果展示

借助“网店推广实训平台”查看标题优化的最终结果如图 2-40 所示。

产品标题	所属类目	推广后曝光量	推广后点击量	推广后点击率	推广后成交量	推广后转化率	交易转化能力满分	交易转化能力	产品质量满分	产品质量分	产品分	SEO得分	操作
西汇真丝连衣裙春夏新款杭州大牌重磅桑蚕丝印花长裙	女装/女士精品>>连衣裙	2053	696	33.90%	227	32.61%	39	21.7	13	8.32	73.88	0	优化标题
度假雪纺淑女连衣裙女装通勤裙子夏季高腰裙子蝴蝶结套头中长裙	女装/女士精品>>连衣裙	294438	38842	13.19%	3512	9.04%	39	23.92	13	10.66	78.13	268.4861	优化标题

图 2-40　标题优化最终结果

三、网页标题优化

（一）网页标题

网页标题是对网页内容的准确、精简的描述，是对一张网页的高度概括。对搜索用户来说，网页标题是用户对网页直观的认知渠道，既是用户快速浏览网页内容、查阅网页与搜索需求的相关性的关键因素，也是吸引用户点击搜索结果进入商品详情页的关键因素。

用户通过浏览网页标题，可以了解网页的简要内容，对网页信息有初步认知。网页标题通常是用户选择点击的主要依据，因此，使用高质量的网页标题对网站来说至关重要。

（二）网页标题优化

网页标题优化是网站 SEO 优化的重要部分，一个好的网页标题有利于网站的搜索排名提升，有利于吸引用户，提升网站点击率，从而提高网站搜索排名。因此，无论是从搜索引擎排名还是用户搜索体验来看，网页标题优化都是网页优化中至关重要的因素，网页标题通常有以下五个方面的优化方式：

1. 优化网页标题关键词

网页标题设置关键词，是为了让搜索引擎抓取网页的概要内容，同时将其展现给用户浏览。如果用户搜索了某个关键词，而标题中又设置了相应关键词，则该网页被用户搜索到并被点击的概率就会提升。根据搜索引擎爬取的规则，搜索顺序是从左到右的，因此重要的关键词应放在最前面，以获得更高的搜索权重。网页标题关键词可以采用“核心词 + 修饰词”格式，数量控制在 4 个词以内为佳，过多的关键词数量将会分散关键词权重，权重的分散不利于网站排名的提高。

2. 优化网页标题的字数

网页标题设置没有限制字数，但在百度搜索结果中最多显示 30 个中文字符（即 60 个字符），超过的字符就会用“……”代替，因此，为了提高用户体验与网页点击率，提升关键词权重，撰写网页标题时应提取网页内容、精炼文字，控制字数在 60 个字符以内，如图 2–41 所示。如果标题设置过长，就会导致标题显示不全，用户搜索后也看不到所有内容，难以使用户产生兴趣。

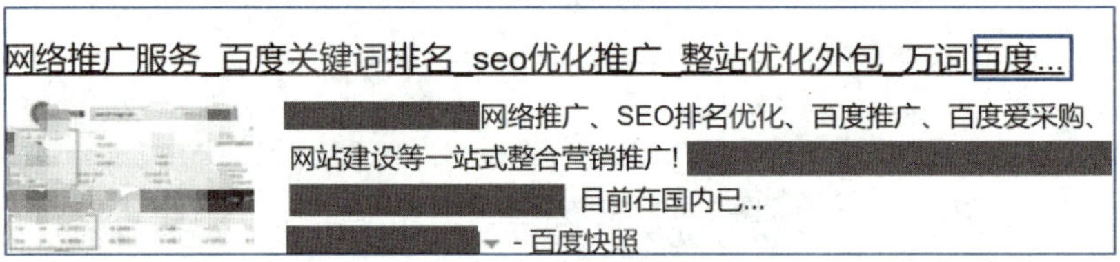

图 2–41　标题字数显示限制

3. 优化网页标题与网页内容的相关性

网页标题要与网页内容紧密相关，标题一定是对内容的概要阐述，有了较高的相关性才能提升搜索引擎权重，吸引用户点击。如果标题与内容相关性不高，则用户的使用体验较差，进入网站的跳出率会提升，搜索引擎将会判定标题关键词与内容不匹配，认定网店是在欺骗用户，影响网站的搜索排名。

在搜索引擎优化初期，很多网页标题加入了一些热门关键词并引来了较高的流量，但这些关键词与网页内容并无关系，搜索引擎的算法优化与智能化加强了对网页标题与内容的相关性检查，开始惩罚没有相关性的做法。

4. 优化网页标题的可读性

网页标题的重要功能就是提高网站的吸引力，吸引用户点击，从而促使网站获得较高的自然流量。标题的可读性极大地影响了用户看到的第一印象，因此标题应该是浅显易懂、引人注目的，如果一个标题读起来不连贯或者不知所云，则用户看到的第一眼就会自动地选择性跳过该条目。

5. 设置独立的网页标题

网站应确保该站点下的每个网页都有指定的标题，且同一站点的不同网页应分别使用不同的标题。每个网页拥有独立的网页标题，可以扩大搜索引擎的搜索面，从而提升网站搜索排名。

综上所述，网页标题对网站 SEO 有直接的影响，关系到网站的点击率和搜索引擎的抓取，在优化标题之前一定要注意以上几点，一旦设置好标题就不可以随意修改，否则会遭到搜索引擎对网站的降权。

（三）网页标题的书写误区

一般来说，搜索引擎对网页标题做出了规范性要求，对一些违规标题实施搜索结果限制展现，从而影响整个企业网站的搜索排名。网页标题书写误区主要有以下两类：

1. 标题内容虚假

标题内容虚假是指网页标题和网页内容不相符，欺骗和诱导用户点击的情况。主要有三种类型：虚假官网、无法满足用户需求、标题表述部分虚假。

2. 标题关键词重复或堆砌

标题关键词重复是指在标题中大量重复使用相同的关键词。标题关键词堆砌是指大量使用语义相近的关键词标签，从而获取不正当流量的情况，如图 2–42 所示。

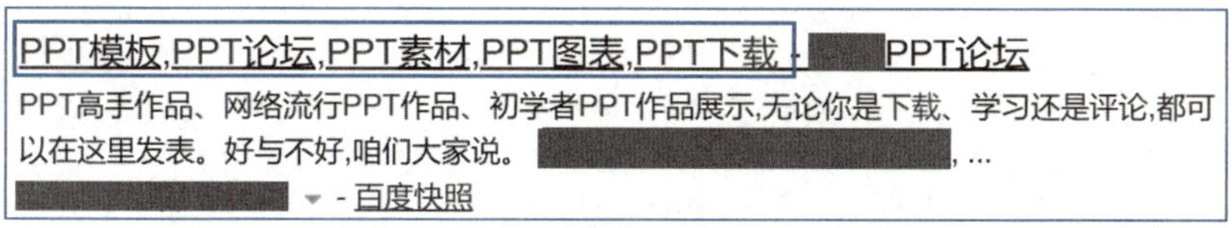

图 2–42　标题关键词堆砌

大赛直通车

SEO 推广关键词优化

全国职业院校技能大赛高职组“电子商务技能”赛项的网店运营推广模块中的推广部分，通过优化标题关键词尽可能匹配买方的搜索习惯，在买方搜索某个关键词时，展示与该关键词相关的商品，并取得靠前的自然排名，从而取得更多流量，但一定要掌握其中的逻辑和技巧。

1. SEO 推广关键词数量技巧

每个商品最多 7 个关键词，关键词分别用“；”号隔开；如果所设关键词超过 7 个，则保留前 7 个；每个关键词字数不能超过 10 个字；注意这里设置的关键词是自然流量的关键词。

2. SEO 推广关键词排名逻辑

SEO 推广商品排名得分 = SEO 推广关键词排名得分 ×0.4 + 商品绩效得分 × 0.06，SEO 推广商品排名得分高者排名列前。

SEO 推广关键词排名得分为“0”，则视为卖方设置的标题关键词与买方搜索的词不匹配，不能参加 SEO 推广排名。

SEO 推广关键词排名得分＝关键词搜索相关性（数据魔方提供）×SEO 推广关键词匹配方式得分。

3. SEO 推广关键词匹配方式逻辑

SEO 推广关键词匹配方式分为完全匹配、高度匹配、部分匹配。

只有当买方搜索的词与卖方设置的标题关键词完全相同时称为完全匹配；当买方搜索的词是卖方设置的标题关键词的子集时称为高度匹配；当买方搜索的词与卖方设置的标题关键词文字部分匹配时称为部分匹配。

当 SEO 推广关键词匹配方式为完全匹配时，SEO 推广关键词匹配方式得分为 1；

当 SEO 推广关键词匹配方式为高度匹配时，SEO 推广关键词匹配方式得分为 0.5；

当 SEO 推广关键词匹配方式为部分匹配时，SEO 推广关键词匹配方式得分为 0.2。

单元五

详情页优化

【引例】

图书类商品详情页优化

图书类商品详情页优化案例如图 2–43 所示。

优化前　　　　优化后

图 2–43　图书类商品详情页优化案例

优化前：

（1）图案：图书与手机同时出现，且手机作为点缀物所占图片面积较大，易在视觉上产生喧宾夺主的感觉；

（2）文案：文案内容杂乱，利益点不突出；

（3）图文排版："左边小物件 + 右边多色彩"文案，导致整体排版复杂，层次不分明，重点不突出。

优化后：

（1）图案：放大书名，弱化搭配的小物件，突出书名这一重点；

（2）文案：化繁为简，直接省略文案，将重点聚焦到书名"墨菲定律"；

（3）图文排版：无须图文混排，减少视觉错乱。

图书类商品广告文案优化主要从以下两方面考虑：

第一，优化标题，提高搜索权重。只要互联网的搜索算法存在，标题和关键词就是延续爆款市场竞争力的核心。结合社会热点的变化及商品的升级迭代，及时加入合适的标题关键词，是较为普遍的做法之一。

第二，更新主图和短视频素材的商品详情页。商品的主图要注重颜值，也可引入吸引消费者的短视频，用来改善买家的视觉体验。这是延长爆款生命周期的有效方法，通过变换商品的内容，让用户有焕然一新的感觉，进而使商品重新获得活力。

思考：在进行详情页优化时，应该从哪几个方面优化，有哪些误区？

详情页既是店铺展示商品详细信息的网页，也是与同类商品或网店竞争的主战场，是网店无声的推销员。因此，优化详情页对提升网店转化率、激发买家的购买欲望、建立买家对网店的信任感、打消买家疑虑、促使买家下单都有明显的作用。

一、商品属性优化

商品属性是指用于描述商品特征和性质的信息，比如服装的颜色、尺码、材质等，它们决定了买家人群定位和购买意愿。同时，商品属性也是电子商务平台了解商品特征、计算商品和买家相关性、计算用户偏好的一个重要依据。虽然现在人工智能、大数据技术等都能帮助电子商务平台更好地理解电子商务平台内的图片和视频，但是电子商务平台对图片和视频的理解处理能力还是远远不如电子商务平台对文本类信息的理解处理能力，因此，对商品属性的描述就显得尤为重要。

各大电子商务平台会强制网店在发布商品的时候填写必要的商品属性信息。这是因为不完整的商品属性信息不仅会降低买家的购物体验，也不利于电子商务平台理解商品，导致电子商务平台不能很好地为买家推荐合适的商品。图 2–44 所示的就是速卖通平台在商品发布时为网店提供的可选择的属性信息。

图 2–44 速卖通平台商品属性

（一）商品属性优化策略

1. 系统属性优化

系统属性是指电子商务平台规定必须填写的属性。电子商务平台中的搜索引擎可以根据系统属性准确掌握商品的信息，获取商品的准确特征，进而将商品精准地推荐给买家。从买家的角度来看，可以在搜索结果网页通过筛选系统属性挑选出更加符合自己需求的商品。从SEO优化的角度来看，属性中的词语能够参与关键词匹配，从而影响商品的排名。

系统属性优化的原则非常简单，即“详细”和“准确”。首先是“详细”，尽可能将所有属性项目填写完整，不要留空，这样可以给搜索引擎更多信息，增加被搜索引擎抓取的机会。其次，更加关键的一点就是“准确”，也就是为商品选择精准的属性关键词，不准确的属性会导致点击率下降，进而影响转化率和排名。

2. 自定义属性优化

自定义属性是指各大电子商务平台允许网店根据实际需求定义的属性。自定义属性给了卖家很大的发挥空间，卖家可以利用自定义属性，充分补充商品的长尾关键词或者提高网店关键词的覆盖率，从而覆盖更多精准的人群，获取更多的流量。从SEO优化的角度来说，如果利用得当的话，将大大提高商品的排名。

自定义属性优化的原则是在不违反电子商务平台既定规则的前提下，尽可能多地包含关键词，尤其是在标题中和系统属性中没有包含的关键词，根据实际需求都可以通过适当的方式将关键词放到自定义属性中，包括一些长尾词、小词、冷词等，这样可以扩大关键词匹配的可能性，从而提高商品曝光的概率。需要注意的是，自定义属性名和属性值都可以使用关键词，充分利用10个自定义属性，将大大扩大关键词的覆盖面。

需要注意的是，无论系统属性还是自定义属性，都应该准确，否则可能导致转化率降低和纠纷增加的现象发生，还有可能会导致“类目错放、属性错选、标题类目不符”等搜索作弊行为发生。

3. 商品属性优化实例——速卖通平台商品属性优化

下面以速卖通平台的SEO优化为例，介绍商品属性优化。在速卖通后台“数据纵横—商机发现—选品专家”里可以查看热销属性和热搜属性。以行业为维度，选择出与店铺商品相匹配的“热搜”和“热销”的商品品类。图2–45和图2–46所示的就是速卖通平台的后台选择界面。图2–45中的各种圆圈中展示的是“热销产品词”，圆圈尺寸越大，代表销量越高。圆圈颜色代表竞争情况，颜色越深，竞争越激烈；颜色越浅，竞争越小。

“TOP热销属性”是指买家在购买商品时所关注的商品属性，每一个圆圈里面的文字是具体的属性值，点击“+”可以展开TOP热销属性值，点击“–”可以收起属性值，如图2–47所示。单击后属性值的圆圈越大，表示该属性的商品销量越高，网店在选品时可以根据买家对属性商品的关注度进行选品。以“earphone”为例，点击进去后观察其“TOP热销属性”，那么就应该优先选择“plug type”是“line type”、“style”是“in ear”、“use”是“mobile phone”的耳机来进行销售。

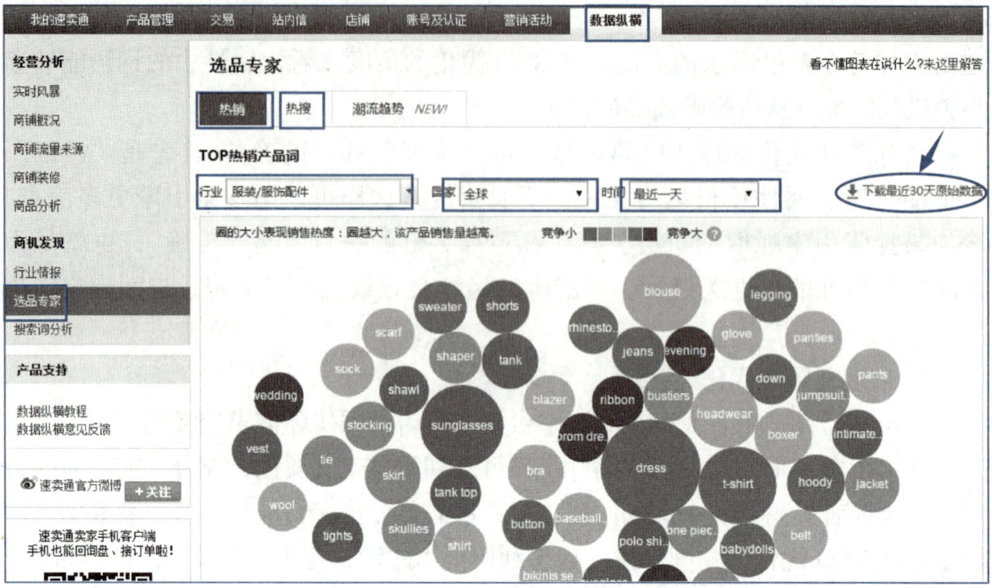

图 2-45　速卖通后台的热销商品选品界面

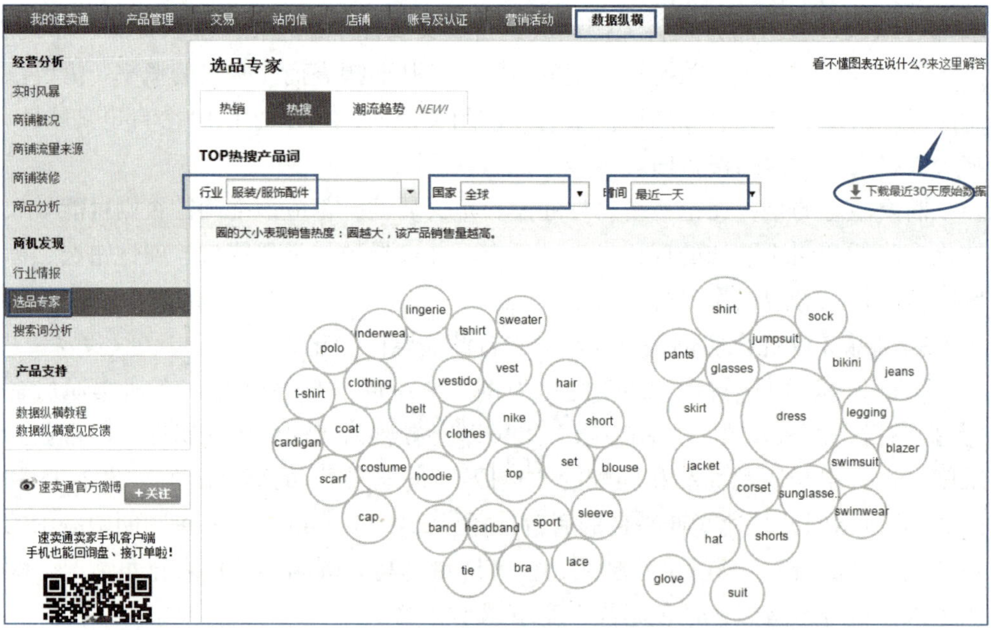

图 2-46　速卖通后台的热搜商品选品界面

（二）商品属性优化误区

1. 类目错放

类目错放是指商品实际类目与发布商品所选择的类目不一致，这类错误可能导致商品展示在电子商务平台错误的类目下。例如，婴儿配饰应该放到婴儿服装类目中，而不应该放到服饰配饰类目中。

图 2–47 速卖通后台的“TOP 热销属性”界面

对于类目错放的商品，电子商务平台将在搜索排名中将其靠后，并将该商品记录到搜索作弊违规商品总数里。当店铺搜索作弊违规商品累计达到一定量后，将给予整个网店不同程度的搜索排名靠后处理；情节严重的，将对网店进行屏蔽；情节特别严重的，将冻结账户或直接关闭账户。类目错放有以下三种情况：

第一种情况是有意类目错放。卖家在发布商品时有意选择与商品实际类目不符的类目，目的主要是为了骗取曝光，这种行为是典型的搜索作弊行为。为了保障网店间公平竞争的原则，电子商务平台将对这种恶意行为进行打击和处罚。

第二种情况是无意类目错放。导致这种情况的原因大多是卖家对电子商务平台的类目结构了解得不够深入。比如，卖家实际商品是婚纱，但将其误发布在晚礼服类目下，当买家在搜索婚纱的时候，卖家的商品是不会出现在搜索结果中的，直接影响了转化率。

第三种情况是重要属性错误。虽然卖家在发布商品时选择了正确的类目，但是重要属性（发布表单中标星号 * 或绿色感叹号）的属性值选择错误，也可能导致商品展示在错误的类目下。

为了避免在商品发布过程中发生类目错放情况，卖家可参考以下的做法：

（1）要对电子商务平台的各个行业、各层类目有所了解，知道自己的店铺所售商品从物理属性上来讲应该放到哪个大类目下。

（2）可在线上通过商品关键词查看此类商品的展示类目，以此作为参考。

（3）根据所要发布的商品逐层查看推荐类目层级，也可以参考使用商品关键词搜索推荐类目，从而在类目推荐列表中选择最准确的类目。

（4）发布商品时要注意正确填写商品重要属性。

如果店铺商品被判为类目错放，平台会在后台商品诊断里加以提示，店铺可通过以下两种方法查看商品应放置的正确类目：第一种方法是单击类目错放诊断界面上的“编辑”，参考推荐类目，然后单击“我要去修改类目”，回到发布商品界面进行修改；第二种方法是用比较宽泛的商品词进行搜索，查看发布系统自动推荐类目列表，并从列表中选择正确的商品发布类目。如果电子商务平台后台提示类目错放了，只要将商品修改为正确类目，原受影响的商品将恢复曝光。

另外，可能存在系统推荐类目准确率超过95%，但极小部分商品推荐类目不完全准确的情况，这可能是由以下三种可能因素造成的：第一种可能是“准确类目推荐”是基于线上相同或相似商品标题的，如果线上绝大部分相同或相似商品本身标题填写有问题，可能会推荐不够准确；第二种可能是本身网站的类目架构不够完善，还在持续完善中；第三种可能是卖家的商品标题描述本身与实物图和发布类目不符，如标题描述为裙子，但实物图和发布类目是袜子，所以准确填写标题信息是非常重要的。

2. 属性错选

属性错选是指卖家在发布商品时，选择的属性与商品的实际属性不一致的情形，这类错误可能导致网店商品展示在平台错误的属性下。比如，在速卖通平台中，商品应为“Short Sleeve”，但是将“Sleeve Length”的属性选择了“Full”，则在前台导航时，当卖家选择了“Full”，则被展示出来的属于错误曝光的那一种，从而影响了商品的转化率。再如，本来是“V领”的服装属性选择了“圆领”，本来是“220V”的吹风机的电压属性选择了“110V”，等等。速卖通平台对属性是否错选主要是通过对比商品的“属性”里的关键词与“标题”里的相关关键词来确定的。例如，如果发布手机时选择其操作系统为“Linux”，而标题里出现“Android”，则会出现属性错选的问题。再如，如果发布裙子时选择其长度为“Floor-Length（及地）”，而标题出现“Mini”，也会被判为属性错选。另外，在某些商品发布时会允许选择多个属性，各个属性之间也不能相互矛盾和冲突。

卖家可参考以下做法，以避免在商品发布过程中发生属性错选。

（1）对电子商务平台的各个行业下所设属性有所了解，知道自身店铺所售商品的物理属性和营销属性都有哪些，例如，“T恤”可能会有颜色、尺码、材质、袖长等属性。

（2）可在线上通过商品关键词查看此类商品的展示属性，以此作为参考。

（3）根据自身所要发布的商品选择好类目，逐一考虑发布时待选的属性，避免错选。一种是避免遗漏，如商品发布时忘记选择“袖长”属性；另一种是避免多选，如商品无风格属性，却选择了传统服饰风格。

二、详情页文案优化

详情页文案是指店铺详情页中以文字来表现的内容，主要包括商品介绍、宣传语、促销信息、售后条款、购物指南、支付与配送信息等。好的商品文案对于网店来说是至关重要的，具有说服力和引诱力的文案将极大地提高店铺的转化率。随着商品同质化越来越严重，商品卖点提炼、文本内容优化、文本格式优化和文本图片优化成为详情页文案优化的必要途径。

（一）商品卖点提炼

商品卖点是指商品具备了前所未有、别出心裁或与众不同的特点。比如，一种洗衣液“洗得柔顺”“洗得干净”“清香宜人”“温和无刺激”等都可以称为卖点，如图 2-48 所示。有竞争力的卖点就是可以满足消费者需求的核心因素，可以帮助商品在市场中脱颖而出。商品卖点的提炼对整体的 SEO 优化以及网店推广都有着非常大的影响，尤其对人群定向和创意质量影响更甚。

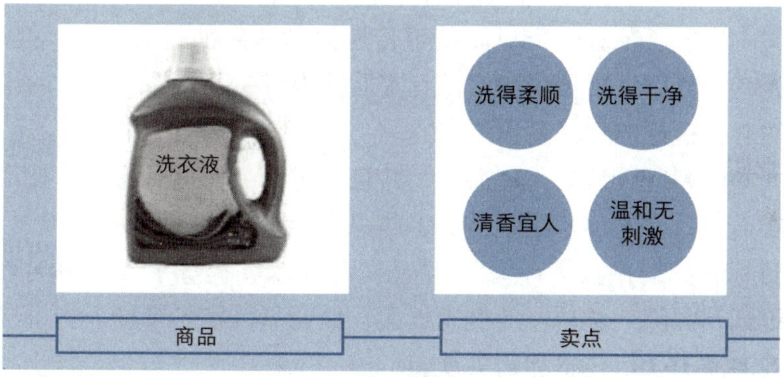

图 2-48　商品卖点的实际应用

FAB 商品卖点提炼法是 FAB 销售法则在网店推广领域的一个实际应用。F（Feature）代表的是商品属性和表象特征，A（Advantage）代表的是商品的作用和功能优势，B（Benefit）代表的是能给用户带来的利益，是否满足用户的需求。结合目前市场上的商品，F、A、B 分别主要包括了以下具体属性：

F 主要包括商品的外观（包装、形状、颜色）、材质（原材料、材质结构、材质来源）、工艺（工艺原理、专利、过程）、地域（特定地形、气候、地区等）、数字（时间、距离、特定的属性等）。

A 主要指商品的功能（功能属性、功效）。

B 主要包括商品设计理念（消费理念、商品理念）、情怀（商品人格化、情感共鸣）、人群（面向的性别、年龄、特殊体质等）。

在提炼商品卖点时，可以先分别找到商品的 F、A、B 三个要素，然后提炼出有说服力和竞争力的商品卖点。同时，还应该考虑买家的需求，尽可能地挖掘其情感和需求，站在买家的立场上提炼卖点、构思文本内容，考虑他们的需求，帮助他们解决问题，增加他们的信任感，最终让其做出购买决定。如图 2–49 所示是针对一款剃须刀设计的文案，文案基于买家对剃须刀“顺”“快”等需求，提炼了“顺滑”“贴面”“快剃”等卖点关键词，使买家对商品产生购买欲望。

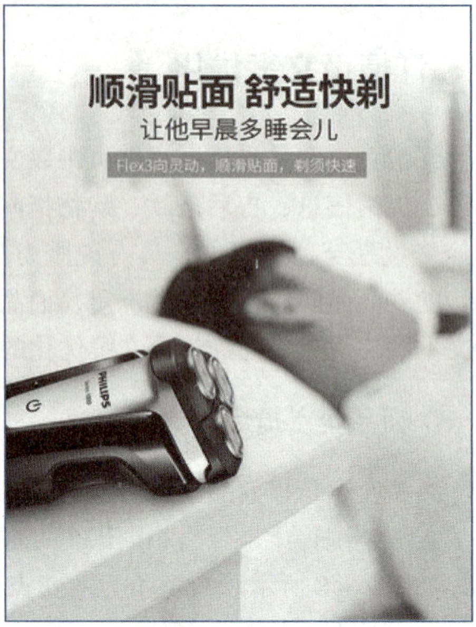

图 2–49　基于买家需求的文案设计

（二）文本内容优化

根据所提炼的卖点构思文本内容时，应该注意以下几个问题：

（1）文本内容不应该空洞，要能够传递商品和店铺的信息，以提高转化率。有些文案光喊口号，文字很华丽但没有实质性内容，不具备强有力的说服力，抓不住买家的心，这样的文案是不可取的。

（2）文本内容应该考虑买家需求，并且针对商品卖点打造具有独特创意、与众不同的卖点，只有这样才能吸引更多的买家。图 2–50 是针对砧板卖点的文案，文案基于目标客户对砧板“环保”“健康”的需求，提炼了“不拼接”“无胶水”等卖点关键词，并将“整竹”的概念放大，使商品区别于市场上的拼接砧板，有助于买家对商品产生信任感和购买欲望。

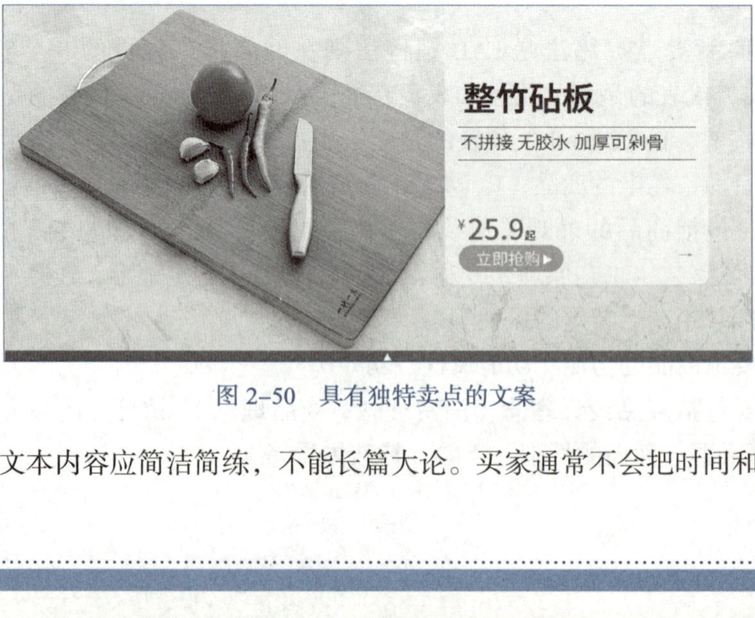

图 2–50　具有独特卖点的文案

（3）文本内容应简洁简练，不能长篇大论。买家通常不会把时间和精力放在阅读大量信息上。为了让文案内容能够突出商品的卖点，要放大最受消费者欢迎或具有优势的卖点，一个核心卖点能够表述清楚基本上就足够了。文字内容除了可以突出商品优势外，还可以包含打折信息或包邮信息等，最好能用最少的文字表达商品最想传递给消费者的信息，要有较强的逻辑性和条理性。图 2–51 是针对男性理容套装商品设计的文案，文案强调了该理容套装在价格上的优惠信息，以文字和图表的形式直观展现了折扣信息以及现价和原价的对比信息，促使买家购买。

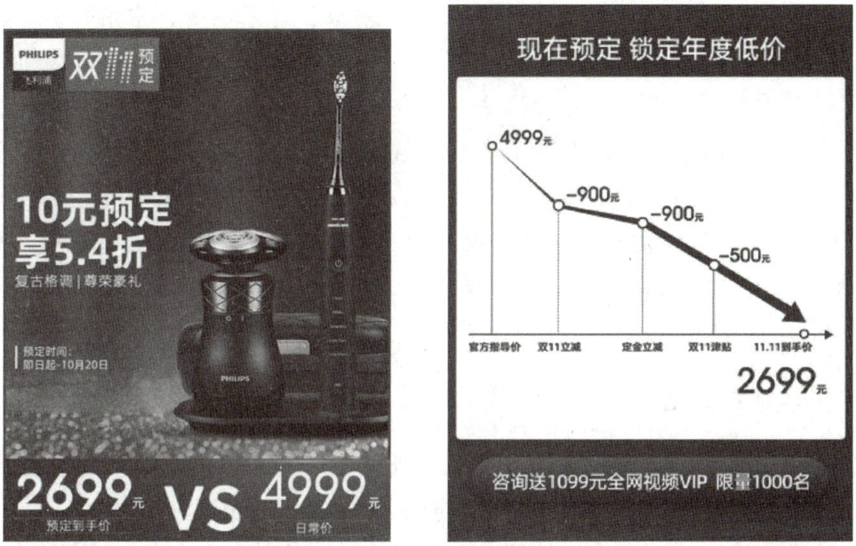

图 2–51　突显折扣信息的文案

（4）文本内容要真实。过去，有的商家会在文案中使用夸大的形容词，比如，世界第一、全球顶尖、国内领先、百分百全棉、全场五折、原价多少元现价多少元等。但 2015 年 5 月修订的《中华人民共和国广告法》实施之后，商家再随意用这些极限词就违法了，必将承担相应的法律责任，因此文本内容必须真实。

德技并修

在详情页文案优化中保障消费者的知情权

在进行商品详情页文案优化时，如存在与消费者有重大利害关系的内容，应给予明确的说明。根据国家市场监督管理总局 2021 年 3 月 15 日出台的《网络交易监督管理办法》第二十一条："网络交易经营者向消费者提供商品或者服务使用格式条款、通知、声明等的，应当以显著方式提请消费者注意与消费者有重大利害关系的内容，并按照消费者的要求予以说明，不得作出含有下列内容的规定：

（一）免除或者部分免除网络交易经营者对其所提供的商品或者服务应当承担的修理、重作、更换、退货、补足商品数量、退还货款和服务费用、赔偿损失等责任；

（二）排除或者限制消费者提出修理、更换、退货、赔偿损失以及获得违约金和其他合理赔偿的权利；

（三）排除或者限制消费者依法投诉、举报、请求调解、申请仲裁、提起诉讼的权利；

（四）排除或者限制消费者依法变更或者解除合同的权利；

（五）规定网络交易经营者单方享有解释权或者最终解释权；

（六）其他对消费者不公平、不合理的规定。”

从上述规定可以看出，该办法要求网络交易的经营者以显著方式展示商品或者服务及其实际经营主体、售后服务等信息，充分保障消费者的知情权。

（三）文本格式优化

在设计文本时，文本的字体、大小、颜色和排版，都会影响文案的效果，例如，字体上是使用宋体还是黑体，是使用 Arial 还是 Sans-serif 等。因为文本的效果涉及审美问题，所以建议使用一些常见字体，谨慎使用斜体、手写体、下划线、字体背景色以及其他形状奇怪的字体，尤其在打算大篇幅使用时更应斟酌，以免引起买家视觉上的不适。重要的内容可以用粗体加粗或者用大写，但不要通篇使用大写字母。相同的字体在不同的字号下所呈现出的视觉效果也不一样，所以建议将字体和字号结合起来进行调整。

文本排版要美观，可以使用项目符号（常用的是“·”）或是编号（顺序号，例如①、②、③），拼写和语法要正确，要符合目标客户的阅读习惯。在文本内容中，为了提高某些特定国家或地区的转化率，可以适当添加当地语言的描述。在图文并排时，可以针对图片选择合适的排版方式，如将文字位置沉底、竖式排版、自由创意等多种样式，以保证文案信息完整、主次分明、简约而不简单。

（四）文本图片优化

图片的直观性明显优于文字，消费者通过读图就可以在最短时间内判断网页主旨，进而快速进入详情页，因此，图片的优化可以大大提升用户的搜索体验。图片的优化主要应该注意以下问题：

（1）图片的相关性至关重要。不合理的、不相关的图片不仅不能给商品增添色彩，反而会进一步让买家对商品失去信任，使其心里存在被欺骗的感觉，这将直接影响网页的浏览深度和复购率。

（2）图片要求真实，不出现模糊、变形的图片，而且要体现真实的商品，不夸张修饰。

（3）图片应该能够准确地将诉求点表达出来，要主题明确，不要出现多个主题现象。

（4）详情页内的图片风格要统一，构图切忌整齐划一、主次不分、中规中矩。

三、详情页视频优化

详情页视频是指卖家为了更全面地展现商品，在网页中嵌入的短视频。商品视频的主要功能就是利用精心策划的视频内容实现商品营销与品牌传播的目的。商品视频的展示方式一般有两种，一种是主图视频，另一种是详情页视频。无论是哪种视频，归根到底都是营销活动，因此，成功的商品视频不仅要有较高制作水平，更要发掘营销内容的亮点。在拍摄商品视频的时候，需要掌握视频营销的基本要求并应用一定的技巧，做到事半功倍。

（一）商品视频的优势

首先，商品视频感染力强、形式内容多样，创意新颖，可以产生一种视觉冲击力和表现张力，快速吸引消费者的关注。

其次，商品视频具有互动性强、主动传播性强、传播速度快、成本低廉等优点，不仅可以让买家更直观地查看商品详情，还能够通过买家的影响力实现自传播。观看者会对精准营销的视频产生兴趣进而关注商品，再由关注者变为传播分享者，而被传播对象势必是有着同样兴趣特征的人，这一过程就是精准筛选传播的过程，能达到商品营销或品牌宣传的目的。

（二）视频内容优化

商品视频的关键在于“内容”，视频的内容决定了其传播的广度。视频最主要的功能就是通过几十秒的分段展示，将商品的卖点清晰地表达出来，快速吸引消费者进而促使其达成购买意愿。因此，视频的内容除了要展示商品的全貌和效果外，更重要的是要将商品的卖点逐一展现在消费者面前。

在提炼商品卖点时，需要了解消费者对于商品的详细需求和期望，通过迎合消费者的关注点设置视频呈现的商品卖点，从而刺激消费者的消费欲望，促成购买行为。如图 2-52 所示，卖家关注到买家对剃须刀可水洗这一功能的需求，就在视频中用实际操作完整展现了商品“可水洗”这一卖点，使商品具备强烈的说服力，使买家产生信任感，有助于有效提升转化率。

为了将商品视频更好地展现在买家面前，在视频内容设计和制作方面应该考虑以下几点：

（1）可以将商品置于功能相关的场景中，搭配相应道具拍摄商品的整体外观形象，再展示商品品牌Logo、商品名称、商品型号等，对部分商品还可以进行多角度的特写展示。

图2-52 展现商品卖点的视频

（2）拍摄商品细节，可以利用动态视频配合字幕说明的形式将卖点拆分后逐个展示，以满足消费者的需求。

（3）可以根据需求拍摄商品图片，并对售后服务、注意事项、快递信息等内容进行说明，彰显商家专业细致的工作态度，获取消费者的好感。

（4）在视频中可以添加几帧片尾，再次强调品牌Logo，对其进行补充说明，提高视频的完成度和专业感。

（5）视频要尽可能将商品完整地呈现出现，但是在一些细节上不必面面俱到。商品卖点要以展现商品的优点为基础，太多的细节展现反而会影响消费者做决策。

（三）视频互动优化

视频互动优化是指将视频投放在新媒体平台或电子商务平台进行互动，增加买家自主选择商品的过程。通常，互动越多（或点击率越高），买家自主参与视频内容互动的频率越高，视频转化和互动效果就越好，而跳失率也就越低。

新媒体是指以数字技术为基础，通过网络进行传播、具有互动传播特征的媒介形态，主要包括博客、微博、微信、贴吧以及具有互动交流特征的网络平台等互联网新兴媒体。新媒体传播技术的发展和信息传播速度的更迭，使得新媒体融合了多种传播渠道和媒介形式。

商品视频借助新媒体平台就具有了互动营销的功能，卖家可以有效整合新媒体社交平台，提高视频营销的互动性，提升买家的参与度，不仅能大大减少观看视频的跳出率，还能拉动商品的成交转化率。在社会化媒体时代，用户不仅希望能够自创视频内容，同时喜欢上传并与他人分享。他们总是会自发地分享自己感兴趣的视频，视频就会带着企业和商品的信息在互联网上传播。它们通过自身的魅力影响网友，无须依赖传统媒介渠道便可帮助推广企业品牌信息。

四、详情页描述优化

详情页描述是指概括详情页内容的简洁语言，用来告知用户该详情页所提供的内容。用户在利用关键词搜索详情页的时候，首先呈现给用户的是标题和描述部分。详情页描述在对搜索引擎友好方面有着不可忽视的作用，能够补充详情页标题和详情页关键词的不足，给搜索引擎和浏览者更加完整的信息。因此，想要进一步吸引用户点击，得到用户的青睐，醒目的、符合用户需求的详情页描述就发挥着至关重要的作用。

详情页描述优化的要点主要有以下三个方面：

（1）详情页描述要符合详情页内容。详情页描述是直接呈现给用户看的，其目的是吸引用户的进一步浏览和点击，但不能为了吸引用户点击而使详情页描述与实际内容相差太大。用户在搜索关键词的时候会选择一个跟搜索意向比较接近的网页链接点击，如果不是一张能为用户解决问题的详情页或用户所需商品的详情页，即使点击量上升了，跳失率也会比较高，用户的信任度也会随之降低。

（2）详情页描述应该简洁明了。详情页描述作为一个网页的概括性介绍，语言要通俗易懂，条理要清晰，其长度最好不要超过搜索结果网页可显示的长度范围，以免引起用户的反感。

（3）详情页描述应该满足用户的需求。详情页描述能否吸引用户，其关键就在于能否满足用户的需求。如果详情页描述中包含网页的核心关键词，搜索结果网页才会显示这些核心关键词，会让用户觉得非常醒目，能够起到突出主题的作用，从而提升用户的点击愿望。

五、网站链接优化

网站链接的作用是整合网页的路径，在方便用户在浏览网页的同时，为搜索引擎提供爬取网页的通道。对于一个网站来说，可以通过对网站内部链接、网站结构、相关推荐等内容的优化，将自身的链接组织为一个整体；也可以通过对关键词、外部链接的优化，使网站和外部网络世界紧紧连在一起。

（一）网站内部链接优化

网站内部链接优化指的是对网站内部链接进行调整。合理的内部链接结构能够使网站顺应搜索引擎算法的改变，进而维持排名的稳定性。

1. 内部链接优化的作用

内部链接优化最重要的目的就是提高网站的整体收录水平，提升链接网页的排名，对网站整体的流量能起到显著的优化作用。

（1）加快收录。当网站完成了部署并且优化内部链接后，网站的内容网页就开始互连，这有助于提高搜索引擎对网站的爬行索引效率，加快网站内容收录的速度，有利于网站的整体收录。

（2）优化排名。通过大量而适度的内部链接来支持一个具体的网页，有助于内容页主题的集中，同时促使搜索引擎识别出哪些网页是网站中最重要的，最终提升该网页的排名。

（3）提升用户体验。在网站中部署优秀的内部链接能够提高用户访问体验，优秀的链接越多，网页被点击的机会就越大，从而间接性提高网页浏览量，提升访问量。

2. 内部链接优化方法与技巧

（1）设置网站地图。网站地图也就是全站索引网页，设置网站地图不仅有利于用户在浏览网站时更快速、更精准地查找到自己想要浏览的网页，还能帮助搜索引擎更快速地抓取网站链接、发现网站更新。

（2）缩小链接深度。网站的链接深度越深，网页越不容易被搜索引擎抓取，网页被索引、收录、排名的机会也就越小。因此，在优化内部链接时，应该尽量减少内部链接的层级。

（3）控制链接数量。如果网页中的内部链接的数量超过限制，搜索引擎就有可能忽略该网页，或者忽略该网页超出限制的那部分链接指向的目标网页。

（4）应用相关链接。相关链接是指在网页内容中加入相关性内容的链接，这种形式可以提升用户体验、网页浏览量和访问量，更重要的是可以直接为搜索引擎提供收录渠道。如图 2–53 所示就是天猫平台的“猜你喜欢”链接模块。当买家在浏览竹制砧板详情页时，天猫平台会在网页下方的“猜你喜欢”模块中，允许卖家加入同类商品的链接，可以吸引买家的注意。

（5）尊重用户体验度。相关性高的链接有助于增加搜索引擎收录机会，并且有助于提升用户体验，增加用户黏度，进而提升网站的浏览量。但绝对不能滥用内部链接，否则会引起用户反感。

（6）防止出现死链。死链是指无效链接，也就是由于网站迁移、改版或操作不当等原因而出现的无法访问或不可到达的链接。搜索引擎搜索内部链接的速度是衡量网站可靠性的一个重要参数，因此，要防止死链的出现，否则可能会被搜索引擎降权。

（二）网站外部链接优化

网站外部链接优化就是通过不断增加外部网站优质链接来加速或提高搜索引擎对网站的收录、索引量和对应关键词的排名。外部链接优化是快速提升 SEO 优化效果的有效手段之一。随着搜索引擎算法的不断更新，搜索引擎更加侧重于网站内容，加强了对网站外部链接质量的审核，因此建设高质量的网站外部链接

图 2-53　天猫平台网店中的“猜你喜欢”链接模块

极为重要。

1. 外部链接优化的作用

（1）提高关键词排名。搜索引擎通过判断网站是否具有高质量外部链接进而给予网站相应的权重，高权重的网站自然能获得相应靠前的排名。

（2）提高品牌曝光度。在发布外部链接时，以纯网址链接形式出现可以有效地提高网站网址在互联网中的曝光度，有助于网站营销推广工作的顺利进行。对于一些比较好记的域名，既有利于商品品牌的推广，也利于回访或回购。

（3）增加流量。优质的外部链接可以为网站带来很大的流量，例如，在与自身网站主题相关的网站中发布高质量的软文、建立对用户有吸引力或有价值的链接，可以增加流量，提升用户体验。

2. 外部链接优化的方法与技巧

由于网站外部链接对搜索引擎优化的重要性日益增加，因此，大部分网站在进行优化的时候都会优先考虑增加外部链接。但是，和商品或服务一样，网店也需要判断外部链接的质量，只有选择或发布高质量的链接才能对优化起到积极的作用。

（1）保证内容相关性。寻找外部链接时，网站内容的相关性是衡量外部链接质量的重要标准之一。内容具有相关性的网站对于彼此的可信度和价值都要高于不相关的网站，并且同行业网站间的外部链接质量更高。

（2）保证链接质量。低质量的外部链接发得再多，也比不上一个高质量的外部链接带来的推广效果。添加外部链接时，要将链接的质量作为参考指标，而不是盲目追求数量，否则就是做无用功。

（3）平稳增加链接。外部链接建设需要循序渐进，应该制订相应计划，明确目标，有步骤有规律地增加外部链接，这样才能取得好的效果。

（4）交换友情链接。友情链接对于提升网站的权重和流量有着重要的作用，最好能找到一些内容具有相关性的高质量网站交换友情链接。

（5）视频网站链接。视频网站本身流量很大，权重也很高，通过视频网站增加外部链接不但质量高，还可以提高网站知名度和网址曝光率。

同步测试

1. 单项选择题

（1）以下不属于SEO优化范畴的是（　　）。

A. 提高淘宝商品的自然搜索排名　B. 提高美团店铺的自然搜索排名

C. 优化速卖通商品属性　D. 优化淘宝直通车主图

（2）以下说法正确的是（　　）。

A. SEO优化与SEM推广的关系为负相关

B. SEO优化是网店唯一获取平台免费流量的手段

C. 搜索相关性包括类目的相关性和主图的相关性

D. 关键词可分为核心词、属性词、营销词等

（3）以下不属于作弊处罚项目的是（　　）。

A. 提高价格　B. 重复铺货　C. SKU作弊　D. 重复开店

（4）详情页文案优化的原则不包括（　　）。

A. 文案不应该空洞　B. 文案应简洁简练

C. 文案应考虑买家的需求　D. 文案应多使用文字

（5）以下不属于标题制作误区的是（　　）。

A. 直接复制爆款标题　B. 根据生意参谋提示撰写标题

C. 堆砌关键词　D. 盗用其他品牌词

2. 多项选择题

（1）SEO优化的搜索排名影响因素主要有（　　）。

A. 商品描述质量　B. 商品权重

C. 相关性　D. 卖家服务质量

（2）以下属于淘宝关键词常见挖掘方法的是（　　）。

A. 搜索下拉框　　B. 生意参谋

C. 直通车选词助手　　D. 百度关键词规划师

（3）以下属于百度搜索引擎中网站关键词常见挖掘方法的是（　　）。

A. 搜索下拉框　　B. 生意参谋

C. 百度指数　　D. 百度关键词规划师

（4）以下属于商品标题优化策略的是（　　）。

A. 爆款商品优化策略　　B. 日常销售商品优化策略

C. 新品 / 滞销品优化策略　　D. 违规商品优化策略

（5）以下属于商品属性优化策略的是（　　）。

A. 系统属性优化　　B. 商品主图优化

C. 自定义属性优化　　D. 主图视频优化

3. 判断题

（1）SEO 优化是指通过研究搜索引擎排名规则，获取更多付费流量。（　　）

（2）卖家服务质量包括店铺 DSR 评分（描述相符、服务态度、物流发货）、品质退款率、纠纷退款率等。（　　）

（3）搜索的工作过程可以分为三个部分：一是对用户输入的搜索词进行解读分析，二是根据解读后的搜索词对产品内容进行筛选，三是根据用户属性，将筛选的产品内容进行排序。（　　）

（4）在没有学会 SEO 优化之前，可以直接复制爆款的标题。（　　）

（5）无用的关键词主要指与商品相关度弱、搜索量低、点击率和转化率过低的关键词。（　　）

4. 案例分析题

小新运动专业店是一家主营运动鞋和休闲鞋的天猫店，主要的目标客户是 18～30 岁的年轻人。最近店内新进了一款运动鞋，厂家给的商品信息如表 2-3 所示。

表 2-3　商 品 信 息

商品标题	热风春新款小清新小白鞋女平底原宿鞋系带时尚女休闲鞋包邮
商品属性	后跟高：低跟（1～3 cm） 颜色分类：27 深蓝（H14W7521） 07 绿色（H14W7521） 14 粉红（H14W7521） 毛重：1 kg 货号：H14W7110 上市年份季节：2022 年春季

续表

商品属性	鞋头款式：圆头 适用场景：休闲跟底 款式：平底鞋底 材质：橡胶 内里材质：超细纤维 适用对象：青年（18～40 周岁） 开口深度：深口鞋 制作工艺：胶粘鞋鞋垫 材质：布 款式：板鞋 帮面材质：超细纤维

（1）请根据商品信息，为该商品制定一个完整的关键词词库，请写明详细的分析思路。

（2）请根据制作的关键词词库，为该商品撰写两条优质的商品标题，请写明详细的分析思路。

模块三

SEM 推广

知识目标

- 了解商品类型及账户搭建技巧
- 熟悉推广的目标客户定位技巧及预算分配方法
- 熟悉 SEM 推广账户设置的时间、地域定向技巧
- 掌握关键词设置及出价技巧
- 掌握创意制作技巧
- 熟悉人群溢价技巧
- 掌握搜索引擎营销数据分析及优化技巧

技能目标

- 能够根据 SEM 推广账户预算分配方法，完成推广账户预算分配
- 能根据 SEM 推广账户搭建技巧及时间、地域定向技巧，完成搜索投放设置
- 能够根据关键词选择、匹配方式选择及关键词出价技巧，完成关键词设置
- 能够根据质量分提升技巧及创意制作技巧，完成创意制作
- 能够根据搜索引擎营销数据分析技巧，完成搜索引擎营销数据分析
- 能够根据搜索引擎营销效果优化技巧，完成搜索引擎营销效果优化

素养目标

- 培养学生遵守与搜索引擎营销相关的法律法规，创造良好的网店推广环境
- 培养学生树立遵守平台规则、公平竞争的推广观念
- 培养学生具备良好的职业道德，立足本职工作，促进行业的良性发展

知识导图

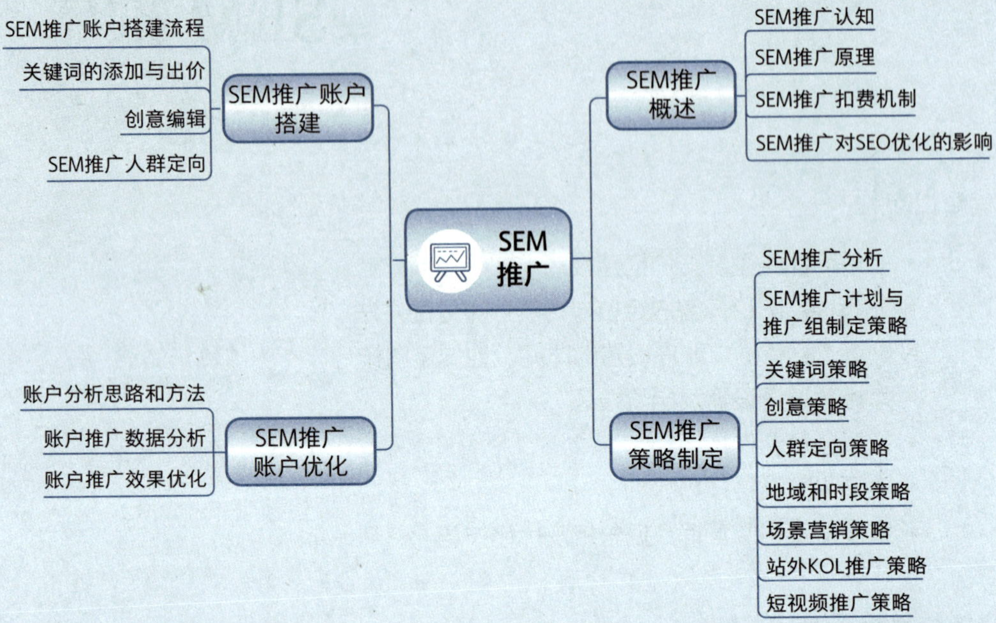

学习计划

● 知识学习计划

● 技能训练计划

● 素养提升计划

单元一

SEM 推广概述

【引例】

SEM 推广带动跨境电商

“丝绸之路经济带”和“21 世纪海上丝绸之路”重大倡议被提出后，目前已完成了总体布局，绘就了一幅“大写意”图画。互联网新模式为“一带一路”倡议的快速推进及相关国家的经济增长提供了新动能。其中，跨境电子商务已率先出发，不仅便利了人们的生活，更促进了沿线国家经济发展，为“一带一路”倡议带来无限可能。跨境电子商务和移动支付迅速进入“一带一路”沿线国家，深刻影响了当地居民的消费习惯。全球速卖通面向海外买家，通过支付宝国际账户进行担保交易，并使用国际快递发货，已成为全球第三大英文在线购物网站。

速卖通后台统计显示，在速卖通，月成交 30 万美元以上的店铺中，有近 85% 的店铺使用过直通车，相比不使用直通车的卖家，开启直通车的卖家的 GMV（Gross Merchandise Volume，成交总额）是普通卖家的近 1.5 倍，在速卖通平台中，每 100 笔成交订单中，就有近 10 笔订单是由直通车带来的。直通车已成为品牌出海营销的利器。

思考：从该案例中可以看出，SEM 推广已经成为网店推广中必不可少的手段，那么，SEM 的工作原理是怎样的呢？

一、SEM 推广认知

搜索引擎营销（Search Engine Marketing，SEM），也称 SEM 推广，是指基于搜索引擎平台的付费推广，平台提供资源，商家付费购买优质资源，并利用用户对搜索引擎的依赖和使用习惯，在用户检索信息的时候将推广信息传递给目标用户。SEM 推广可以定位目标用户并让目标用户在显著位置发现推广信息，吸引用户点击进入网页，进一步了解推广内容的详细信息。在 SEM 推广中，关键词搜索广告是其最主要的表现形式之一。

SEO 优化与
SEM 推广

（一）关键词搜索广告的形态

1. 关键词搜索广告概念

关键词搜索广告是指根据商品或服务的内容、特点等，确定相关的关键词，撰写广告内容并自主定价投放的广告。当用户搜索到广告主投放的关键词时，相应的广告就会展示出来（关键词有多个用户购买时，根据竞价排名原则展示），并在用户点击后按照广告主对该关键词的出价收费，无点击不收费。由于关键词搜索广告是在进行特定关键词的检索时，才出现在搜索结果页面的显著位置，所以其针对性非常高。另外，关键词搜索广告还具有较高的定位程度，可以提供即时的点击效果，可以随时修改关键词，收费也比较合理，是性价比较高的网络推广方式。

2. 关键词搜索广告的形态分类

关键词搜索广告是比较典型的竞价广告，其展示机会由出价竞争排序结果决定，按照高低依次占据搜索结果页广告展示的若干位置，这就是关键词搜索广告的形态。按照广告商品类型，关键词搜索广告可分为站内形态和站外形态。站内形态主要呈现在各大电子商务平台内部搜索广告的展现位置，如天猫、京东、敦煌网等；站外形态主要呈现在信息类和垂直类搜索广告的展现位置，如百度广告、搜狗智能营销平台、Google AdWords、今日头条、美团等。由于关键词搜索广告是付费的，所以电子商务法律法规要求在搜索结果页面中要通过显著广告标识与自然搜索结果分开，使消费者能够辨明其为广告。

（1）以淘宝搜索广告为例说明站内形态。淘宝搜索关键词后其展示位置主要分为三大部分。主搜区，有 1～4 个展示位，有提示“掌柜热卖”；主搜区右侧，有 16 个竖着的展示位；主搜区底部，有 5 个展示位。每页右侧和底部共展示 21 个商品，其中右侧展示第 1～16 个展示位，底部展示第 17～21 个展示位，搜索页面可一页一页往后翻，展示位以此类推，如图 3-1 所示。

（2）以百度搜索广告为例说明站外形态。百度推出多种搜索广告商品，如闪投、品牌专区、品牌起跑线、品牌华表，还有基于图片搜索的图片推广等，如图 3-2 所示。另外，展现形式也更加丰富，例如，通过更加丰富的创意图片、文字链、主搜索区与主搜区右侧强关联、植入短视频等，使用强样式抢占用户视觉第一体验。

（二）关键词搜索广告系统

关键词搜索广告系统是指提供广告展现的在线精准营销工具，由固定排名、黄金展位等部分组成，主要包括信息类搜索广告系统、购物类搜索广告系统、垂直类搜索广告系统等。关键词搜索广告系统通过关键词搜索锁定商机列表，并由系统提供的广告位精准推送网店营销信息，网店经营者可根据自身发展情况，自由选择广告投放位置，以此来吸引流量，提升商品点击率和转化率。

1. 信息类搜索广告系统

信息类搜索广告系统是指根据信息检索关键词提供广告展位的系统，主要包括百度搜索广告、360 点睛实效平台、搜狗智能营销平台、Google AdWords 等。

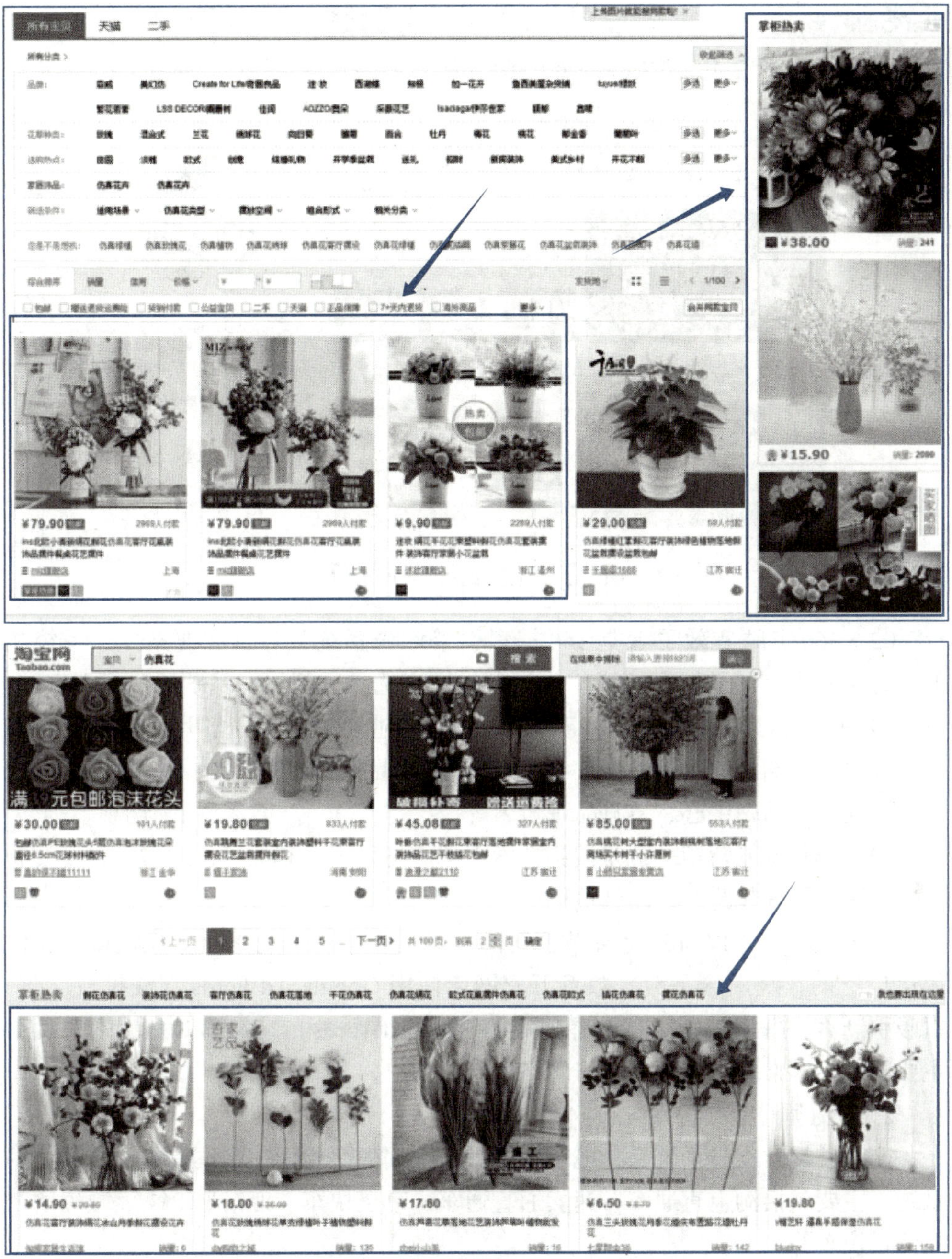

图 3-1　淘宝搜索广告展位

（1）百度搜索广告是基于全球最大的中文搜索引擎百度搜索的系统，在搜索结果的显著位置展示推广信息。为了满足不同网店的推广需求，百度推出了多种关键词搜索广告，例如基础的搜索推广，适合商品批量推广的闪投，满足不同品牌推广需求的品牌专区、品牌起跑线、品牌华表，基于图片搜索的图片推广，内容型的知识营销，追踪竞品 / 行业的行业定投，通用词强样式的竞秀等。

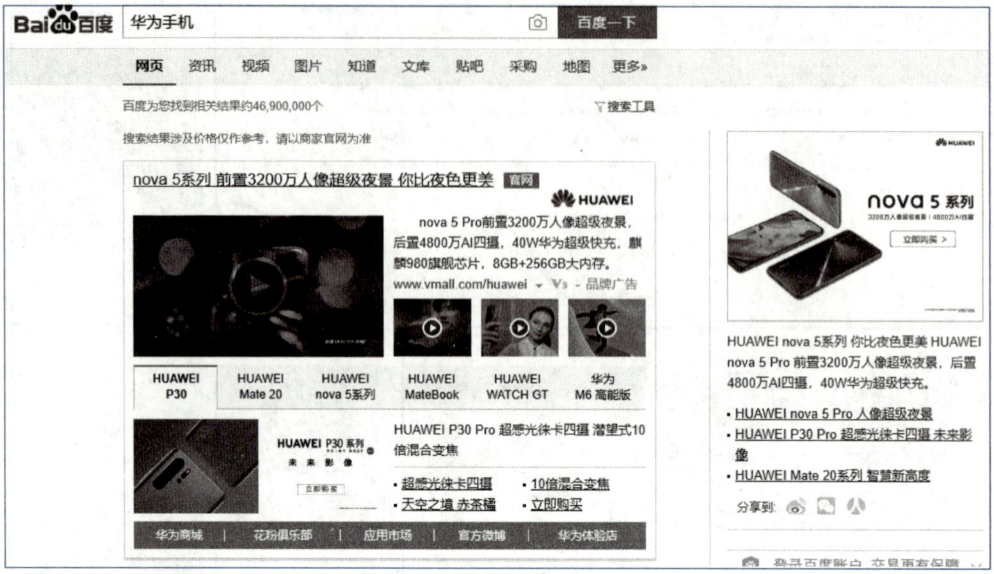

图 3-2　百度搜索广告展示位

（2）360 点睛实效平台是 360 搜索引擎广告系统，与百度搜索推广系统相似，有不同类型的关键词搜索广告类型供网店选择，例如，基础的搜索文字链、具有多种样式的凤舞、针对特定行业的凤舞行业直达、基于图片搜索的比翼图片、针对移动端的移动搜索推广，以及满足不同品牌推广需求的品牌直达、品牌直达—娱乐、品牌中心、节日品牌冠名等。

（3）搜狗智能营销平台是搜狗搜索引擎广告系统，其关键词搜索广告主要有品牌专区、品牌起跑线、品牌地标等。

（4）Google AdWords 是谷歌公司的在线广告平台，也是全球规模最大、使用最广泛的在线广告平台，数百万家网店使用 Google AdWords 在线投放广告，以吸引新客户并发展业务。选择使用 Google AdWords 的广告客户可以通过两个主要网络（搜索网络和展示广告网络）定位用户。

2. 购物类搜索广告系统

购物类搜索广告系统是指电子商务平台根据商品检索关键词提供广告展位的系统，主要包括淘宝直通车、速卖通直通车、京东快车、亚马逊 PPC、敦煌网产品流量快车等。

（1）淘宝直通车是为专职淘宝网店经营者量身定制的、按点击量付费的效果营销工具，包含搜索关键词推广和非搜索定向推广等不同的推广方式，网店经营者可以用淘宝直通车进行单品和店铺推广。网店经营者设置与推广商品相关的关键词和出价，在用户搜索相应关键词时，商品推广获得展现，以实现精准营销，网店经营者按所获流量（点击量）付费。

（2）速卖通直通车是阿里巴巴全球速卖通平台会员通过自主设置多维度关键

词，并按照点击付费的网络推广方式展示商品信息，通过大量曝光商品来迎合潜在用户。速卖通直通车是一种快速提升店铺流量的营销工具。

（3）京东快车是基于京东网店内推广，按照点击量付费的实时竞价类广告营销工具，通过对搜索关键词或推荐广告位置出价，将推广的商品、活动，或店铺展示在京东网店内丰富的广告中。

（4）亚马逊 PPC（Pay per Click，按点击量付费）广告中的“Sponsored Products”与“Headline Search Ads”是亚马逊基于关键词搜索的广告系统，可以让网店经营者推广的商品出现在搜索结果靠前的位置或指定搜索结果区域。

（5）敦煌网产品流量快车是敦煌网为网店经营者量身打造的有效引流工具，流量快车产品将会在搜索结果列表页中专属推广位置上高频曝光且无时间限制。流量快车产品会出现在商品类目列表页和关键词搜索列表页前 8 页的第 4、7、10……位，网店经营者可看到流量快车产品标识，产品的所在目录、关键词的相关度和产品质量决定了流量快车商品的排序。

3. 垂直类搜索广告系统

垂直类搜索广告系统是指专注于特定行业领域内容的平台所提供广告展位的系统，如专注于个性化信息推广的今日头条、专注于团购的美团搜索推广等。

（1）今日头条作为信息流广告行业的领军者，积累了大量的数据及模型经验。头条搜索广告是头条营销体系中的重要一环，为广告主提供更多选择，通过商业关键词匹配定位技术，向有商业需求的用户展示广告信息，展现在今日头条 App（今日头条和今日头条极速版）搜索结果页每刷第二位（搜索结果页 10 个内容为 1 刷），支持按照点击量、展示量或转化率收费。

（2）美团搜索推广是一个将店铺和主营菜品与顾客的搜索偏好精准匹配的营销推广工具，能够更快更直接地将推广店铺展示在搜索结果页面。在美团 App 和美团外卖 App 的全站搜索结果页面中，商家列表的第 3、8、13 个展示位为推广位。成功获得推广位后，店铺的左下角会自动出现“广告”字样。

（三）SEM 推广账户结构

SEM 推广账户是指网店在进行 SEM 推广前需要向平台申请的账号，不同的平台有不同的准入门槛，审核通过后即可开通 SEM 推广账户，充值后进行 SEM 推广。也就是说，SEM 推广账户创建是开展 SEM 推广的前提。

SEM 推广账户结构可以理解为 SEM 推广账户的层级设置。在部分平台中，当关键词很少（比如 10 个以下）的时候，账户其实并不需要分层，商家在账户里直接设置想购买的关键词，同时针对这些词撰写相应的广告文字创意就可以了。但是随着关键词的增多，商家对关键词的批量操作等需求就需要对关键词进行一定的分组管理，从而不断衍生出更多的层级，这就是 SEM 推广账户结构。SEM 推广账户结构大致分为四个层级：推广账户、推广计划、推广组、关键词与创意，如图3–3所示。一个好的账户结构不仅便于管理，也便于优化，还利于SEM推广账户的拓展，想要搭建一个好的SEM推广账户结构，需要从以下几个方面考虑：

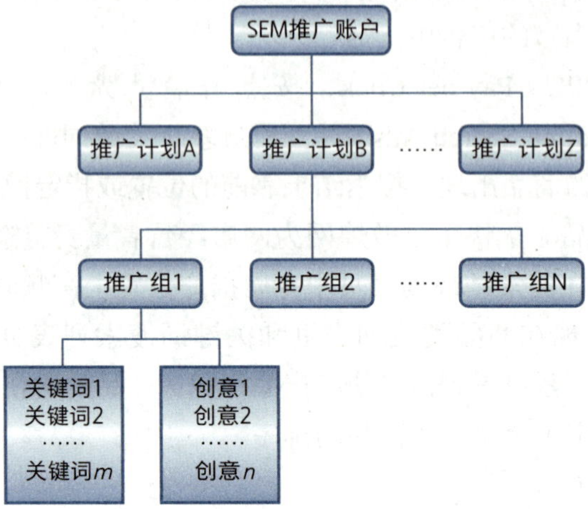

图3–3 SEM推广账户结构

1. 推广计划层级设置

推广计划层级设置是指对计划状态、预算、设备、推广地域、推广时段、否定关键词、创意展现方式、个性化推荐进行设置。推广计划是管理关键词/创意的大单位，制订推广计划是设计账户结构的第一步。根据需求不同，可以采用不同的方法进行设置，比如按照商品业务的种类设置、按照推广地域设置、按照重点词设置或者按照潜在用户方式设置。

2. 推广组层级设置

推广组层级设置是指对组状态、组出价、否定关键词、分匹配模式出价系数、移动出价比例、电话追踪等情况进行设置。推广组上接计划，下连关键词和创意。由此可见，对推广组的设置直接决定一个SEM推广账户的成败，细分组显得尤为重要，是后续操作管理与优化的基础。

3. 关键词层级设置

关键词层级设置是指对关键词状态、出价、匹配模式、访问URL、移动访问URL、暂停、激活、监控、转移等进行设置。关键词的匹配模式分为精确匹配、短语匹配和广泛匹配等。

4. 创意层级设置

创意层级设置是指对创意结构、创意撰写、通配符、创意状态、默认URL、移动URL、设备偏好等进行设置。创意包括标题、描述（描述一、描述二）、URL（计算机、移动、显示、访问），类型可分为普通创意、动态片段、附加创意（App、电话、图片、泛品牌、蹊径）、高级样式。

需要注意的是，对于层级较多，但是结构较乱的账户，最好采取循序渐进的方式优化账户结构。可以采取逐步替代法，尽量不要全面删除以前的账户及账户结构，这是因为数据是累计起来的，新账户也需要时间去沉淀。

二、SEM 推广原理

SEM 推广原理主要体现在广告检索和广告排序两个方面。

（一）广告检索

广告检索是指在搜索引擎输入关键词点击搜索后，将与关键词相关的商品广告进行展示。这需要在开展 SEM 推广时，在后台添加与商品相关的关键词，当用户输入的关键词与商家推广的关键词相同或者相关时，推广的商品就有机会被展现。

1. 关键词在广告检索中的作用

关键词是指在竞价系统中添加的用来定位潜在客户的词语。不同的关键词定位的潜在客户的数量不同，能带来不同的潜在商业价值。关键词在广告检索中的作用具体表现在以下两个方面：

（1）对于商家而言，关键词即推广词。

① 用户输入关键词可直接找到商家与商品，为商家带来实际效益。

② 提高网站 / 网店知名度。

③ 提高网站 / 网店的访问量。

（2）对于用户而言，关键词即搜索词。

① 关键词是用户在搜索引擎输入的关键词，体现的是用户对搜索的需求。

② 关键词帮助搜索引擎判断用户搜索需求，并向用户展示满足需求的商品或服务。

不管是在 SEM 推广中还是在 SEO 优化中，关键词都占据着举足轻重的作用，是不能忽视的关键因素之一，因此，在 SEM 推广前期准备中，筛选拓展关键词成为主要工作之一，在后期优化中也需要根据多维度的数据报告对关键词进行优化。

2. 关键词匹配方式与广告检索

关键词匹配是指将用户搜索词与广告主设置的推广关键词进行匹配。在不被搜索引擎打击、不恶意堆积关键词的情况下，匹配度越高，排名效果越好。关键词匹配方式大致分为四种：精准匹配、短语匹配、广泛匹配以及否定匹配。

（1）精准匹配。精准匹配可分为完全精准匹配和宽松精准匹配。

① 完全精准匹配。完全精准匹配是指搜索关键词与推广关键词两者字面完全一致时才触发的限定条件，用于精确严格的匹配限制。使用完全精确匹配时，

若搜索词中包含其他词语，或搜索词与关键词的词语顺序不同，均不会展现对应的内容，如图 3–4 所示。

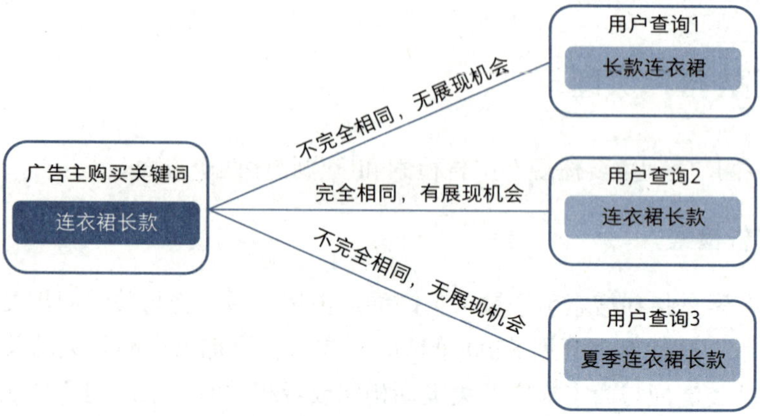

图 3–4　完全精准匹配

② 宽松精准匹配。部分平台精准匹配的匹配条件相对宽松，当搜索关键词与推广关键词完全一致或交换关键词顺序时，推广商品均有机会展现，此种匹配方式被称为宽松精准匹配，如图 3–5 所示。

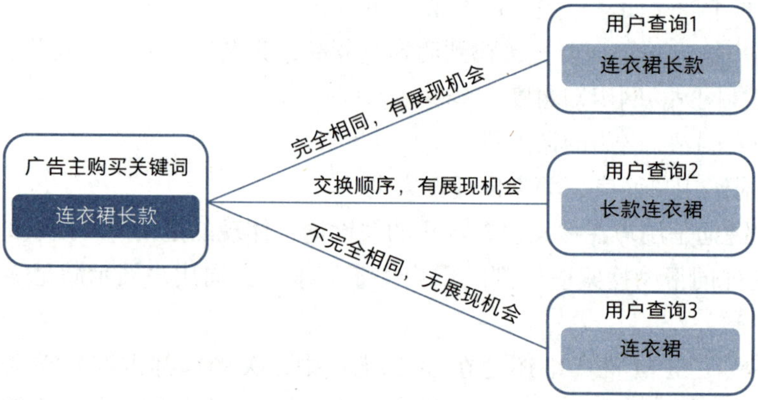

图 3–5　宽松精准匹配

精准匹配的优势：第一，只有当用户搜索词与推广词完全一致的时候，商品才有机会展现，因此，精准匹配的最大优点是“定位精准”；第二，网店推广预算受到限制的时候可以有效控制花费；第三，部分关键词出价过高时，设置精准匹配，可以让出价高的词只“抓”精准客户。

精准匹配的劣势：大大降低商品展现的机会，获得潜在客户的范围较窄。

（2）短语匹配。短语匹配是指搜索关键词完全包含推广关键词及关键词（包括关键词的同义词）的插入或关键词位置颠倒时，系统有可能会自动展现推广结果。短语匹配可细分为以下三种类型：

① 短语精确包含。匹配条件是只有用户的搜索词完全包含商品关键词，系统才有可能自动展示商品的推广结果。例如，推广关键词为“奶粉”，用户搜索“购买奶粉”“婴儿奶粉”“奶粉价格”等关键词都可以匹配，而搜索“牛奶米粉”则不匹配。

② 短语同义包含。匹配条件是用户的搜索词完全包含商品关键词或关键词变形形态（插入、颠倒和同义），系统才有可能自动展示商品的推广结果。例如，推广关键词为“婴儿奶粉”，用户搜索“婴儿奶粉价格”“幼儿奶粉”“奶粉婴儿”关键词时，都可以匹配。

③ 短语核心包含。匹配条件是用户搜索词包含商品关键词、关键词的变形（插入、颠倒和同义）或商品关键词的核心部分、关键词核心部分的变形（插入、颠倒和变形）时，系统才有可能自动展示的推广结果。例如，推广关键词为“婴儿奶粉”，除用户搜索“婴儿奶粉价格”“幼儿奶粉”“奶粉婴儿”关键词都可以匹配外，搜索“奶粉”“二段奶粉”也可以匹配。

短语匹配的优势：与精准匹配相比更为灵活，且能获得更多的潜在客户访问，与广泛匹配相比则有更强的针对性且可能有更高的转化率。

短语匹配的劣势：获得的展现次数介于广泛匹配与精准匹配之间，转化率没有精准匹配高。

（3）广泛匹配。广泛匹配是指搜索关键词完全包含推广关键词，或者包含部分字面顺序颠倒或有间隔关键词时，商品均有机会展现。广泛匹配是最宽泛的匹配方式，也是默认的匹配方式。系统有可能对匹配条件进行延伸，扩展至关键词的同义词、近义词、相关词以及包含关键词的短语等，如图 3-6 所示。

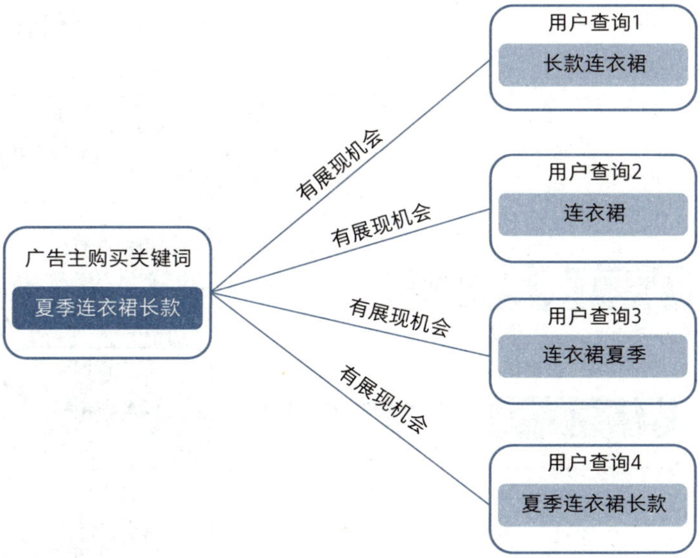

图 3-6　广泛匹配

广泛匹配的优势：定位更多的潜在用户，捕捉更多商机；展现机会多，能给买家留下潜在印象，提升品牌知名度；节省时间与精力，不需要提交所有相关关键词，不必担心漏掉关键词。

广泛匹配的劣势：点击访问的针对性不足，转化率不如精准匹配和短语匹配；有可能会带来大量点击，触发较多的点击消费；覆盖大量用户，相对于精准匹配，推广费用更高。由于对应单个关键词的搜索词量大，无法灵活控制关键词的排名与出价。

广泛匹配的原理：广泛匹配的原理是指当用户的查询词与广告主的关键词高度相关时，即使网店经营者并未提交这些查询词，也可能被匹配，推广商品也有机会展现。对网店经营者来说，从海量的关键词中找出符合自己需求的关键词并非易事，因此，常见的广告系统都会提供将广告中的关键词匹配到更多相关查询的服务。

在进行广泛匹配时，通过对网店经营者的推广词进行分词，然后采用查询拓展进行匹配，扩大搜索范围，如图 3–7 所示。

① 分词。分词是指将信息里的关键词拆分成单个的字或词组，分词是词法

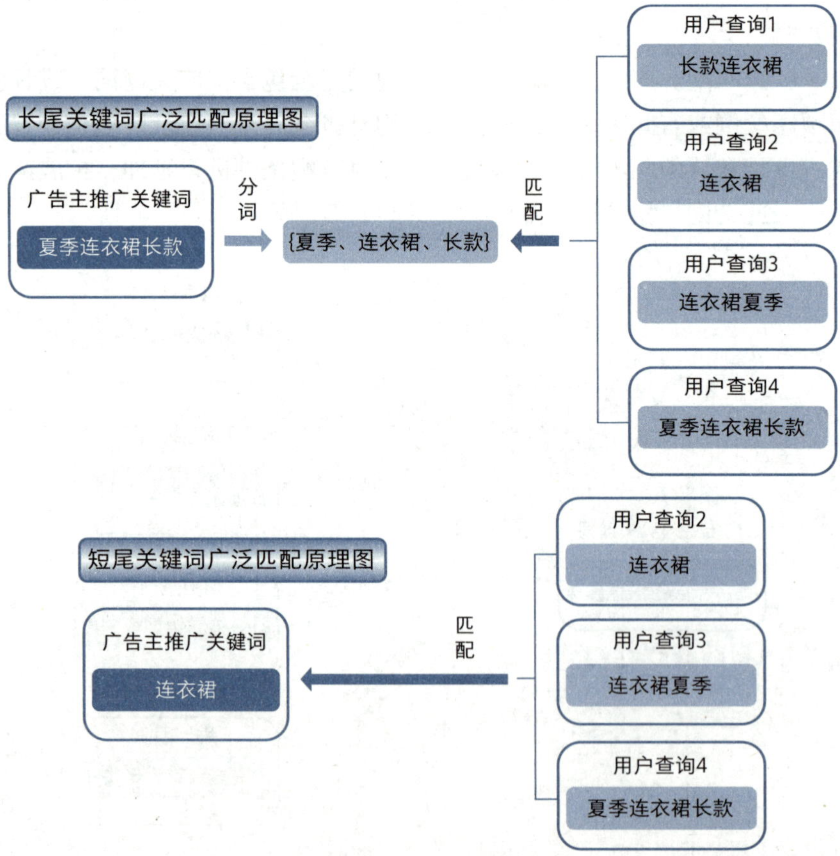

图 3–7 广泛匹配原理

分析、语义分析、自然语言理解的基础。具备特定含义和特指的词在分词时一般不会分开，例如，“情侣”不会分为“情”“侣”，“移动电源”不会被分为“移动”“电源”。广泛匹配原理如图 3-8 所示。

英文分词要简单一些，因为英语的词与词之间有间隔符，如空格和标点，英文分词一般以间隔符为分割点即可实现分词，如图 3-9 所示。

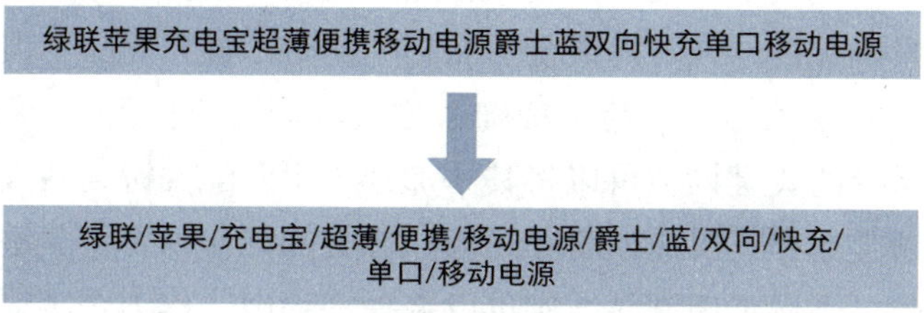

图 3-8 中文信息分词

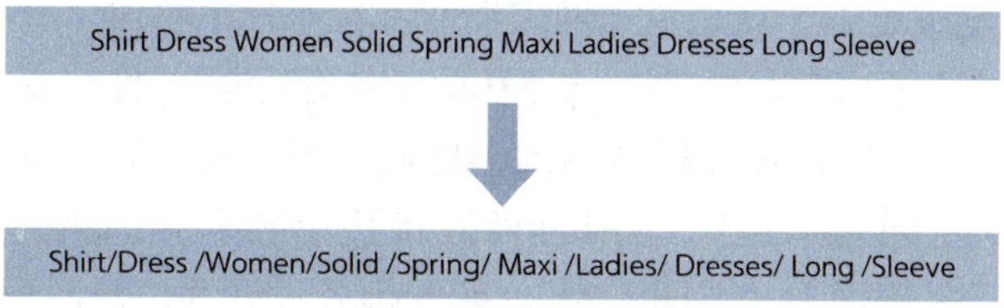

图 3-9 英文信息分词

② 查询拓展。查询拓展是搜索广告独有的策略，目的是给网店推广关键词自动拓展相关的查询词，扩大流量。如图 3-10 所示，当用户搜索的关键词是“英国考察”时，可以搜索到“英国考察”“英国七日考察”“哪家英国考察机构好”等关键词推广的商品。

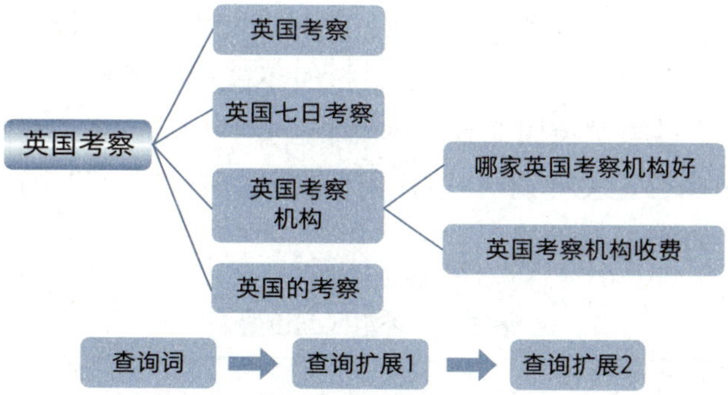

图 3-10 查询拓展

同一个关键词在不同的匹配方式下被展现的概率不同，展现概率顺序依次是：广泛匹配＞核心包含＞同义包含＞精确包含＞精准匹配。就每种匹配模式所覆盖的搜索词而言，若同一个关键词分别设置多种匹配模式，其所覆盖的相应搜索词范围也会不同。精准匹配是当用户搜索词与推广词一模一样时，推广商品才有机会展现；精准包含是当用户搜索词完全包含推广词时，推广的商品就有机会展现；同义包含是当用户的搜索词与推广词意思相近、搜索词与推广词关键词的位置颠倒、在推广词中插入关键词时，推广的商品就有机会展现；核心包含是指当用户的搜索词包含推广词中的核心关键词时，推广的商品就有机会展现；广泛匹配是指用户的搜索词只要与推广词相关，推广的商品就有机会展现。

（4）否定匹配。否定匹配也被叫作否定关键词，是指设置某关键词为否定匹配，当用户搜索该关键词或与该关键词的相关词时，推广商品不展现。否定匹配一般包括“短语否定关键词”与“精确否定关键词”。对于一些可能被匹配但与推广意图不相符合的关键词，可以将其添加到否定匹配关键词中来阻止对应推广信息的出发。通常选择其反面或者非经营业务类的词作为否定关键词。例如，商户只卖牛肉制品，不做鸡肉制品，则可以选择“鸡肉”作为否定词。商户还可以在统计报告中的“搜索词报告”找出与业务无关的关键词，将其设置为否定词。

① 短语否定关键词。这是指当网店经营者在账户中添加“短语否定关键词”后，只要用户的搜索词完全包含这个“短语否定关键词”，推广商品就不会展现。否定关键词否定了部分没有用的搜索词，也就减少了关键词大部分无效的展现，这也就提高了关键词的点击率，从而侧面提高了关键词的质量度。

例如，推广关键词为“英国考察”，匹配模式设置为广泛匹配，在搜索时发现，搜索“新加坡考察”也能找到企业的推广结果，由此可以分析出搜索“新加坡考察”的用户并不是意向客户，所以就可以利用短语否定关键词否定“新加坡”，这样以后只要用户的搜索词包含“新加坡”，如“新加坡考察”“新加坡七日考察”这类词时，企业的推广信息都不会展现。

② 精确否定关键词。这是指当网店经营者在账户中添加“精确否定关键词”后，用户的搜索词必须与“精确否定关键词”一模一样，推广商品才不会展现。

以推广关键词为“英国考察”为例，并且匹配模式是广泛匹配，当用户搜索“考察”时，也能找到网店的推广商品，这时不能把“考察”设置为短语否定关键词，否则当用户搜索“英国考察”时就不会找到网店的推广商品。可以把“考察”设置成“精确否定关键词”，这样用户在只搜索“考察”的时候，企业的信息才不会展现，如表3–1所示。

表3–1　否定匹配设置表

关键词	匹配模式	否定词类型	否定词	规则	搜索词	推广信息是否有机会展现
英国考察	广泛匹配	短语否定关键词	新加坡	完全包含	新加坡考察	否
					北京赴新加坡考察	否
		精准否定关键词	新加坡	一模一样	新加坡考察	是
					新加坡	否

否定匹配的优势：使客户在通过广泛匹配和短语匹配获得更多潜在用户访问的同时，滤除不能为客户带去潜在客户访问的不必要展现，降低转化成本，提高投资回报率。

否定匹配的劣势：设置否定关键词后，将降低关键词的展现概率，即获得潜在客户关注的概率降低。

不同的匹配方式被展现的概率不同，一般概率大小的顺序为：广泛匹配＞广泛＋否定＞短语匹配＞短语＋否定＞精准匹配。商户可以组合使用多种匹配方式，其中广泛匹配和短语匹配能够让创意展现在更多潜在受众面前，从而带来更多曝光机会。

3. 关键词成交流程

关键词成交流程为：用户在搜索引擎中进行关键词搜索并找到想要的商品或服务；SEM 账户通过商家购买的关键词匹配用户搜索需求，并展示商家的商品与服务。当商品或服务满足用户需求并具有足够的吸引力时，用户会点击进入商家购买的关键词对应的链接，并产生购买行为，关键词贯穿整个成交流程。根据成交阶段的不同，关键词可为是搜索词、推广词、进店词或成交词。

（1）搜索词。搜索词是指当用户有购物搜索需求或有信息浏览需求时，会在搜索网站的搜索框中输入若干关键词进行搜索，这个由用户搜索的关键词就被称为“搜索词”，目的是获得对其有用的搜索结果。

（2）推广词。推广词是指网店或网站加在推广账户中的关键词，其目的是定位意向用户搜索的关键词，当用户搜索相同或相关关键词后，商品就有机会展现，进而促成点击与成交。

（3）进店词。进店词是指吸引用户进入店铺的推广词。当用户搜索词与网站或网店的推广关键词相同或相关时，商品有机会展现，当用户看到符合自己需求的商品并点击进入店铺时，会给店铺带来点击量。从卖家和买家的角度来看，关键词的不同视角如图 3-11 所示。

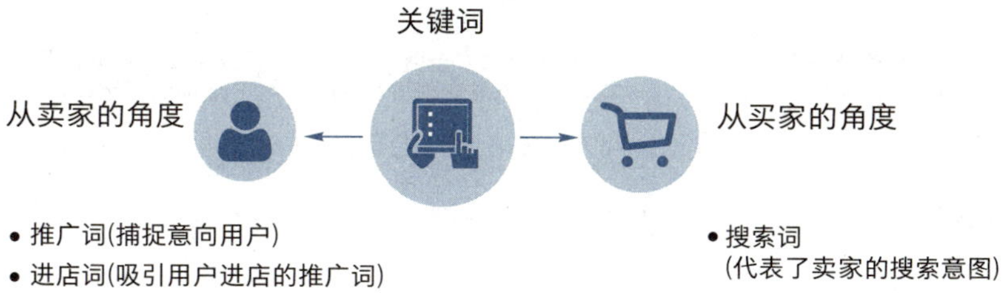

图 3-11　关键词的不同视角

（4）成交词。成交词是指使用户通过搜索进入店铺并成功购买商品的关键词。从交易发生的整个流程上看，商家投放广告、设置推广词，买家搜索关键词，两者匹配，网店经营者的广告词吸引用户产生点击意愿，买家点击创意图进店。如果商品符合买家的购买意向，则会产生收藏、加购、拍下付款等一系列行为，完成交易，如图 3–12 所示。

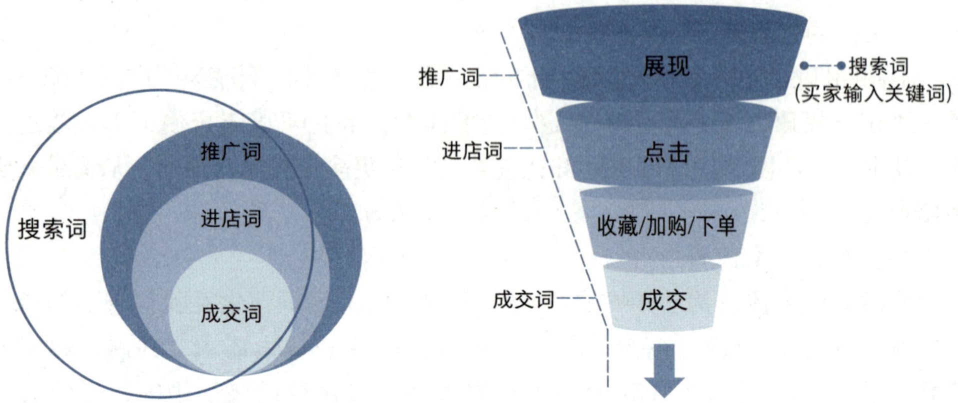

图 3–12　关键词在交易流程中的作用

SEM 推广的本质是一种付费的引流方式。对于百度、阿里巴巴这样拥有巨大流量的电子商务平台，通过商家付费做广告的方式，可以实现平台流量变现，增加盈利；对于商家而言，原本“销量越高排名越高的展现量越多”的流量分配机制更加多元化，对一些销量不占据优势的商品可以通过付费做广告的方式，使其有更高的排名，获得更多的曝光机会，从而实现更快更精准的成交；对于买家而言，他们希望搜索到更多的意向商品，增加选择余地，挑选满意的商品。SEM 推广的意义如图 3–13 所示。

图 3–13　SEM 推广的意义

（二）广告排序

广告排序是指当用户搜索关键词时，搜索结果页的推广商品按照一定的规则排序后，根据排序结果在优势的广告位置进行展现。排序主要由关键词质量分与关键词出价共同决定，其公式为：关键词综合排名指数 = 关键词质量分 × 关键词出价。

1. 关键词质量分

关键词质量分是指 SEO 推广中衡量关键词与推广商品信息和用户搜索意向三者之间相关性的综合性指标。分值越高，获得的推广效果越理想。关键词推广质量得分越高，代表 SEO 推广效果越好，就可以用相对更少的推广费用把更优质的商品信息展现在更适当的展示位置上，使买卖双方获得双赢。

关键词质量分的概念不是从一开始就有，在 Google AdWords 之前的时代，广告的排名完全由出价（Bid）决定，只要出价足够高，广告就可以排在第一位。这种排名无视广告的质量和相关度，以出价作为唯一标准，在 Google AdWords 出现之后，将点击率引入排名计算，Google 认为点击率更高的广告具有更高的相关性，它在一定程度上将自己的利益、用户体验和广告主利益结合到了一起。直到 2005 年，关键词质量分被引入 Google AdWords 系统，关键词质量分是以点击率为主并结合其他一些相关因素的集合，相对于单纯的点击率，关键词质量分能更大程度上促使广告投放者改进广告质量，从而改善搜索用户的体验。

对于关键词质量分，不同的平台有不同的定义，但是意义大致相同，例如，淘宝直通车推广叫质量分，速卖通直通车叫推广评分，百度称为质量度，京东称为竞争力系数。以淘宝直通车关键词的质量分为例，质量分是衡量关键词质量的综合评分，目前主要的评分形式是 5 星 10 分制，半颗星代表 1 分，1 颗星代表 2 分，分值越高，就可以获得越理想的推广效果。PC 端和移动端由于竞争环境不同，同一个关键词在移动端和 PC 端往往有不同的质量分表现，如图 3–14 所示。

系统会对每个关键词或类目出价并给予一个质量分，初始分值会有所不同，并根据买家的浏览反馈等信息更新分值。新增或修改了当前推广信息，质量分更新时间为半个小时；对 SEM 账户中所有关键词的质量分的更新时间为 24 小时；如果推广暂停一段时间，或者删除一段时间重新推广，或者重新推广一个关键词，那么推广的质量得分会重新计算。

（1）质量分的作用。质量得分越高越好，对于排名相同的位置，得分越高，花费越低，具体作用如下：① 降低关键词点击花费。由于关键词的点击价格与质量分有关，在排名不变的情况下，提高关键词的质量分，出价会相应降低，点击扣费自然也会降下来，能给网店节省一部分推广费用，利用这些节省下来的费用支持其他关键词，能带来更好的推广效果，网店整体转化率也会提升。另外，根据关键词单次点击扣费公式，自己网店的关键词质量分提升后，会让上一名的竞争对手花费更多的推广费用。② 排名更靠前。在出价相同的情况下，提高关键词质量分，可以让关键词的排名更加靠前，更加吸引用户的注意力，增加点击量，从而增加店铺整体流量，最终达到提升转化率的目的。③ 限制推广结果的展现资格。为了改善用户的购物体验，各大广告平台均有类似的规则，当关键词质量分偏低时，推广结果可能无法展现，或者展现概率低。

以淘宝为例，关键词质量分的高低将直接影响关键词的展现位置，具体表现

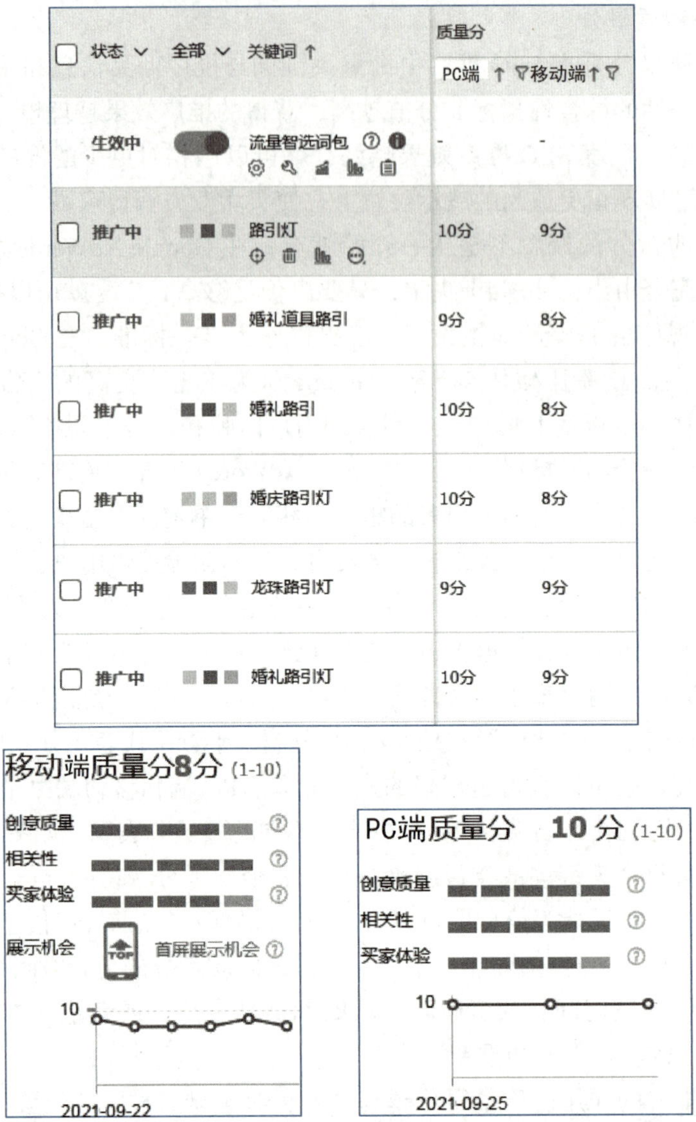

图 3-14　某商品移动端和 PC 端质量分表现

为：无展示机会、有展示机会、有首页展示机会，如图 3-15 所示。

移动端质量分	1	2	3	4	5	6	7	8	9	10
移动端展示逻辑	无展示机会					有展示机会	有首页展示机会			

图 3-15　关键词质量分与展现位置关联

无展示机会是指暂时没有机会在电子商务平台移动端和 PC 端搜索结果中展示。说明关键词质量分不符合直通车位置展示的要求，需要先优化关键词质量分，达到平台展示的质量分要求（也就是晋升到“有展示机会”或者“首屏展示机会”）之后，再去调节出价，获得流量。

有展示机会是指有机会在电子商务平台移动端和PC端搜索结果中展示。移动设备质量分在6分以上有展示机会（无线混排机会）。无线混排机会的位置是指搜索关键词排名非第一位的位置。每隔10个或者20个自然搜索的商品，就会有1个或者2个带“HOT”标志的直通车无线商品（即混排位置），如表3–2所示。当有展示机会时，应及时优化商品关键词的基础分，如创意效果、相关性、买家体验和出价来提升获取流量的能力。

表3–2 无线混排机会展位表

移动设备型号	直通车无线展示位	含义
iOS	1+5+1+10+1+10+1…	每隔5个商品有网店的1个展示位
Android	1+5+1+5+1+10+1…	每隔5个商品有网店的1个展示位
iPad	1+5+1+15+2+20+2…	每隔15个商品有网店的2个展示位
WAP	1+20+2+20+2…	每隔20个商品有网店的2个展示位

当关键词质量分得分为7～10分时获得首页展示机会，如图3–16所示。说明该关键词下的商品有机会在首页展示位中展示，这时可以适当地调节出价，以此获得更多首页的流量。

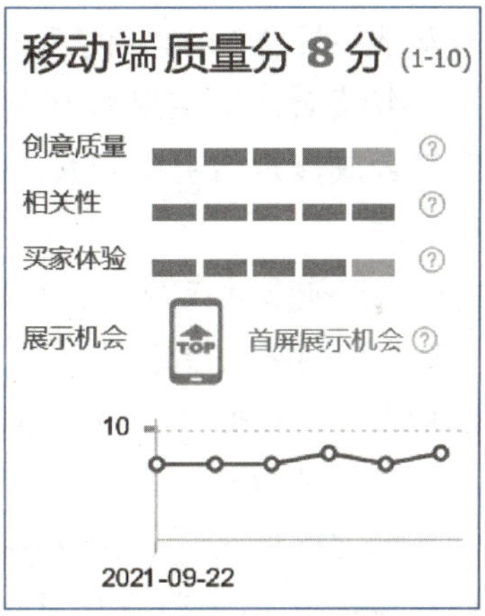

图3–16 首页展示机会质量分

（2）关键词质量分影响因素。关键词质量分是系统为每个关键词计算的质量得分，受账户、广告和关键词的历史表现、目标网页的情况、广告和关键词的相关性等因素影响，在账户中质量分以等级的形式呈现。具体来说，质量分受到以下因素的影响：相关性、网店质量、买家体验、点击率和账户历史表现。

① 相关性。相关性主要是指推广词与创意、网店推广目标之间的相关性。电子商务平台为了营造良好的消费体验，首先要明确判断用户的搜索需求，并向用户展现符合搜索需求的网店信息。在SEM推广中，为了使展示的商品信息符合用户的搜索需求，就要保证网店的推广词与其推广信息具有一定的相关性，且越相关越好。推广词与创意的相关性保证用户搜索网店推广关键词时，展现的广告图片与广告词符合用户搜索需求；推广词与推广商品的相关性保证用户搜索网店推广关键词时，点击广告进入推广商品详情页时，看到的目标符合用户搜索需求。

创意相关性是指创意要围绕着推广的关键词来写。例如，用户搜索的关键词为“家政服务”，网店推广的关键词是“家政服务”或与“家政服务”相关的关键词，在这种情况下，推广的商品的创意才有机会展现，若创意紧紧围绕“家政服务”进行编写，用户就有很大的可能会点击这个符合自己购买需求的商品或服务。

推广商品的相关性是指用户访问的商品详情页中的商品要与推广的关键词的创意相关。在创意相关的前提下，用户点击进入商品详情页，若商品仍然是“家政服务”的信息，这时只要稍加引导，就有极大的可能促成成交。目前，搜索引擎关于相关性的计算大部分是通过关键词分词匹配、关键词在内容中出现的密度、频率等特征来进行的，现在搜索引擎判断相关性一般会采用关键词匹配和语义分析两种判断方法。

第一种判断方法：关键词匹配。

a. 把用户提交的搜索词进行关键词分词，分成词 A 和词 B（具体分词个数根据搜索词具体情况）。

b. 同时使用词 A 和词 B 在索引库中进行检索，并提取出所有包含词 A 和词 B 的搜索结果，组成搜索结果集合 L。

c. 在搜索结果集合中把同时包含词 A 和词 B 的搜索结果优选提取出来组合成搜索结果集合 M 排在前面，把只包含词 A 和词 B 的搜索结果排在后面。

d. 继续对搜索结果集合 M 进行分析，把完全匹配用户搜索词的搜索结果提出来组合成搜索结果集合 N，并排在前面，把不完全匹配用户搜索词的搜索结果排在后面。

e. 根据搜索词在网页中出现的次数、密度、位置等对搜索结果集合进行排序。

f. 购物网站的搜索引擎还会判断商品的交易转化能力、店铺服务能力、用户喜好程度等，根据多方面的综合来进行排序的调整。

第二种判断方法：语义分析。语义分析是指通过对海量的内容进行分析后找出词与词之间的关系，判断出词与词之间在某种程度上是否相关或者是同义词，这样在检索时，同义词也会被适当地加入检索结果中。例如，有一款手机商品的描述信息为“iPhone”，并没有出现关键词“苹果”，搜索引擎仅仅使用关键词匹配的方式，并不能判断“iPhone”与“苹果”具有一定的关联性。搜索引擎为了解决这个问题，提升了内容相关性的计算强度，引入了语义分析技术。

② 网店质量。优秀的网店不仅会给用户带来良好的用户体验，也有助于更好地展现商品 / 服务信息或者品牌形象。在不考虑影响排名的其他因素时，网店质量越高，就越有机会排名靠前。网店质量主要包括网店信息质量和网店服务质量。

网店信息质量是指网店推广商品信息是否如实描述、信息完整程度与丰富度、推广创意的关键词点击反馈、图片质量等。信息的如实描述是最基本的要求，在描述的时候一定要真实、准确地告诉用户网店的服务内容或商品的真实属性，帮助买家快速地做出购买决策。信息准确完整对于买家快速做出购买决策来说非常重要，要能够清楚地描述清楚商品的名称、型号以及一些关键的特征和特性，使买家一看就清楚地知道网店卖的商品是什么，清楚商品的功能、能点、质量、优势，从而促进成交。高质量的图片能够清晰美观地进行多角度、突出重点细节的商品展示。商家可通过不断测试、优化推广创意，努力提升创意的点击率。

网店服务质量包括网店的网页服务质量与用户服务质量。网页服务质量包括网页的加载速度快慢、是否简洁无干扰等；用户服务质量包括网店整体交易转换能力与推广商品的交易转化能力、好评与差评率、客服响应速度等。

③ 买家体验。买家体验是指根据买家在店铺的购买体验和账户近期的 SEM 推广效果给出的动态得分，包括直通车转化率、收藏与加入购物车情况、关联营销情况、详情页加载速度、好评与差评率、旺旺反应速度等影响购买体验的因素。当关键词对应的各项分值越高时，代表推广效果越好，但不同行业的关键词质量分也是与实际行业类目相关的，因此要以实际情况为准，参考优化中心的建议进行优化，不断提高各项指标值。

④ 点击率。点击率是指广告被点击的次数与该广告展示次数的比率。点击率的高低会影响质量分。如果点击率较高，电子商务平台就会认为该关键词与广告的相关度、用户搜索需求的相关度比较高，会给予一个较高的质量分。较高的质量分能使商家以更低的价格获得更靠前的排名。因此，排名与点击率是相互促进的关系。

点击率往往包含账户现有关键词的预估点击率与历史点击率两个方面。预估点击率衡量的是当相应的关键词触发了推广结果进行展现的时候，获得点击率的可能性有多高。在不考虑影响排名的其他因素时，关键词预估点击率越高，排名就越有机会靠前。预估点击率是在假设搜索词和推广关键词完全匹配的基础上计算出的估算值。用户搜索词、购买关键词、对应创意、展现样式、推广着陆页的内容，以及它们之间的相关性、对用户的吸引力等，都会影响关键词的历史点击率。历史点击率是指推广一段时间后关键词的点击反馈，历史点击率越高，关键词质量分越高。

点击率主要受展现量与点击量的影响。展现量主要受关键词的个数、匹配方式、排名等因素影响，点击量主要受创意的吸引力、关键词排名、创意与用户搜索意图的相关程度等影响。

⑤ 账户历史表现。账户历史表现是指 SEM 推广账户以往推广的总体效果，它也会影响关键词质量分，网店首先要保证没有被惩罚，比如，搜索作弊、违规等都会受到平台惩罚，从而降低关键词质量分，影响推广效果。

2. 关键词出价

关键词出价是指商家愿意为关键词被点击一次所支付的最高价格，它往往由

实时竞价

企业自己设定，而不是由搜索引擎设定。一般来说，关键词被点击一次的花费不高于关键词的出价，所以关键词出价也是关键词的单次点击花费上限。

例如：两家竞争店铺A和B，同时添加了关键词“连衣裙”，可能出现如下三种排名情况：

（1）出价相同，关键词质量分高的网店排名靠前，如表3–3所示。

表3–3 出价相同排名表

网店	关键词	出价/元	关键词质量分	综合排名	排名
A	连衣裙	10	5	50（10×5）	2
B	连衣裙	10	8	80（10×8）	1

（2）关键词质量分相同，出价高的网店排名靠前，如表3–4所示。

表3–4 关键词质量分相同排名表

网店	关键词	出价/元	关键词质量分	综合排名	排名
A	连衣裙	20	5	100（20×5）	1
B	连衣裙	10	5	50（10×5）	2

（3）关键词质量分和出价都不相同时，出价×关键词质量分高的网店排名靠前，如表3–5所示。

表3–5 关键词质量分和出价均不同排名表

网店	关键词	出价/元	关键词质量分	综合排名	排名
A	连衣裙	10	8	80（10×8）	1
B	连衣裙	20	3	60（20×3）	2

再看一个综合出价比较的例子，有A、B、C三个商品广告，均在竞争关键词“雪纺连衣裙”。根据公式：排名=关键词质量分×出价，综合出价数据如表3–6所示。

表3–6 综合出价数据表

商品	关键词	出价/元	关键词质量分	公式结果	排名
A	雪纺连衣裙	5	9	5×9=45	1
B	雪纺连衣裙	4	9	4×9=36	2
C	雪纺连衣裙	4	8	4×8=32	3

可见，关键词质量分相同，出价越高，则排名越高；出价相同，关键词质量分越高，排名越高；若关键词质量分和出价均不相同，则相乘结果越高，排名越

高。因此，在 SEM 推广中，商家如果想使自己的商品获得更高的排名，要么提高出价，要么提高关键词质量分。而 SEM 推广的目的是降低花费，因为 SEM 推广的重点是提高关键词质量分。

三、SEM 推广扣费机制

（一）关键词扣费

关键词扣费是指广告平台向网店收取的关键词广告费用，根据广告平台的设定，有按点击量扣费（CPC）、按展现量扣费（CPM）、按转化量扣费（CPA）、按时间扣费（CPT）和按成交量扣费（CPS）等方式。主要扣费方式见图 3–17。

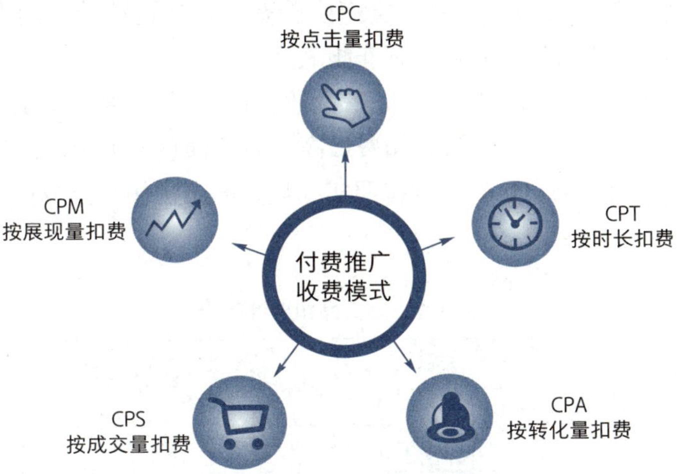

图 3–17　主要扣费方式

1. 按点击量扣费（CPC）

CPC（Cost Per Click），是指按照被点击的次数扣费。当用户点击电子商务平台上的 CPC 广告后，电子商务平台就会按照点击扣费公式进行扣费，电子商务平台会判断恶意点击与无效点击，对恶意点击与无效点击不扣费。大部分关键词广告均采用此种扣费方式，比较典型的有 Google 的 AdSense for Content、百度的百度搜索广告以及阿里体系的直通车广告。

2. 按展现量扣费（CPM）

CPM（Cost Per Mille），是指按照每千人成本的展示量付费，只要展示了广告主的广告内容，广告主就为此付费。

3. 按转化量扣费（CPA）

CPA（Cost Per Action），是指按广告投放实际效果计价，即按回应的有效问卷或订单数量来计费，而不限广告投放量。

4. 按时长扣费（CPT）

CPT（Cost Per Time），是指以时间长短来计费，国内很多的网站都是按照“一个月多少钱”或“一周多少钱”这种固定扣费模式来扣费的，百度的品牌专区、品牌起跑线、品牌华表以购买关键词包的形式按照周期进行扣费。

5. 按成交量扣费（CPS）

CPS（Cost Per Sales）的方法是通过实际的销售量进行收费的，更适合购物类 App 进行推广，但是需要精确的流量进行数据统计转换。

扣费不等于关键词的出价，以直通车按点击量收费（CPC）为例，即只有买家点击了商家的推广信息后才进行扣费，单次点击产生的费用不会大于商家设置的出价。另外，淘宝平台会有 24 小时的无效点击过滤机制，系统会结合 30 多项综合参数（比如，根据 IP 地址、物理地址、cookies、点击时段等判断点击的有效性，会进行无效点击过滤并且不会产生扣费，系统过滤的时间大约是 1 个小时，具体的准确扣费以第二日的直通车报表为准）。

目前直通车扣费公式：扣费 = 下一位的出价 × 下一名的关键词质量分 / 我的关键词质量分 +0.01 元，其中，扣费最高为商家设置的关键词出价，当公式计算出的金额大于商家的出价时，则按照实际设置的出价扣费。根据公式，某商品扣费计算如表 3–7 所示。

表 3–7 某商品扣费计算表

商品	关键词	出价 / 元	关键词质量分	公式结果	排名	扣费 / 元
A	雪纺连衣裙	5	9	5 × 9=45	1	4 × 9/9+0.01=4.01
B	雪纺连衣裙	4	9	4 × 9=36	2	4 × 8/9+0.01=3.57
C	雪纺连衣裙	4	8	4 × 8=32	3	3.5 × 7/8+0.01=3.07
D	雪纺连衣裙	3.5	7	3.5 × 7=24.5	4	—

从这个公式可以看出：当网店处于同一个位置的时候，想要降低点击花费只有两个方法。第一个方法就是提升自己网店的质量分，也就是让网店的关键词质量分尽量高。某个关键词质量分越高，所需付出的费用就越低。第二个方法就是调整自己网店的位置，不要去竞争太靠前的位置，这样自己下一家的出价就会低很多。

（二）SEM 推广扣费机制的探索

1. 广告位拍卖

广告位拍卖是指以竞价的方式拍卖广告位，拍卖师标明底价，竞拍者不断提升价格，直至无人提价，这种拍卖方式被称之为英国式拍卖。与英国式拍卖类似，还有荷兰式拍卖，荷兰式拍卖是指拍卖师先出一个非常高的价格，然后不断往下试探，直到有竞拍者愿意接受这个成交价格为止。

在线广告的拍卖与传统广告拍卖有三点重要的区别，这些区别会对竞价机制的设计产生重要影响。第一，不管是英国式拍卖还是荷兰式拍卖，每个人的出价都是公开的，而在线广告主可能并不愿意公开自己的出价，因此公开竞价就变得不适合；第二，传统的拍卖是单次行为，而在线广告是多次重复博弈，即这个广告位被抢了，广告主还可以抢下个广告位，广告主可以不断调整自己的出价；第三，在线广告存在多个标的物（每一次广告请求可能都是多个竞价标的物）、海量实时计算的特征，因此，不管是英国式拍卖还是荷兰式拍卖均不适合在线广告。

2. 密封第一价格竞价

密封第一价格竞价是指所有竞拍者同时提交密封的出价，拍卖人对竞争者的标价大小进行排序，最后在规定的时间和地点宣布标价，出价最高的竞拍者获得资格。这种竞价方式广告主的出价策略取决于别人怎么出价，反而和自己的真实估值关系不大，在线广告的多次性导致广告主有多次机会不断试探别人的出价，从而实现自己的最优策略，因此存在不稳定性的特性，密封第一价格竞价同样不适用于在线广告。

3. 密封第二价格竞价

密封第二价格竞价对第一密封价格做了一个小的改动，竞价者依然密封出价，出价最高者赢得拍卖，但是胜出者只需要支付第二名出价的钱。在这种机制下，每个人都存在一个固定的最优策略，即出价等于自己对于商品的真实估值。因此，该机制是一个鼓励竞拍者对自己的商品进行真实性评估的机制，同时具有相当的稳定性，即广告主没有频繁调整自己出价的动力。密封第二价格竞价机制至少存在一个缺陷，那就是它的反作弊特性不强，假如存在互相勾结的同谋，在这种竞价机制下，同谋更容易实现。在线广告谷歌、百度前期使用的就是这种竞价方式。这种竞价方式得到使用的一个重要的原因是，不同于线下的单一拍卖，在线广告是大规模重复博弈，大规模意味着参与竞价的广告主数量众多，客观上增加了作弊的难度，从某种意义上掩盖了这种机制的缺陷。

4. 广义第二价格拍卖

广义第二价格拍卖是指如果搜索引擎有多个广告位，第一名按第二名加一个最小竞价单位扣费（如 0.01 元）、第二名按第三名扣费，第三名按第四名扣费，以此类推，这种竞价方式被称为广义第二价格拍卖（Generalized Second Price Auction，GSP）。它是对密封第二价格拍卖进行的扩展，这种方式最大限度地保留了密封第二价格的优势，即它能形成稳定的均衡，但它也有一个缺点，即它并非是全体竞价者福利最大化的竞价方式。

5. VCG 拍卖

VCG 拍卖是指由三位经济学家 Vickrey、Clarke、Groves 提出的一个多物品的拍卖机制，简称 VCG 拍卖。复杂的竞价机制从整个竞价者的整体利益出发，它依然是价高者得，但扣费是计算价高者参与给其他竞拍者带来的总损失，即先算出没有价高者参与时的总福利，然后算出价高者参与之后的其他人的总福利，这个福利之差就是其他参与者的损失。简而言之，某人参与竞价，他由此给其他竞价者造成了损失，他需要为这个系统的整体福利的减少而付出成本，以保证整体福利的最大化。

直通职场

某网店 SEM 推广专员岗位职责说明书

一、岗位说明

负责网店的推广工作，包括网店排名与优化、关键词的推广及网络销售工作；建立搜索引擎市场营销模型。

二、任职要求

1. 学历要求

大专以上的学历，电子商务或计算机应用技术或统计学等相关专业者优先。

2. 技能要求

（1）熟悉淘宝、天猫、京东、拼多多等搜索引擎账户基本操作方法，有 1 年以上网店 SEM 实操经验；

（2）熟悉网店和产品的 SEO 优化；

（3）熟悉 Excel，有缜密的思维分析能力，能够使用各种工具软件进行数据分析并能够制作统计报告。

3. 工作经验

有从事 SEM 网店推广工作 1 年或以上相关经验，有市场营销、网店运营等行业工作经验者优先。

三、岗位职责

（1）进行网站流量分析并提供可行性优化建议；

（2）熟练使用百度、谷歌、搜狗、360 等搜索引擎推广后台；

（3）负责网站的推广、账号后台管理和数据统计分析工作；

（4）负责关键词的效果跟踪与统计分析；

（5）定期对相关数据进行有效分析，并提出改进方案；

（6）总结竞价排名规律，对竞价关键词进行整理和数据分析，能有效地对其进行评估；

（7）根据网店运营要求，灵活控制推广力度和资金投入，使投资回报率最大化；

（8）统计每日的消费、流量，并优选关键词，进行投入产出比跟踪及分析；
（9）配合部门主管制定网络推广整合推广方案及执行工作。

四、SEM推广对SEO优化的影响

网店在进行推广时均会采用“SEM推广+SEO优化”相结合的方式，将两者的优势结合起来。SEM推广对SEO优化的影响可以归纳为以下三个方面：

第一，SEM推广可以指导SEO优化的关键词策略，通过测试不同组别的关键词和对应的落地页，观察用户行为数据、订单转化率，进而挑选出用户参与度高、转化率高的词作为关键词。

第二，自然搜索结果排名的SEO推广效果有限的，尤其对于自然排名效果不好的网站/网店，采用SEM推广可以很好地弥补这种劣势，增加曝光量，提升排名权重，提高SEO推广排名。

第三，SEO优化工作需要较长的时间才能看到成效，SEM推广可以通过竞价的方式快速获得流量，迅速占领优势位置，并通过投放时间与投放地域的设置，定位精准用户，快速带来收益。

单元二

SEM 推广策略制定

【引例】

SEM 推广策略助力网店提升投入产出比

某女鞋网店开店 3 年以上，以中高客单价婚鞋为主，面向客户是以结婚为场景的新娘和伴娘。目前店铺最大的问题是店铺流量偏少，投入产出比偏低。为了提高流量，该网店拟进行 SEM 推广。

1. SEM 推广目标

摆脱以前的直通车打造单品爆款模式，在店铺每天直通车预算固定的情况下，把投入产出比提升 30% 以上，实现店铺流量提升，达到全店销量每月增长 30% 的推广目的。

2. SEM 推广策略制定

推广部门内部开会讨论后，发现直通车标准计划投入产出比较高，并且可以将关键词点击单价控制得相对较低，能够实现平均推广成本降低 1/3，最后决定以直通车标准计划为商品引流。

3. SEM 推广策略执行落地

（1）对店铺中的商品进行梳理。首先，把店铺中的爆款商品和引流款挑出来，其次，将滞销品也挑出来，最后将这 3 类商品搭配组合并设置不同配比比例。

（2）通过生意参谋中的流量访客分析查看店铺访客属性及其占比，根据不同访客属性占比进行直通车投放优化。推广人员在分析时，发现店铺访客大部分为 18～30 岁的女性，且偏好商品优惠券。因此，推广人员在店铺后台设置了大额裂变优惠券，促使店铺访客分享店铺商品并获得大额优惠券，以此实现用户转化，达到直通车访客成交最大化。

（3）对于分时折扣投放，推广人员通过分析发现 18～30 岁女性购物时间段主要集中在 20：00—22：00。对于此时间段，推广人员加大了在时间段内精准触达目标用户的力度。

经过一段时间的推广，该网店的投入产出比高达 11.34%，如图 3–18 所示。

思考：通过上述案例可知，在 SEM 推广前做好 SEM 推广策略制定工作，可以起到事半功倍的效果。那么，应该如何制定 SEM 推广策略呢？

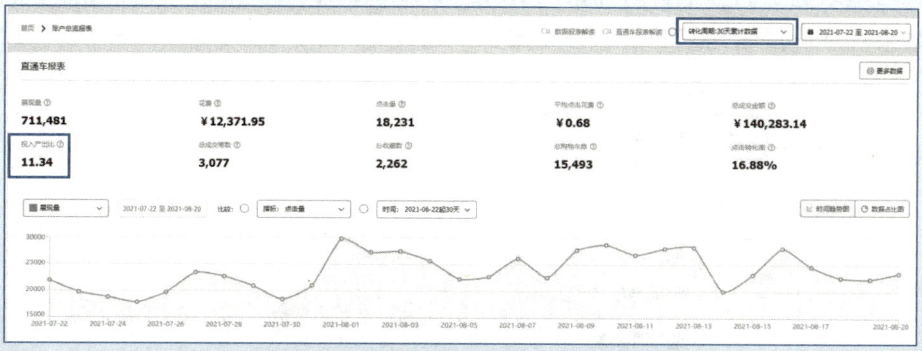

图 3-18　某网店 SEM 推广效果分析

一、SEM 推广分析

在进行 SEM 推广分析时，首先要进行 SEM 推广目标分析、SEM 推广预算分析、网店质量分析，然后再确定推广商品与推广策略。

（一）SEM 推广目标分析

SEM 推广是一种付费推广的竞价广告商品，在进行推广前，网店经营者要明确推广目标，具体的推广人员更要领会推广的实际目标。而 SEM 推广的目标主要是获得流量，要分清是重点提升曝光量，还是提升点击量、提升转化率，并确定预期效果。

（二）SEM 推广预算分析

SEM 推广预算分析是指在 SEM 推广前明确 SEM 推广预算，这将有助于制定具体的 SEM 推广策略，并进行合理有效的资金分配。很多商家在刚开始做直通车推广的时候，一般都会犯以下两种错误：其一，推广费用不足，每次只推广一件商品；其二，认为推广的商品数量越多，流量就越多。

在刚接触直通车推广时，推广的商品数量不要太多，以两三种为恰当。在推广积累到一定流量时，再换商品进行推广，或者先添加计划再推广，实现在合理的预算内最大化地完成推广目标。

（三）网店质量分析

网店质量是质量分的重要影响因素，质量好的网店在 SEM 关键词排名时有一定的优势，在 SEM 推广前需明确网店的信息质量与服务质量是否良好。例如，网店内商品信息如实描述程度、信息完整程度与丰富度、图片质量、网店整体交易转换能力与店内商品的交易转化能力、好评与差评率、客服响应速度等。例如，阿里系电子商务平台店铺采用 DSR（Detailed Seller Rating）动态评分和店铺层级来直观衡量店铺基础数据，如图 3–19 所示。

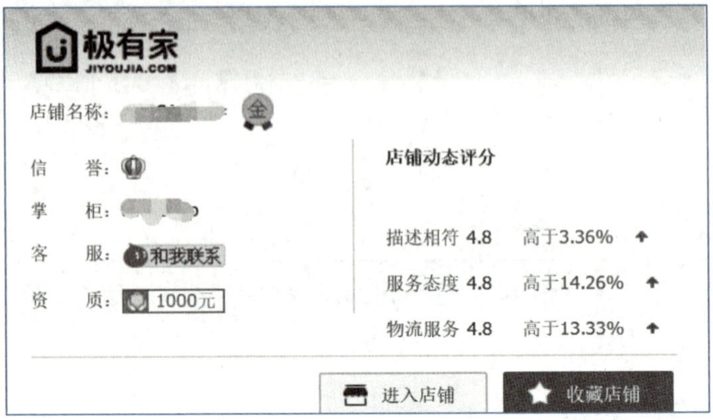

图 3–19　店铺 DSR 动态评分

1. 店铺评分

店铺评分也称 DSR 动态评分，是指在淘宝网交易成功后，买家可以对本次交易的网店经营者进行如下三项评分：商品与描述相符程度、网店经营者的服务态度、物流服务的质量。每项店铺评分取连续 6 个月内所有买家给予评分的算术平均值，该算术平均值即 DSR 动态评分（每天计算近 6 个月之内数据）。

动态分飘红代表三项优于同行平均。动态分飘绿则是代表三项低于同行平均。

2. 店铺层级

店铺层级是指同类目中店铺近 30 天支付金额排名，共分为 7 个层级，这是个动态指标，用来衡量店铺在同类店铺中的成交水平。层级越高，排名越高，也表明店铺基础越好，某店铺层级排名情况如图 3–20 所示。

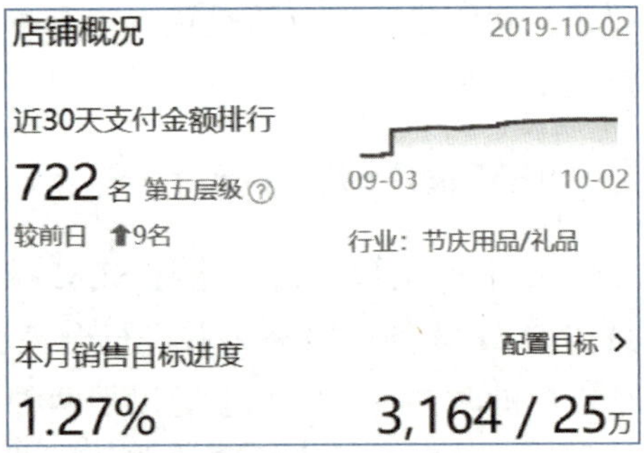

图 3–20　某店铺层级排名情况

（四）确定推广商品与推广策略

网店质量分析中明确了店内商品的转化能力、好评与差评率、客服响应速度等。另外，从前面的 SEO 优化部分可以了解到，根据商品所处的竞争阶段，将商品分为爆款、日常销售款、新品 / 滞销品 3 种类型。根据推广目标，需确定推广策略是要进行爆款打造、日常销售款促销，还是进行新品 / 滞销品促活。另外，还需要确定对应推广策略所要推广的商品。

知识拓展

直通车推广选品与测款

在进行直通车推广之前，通常需要进行选品和测款，以提高直通车推广的投入产出比。选品是为了确定店铺内的哪些商品适合进行直通车推广，而测款是为了确定商品在进行直通车推广时的定位。

1. 直通车选品

通常选择 10 款以上商品，分别搭建不同的推广计划，并加入相关性较高的长尾词，关键词出价参考行业均值，对每个计划都设置四张创意图和相同的创意标题，多计划同时进行直通车推广。当点击量为 800～1 000 次时，观察收藏加购、点击、转化率和买家反馈，确定哪几款商品更适合做直通车推广。

2. 直通车测款

将选好的商品分别新建直通车推广计划，设置好日限额和合理的预算，针对每个计划中的推广关键词选择精准长尾词，关键词出价可高于行业均价的 20%～30%，保证每件商品有 500～1 000 次点击量后，观察所有直通车推广商品的收藏、加购和转化率，一般转化率大于 5% 的商品有打造爆款的潜力，如果有良好的利润优势，则可以作为主推款进行直通车推广；如果数据表现良好、花费低、流量大，则作为引流款进行直通车推广。

二、SEM 推广计划与推广组制定策略

商家在进行 SEM 推广前，应首先制订 SEM 推广计划，并根据该计划及网店自身情况，制定合适的 SEM 推广组策略。

（一）SEM 推广计划

SEM 推广渠道有很多，不仅是因为有很多媒体可以选择，还因为在同一条商品线中，也会有很多渠道可以选择。例如，在淘宝直通车中，将关键词推广计划分为标准推广计划与智能推广计划两种类型；在速卖通直通车中，将关键词推广分为全店管家、重点推广计划、快捷推广计划；在百度搜索推广账户中，将推广方式进行了详细的划分，分为搜索推广、闪投推广、竞秀、行业定投、品牌专区、品牌起跑线、品牌华表等。总体来看，SEM 推广计划类型可以分为标准推广、批量推广、智能推广、竞品 / 行业追踪推广和品牌推广。

1. 标准推广

标准推广是基础的搜索推广方式，商家手动选择推广商品，对推广商品逐一

设置推广关键词、出价、创意等，淘宝直通车标准推广计划、速卖通重点推广计划、百度搜索推广均属于标准推广。标准推广的优点是可以手动全方位地管理推广计划，通过精细化管理，降低推广费用，提升推广效果；缺点是当推广目标较多时，人力成本较高。

重点推广计划与快捷推广计划

2. 批量推广

批量推广主要利用网店提供的结构化商品信息，对同类商品或不同商品进行的批量化推广，不仅使投放更便捷，还可以降低人力成本。缺点是不能对推广计划内的关键词、出价、创意等进行精细化管理，有可能会造成推广费用的增加。百度闪投推广、速卖通快捷推广计划均属于批量推广。

3. 竞品 / 行业追踪推广

竞品 / 行业追踪推广是指通过追踪官网、竞品网站、行业知识网站等，快速获取竞品行业流量的推广方法，一般通过购买URL实现竞品行业的追踪。例如，百度的行业定投商品。优点是通过追踪竞品 / 行业流量，弥补关键词不足的问题；缺点是推广费用较高。

4. 智能推广

智能推广是由网店经营者选择推广商品，设定出价上限，系统根据一定的机器算法与大数据积累，面向不同的人群智能化推广关键词，并调整出价、创意等，精准投放相对应的商品。智能推广利用人工智能技术实现商品的推广，可以大大降低推广难度与推广成本。速卖通全店就是一种智能推广方式，淘宝智能推广是一种将智能推广与批量推广相结合的推广方式。

5. 品牌推广

品牌推广通过购买品牌词或通用词的形式，在超大黄金展示位置，以文字、图片、视频等多种广告形式全方位推广展示品牌信息。优点是将最为精华和直接的品牌信息展现在用户面前，使用户更便捷地了解品牌信息，更方便地获取所需品牌资讯；缺点是推广费用较高。百度品牌专区、品牌起跑线、品牌华表、竞秀焦点、360品牌直达、品牌直达—娱乐、品牌中心、节日品牌冠名等均属于品牌推广。

（二）SEM推广组策略

推广组是推广账号管理关键词 / 创意的小单位，推广组的建立与关键词的选择息息相关，一个推广组里面可以设置很多关键词。之所以要建立推广组，是由于推广计划不能一次彻底把关键词分得很明确，推广组的再次归类就使关键词的分类更为明确，进而也使得账户更加清晰化。而多个推广单元就构成了推广组，制定推广组策略时应将意义相近、结构相同的推广单元纳入同一个推广组，以便更有针对性地撰写创意。

（三）二八法则与长尾效应在SEM推广中的应用

1. 二八法则

二八法则（The 80/20 Rule），又称为帕累托法则、帕累托定律、最省力法则或不平衡原则。此法则是由约瑟夫·朱兰（Joseph M. Juran）根据维尔弗雷多·帕累托（Vilfredo Pareto）当年对意大利20%的人口拥有80%的财产的观察而推导出来的。

二八法则认为：原因和结果、投入和产出、努力和报酬之间存在着不平衡关系。事物的主要结果只取决于一小部分因素。一般来说，投入和努力可以分为两种不同的类型：

（1）多数，它们只能产生少许的影响；

（2）少数，它们产生主要的、重大的影响。

网店可以将二八法则应用到SEM推广中。首先，它可以在选择推广商品时被应用。在搜索排名中，好的商品往往会有更高的权重，在SEM竞价排名中也是如此，因此，网店可以选择小部分存在着优势的商品进行推广，往往会给网店带来相对较好的效果。其次，它可以在推广关键词时被应用。20%的关键词可以带来80%的效果。在日常的SEM账户维护中，网店会发现消费的关键词，或者有展现的关键词就那么几个。在维护SEM账户的时候，网店最关注的也是那几个。因此，在竞价关键词上，二八法则是非常符合SEM推广规律的。

2. 长尾效应

长尾效应（Long Tail Effect）是指那些原来不受重视的销量小但种类多的商品或服务，由于总量巨大，累积起来的总收益超过主流商品的现象。“头”（head）和“尾”（tail）是两个统计学名词。正态曲线中间的突起部分叫“头”，两边相对平缓的部分叫“尾”。从人们需求的角度来看，大多数的需求会集中在头部，这部分可以称之为流行，而分布在尾部的是个性化的、零散的少量的需求。这部分差异化的、少量的需求会在需求曲线上面形成一条长长的“尾巴”，而长尾效应就产生于它的数量上，将所有非流行的市场累加起来，就会形成一个比流行市场还大的市场。

同样，网店可以将长尾效应应用到SEM推广中。首先，是它在选择推广商品时的应用。网店可以对大部分个性化、具有零星需求的商品进行推广，而这部分差异化的、少量的需求的累加，往往会形成较好的推广效果。其次，是在推广关键词时的应用。大部分关键词的搜索量虽然比较小，但是所有的长尾关键词带来的流量的总和比有限的那几个核心关键带来的流量往往要大得多，因此，按照长尾理论，在进行关键词推广时，工作的重心应该放在长尾关键词上，这样可以获得更多的流量，并且长尾关键词一般都是细分和目标明确的关键词，容易产生转化行为。长尾效应在SEM推广中的应用示意如图3-21所示。

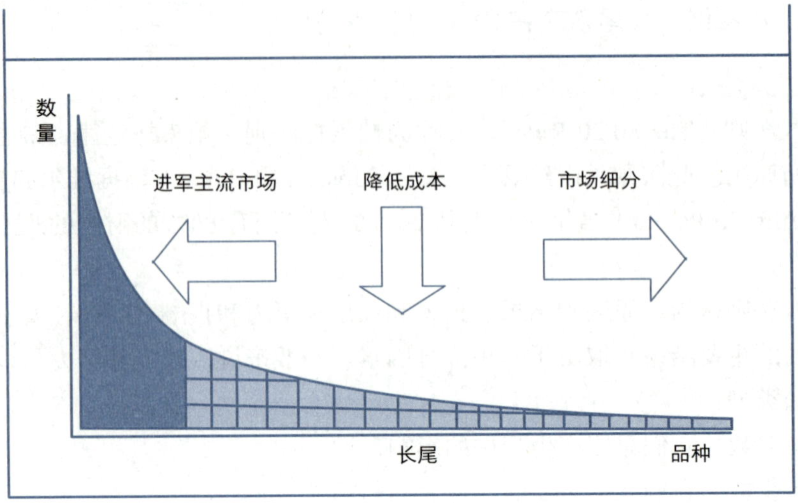

图 3-21 长尾效应在 SEM 推广中的应用示意

三、关键词策略

关键词一直以来都是 SEM 推广中非常重要的因素，对搜索排名具有非常重要的作用。在 SEM 推广中，可以结合商品发展阶段与商品品类制定关键词策略。

（一）根据商品发展阶段制定关键词策略

商品所处的发展阶段不同、市场竞争力不同，对 SEM 关键词质量分的影响也就不同。对于不同竞争条件的商品，根据商品发展阶段的不同，可分为爆款打造关键词策略、日常销售款关键词策略、新品 / 滞销品关键词策略。

1. 爆款打造关键词策略

爆款商品的展现量、点击量、点击率数据较好，且商品的品质有保证，具有较强的竞争力，可以对其添加核心词、品牌词等热门搜索词，抢占热门关键词的搜索流量，适当添加精准长尾词抢占精准流量。其核心是与同行业网店经营者竞争最大流量入口，使商品达到行业曝光度最大化。因此，对爆款商品推广关键词应优先选择行业内的热搜词，以引入大量的流量。

由于行业热搜词、短词的竞争相对激烈，因此，想要获得较好的排名，关键词的出价也会相对较高。

2. 日常销售款关键词策略

日常销售款虽然没有达到爆款的量级，但每天都会产生销量，在大部分店铺中，这类商品的数量是非常多的。日常销售款不具备爆款那样的竞争力，所以在选择关键词时，应该以自己商品的属性词为基础进行关键词拓展。针对日常销售款，应该去尽力争取和自己商品属性相关度高的流量，避开竞争热度最高的行业大词，让商品达到行业曝光度最大化。

3. 新品 / 滞销品关键词策略

新品 / 滞销品的特点是商品基础销量较少，市场竞争力较弱。推广策略的核心是通过避开行业竞争大词，以争取大批量低竞争精准关键词的方式实现商品的推广。但精准关键词的流量有限，可以通过适当添加热门关键词的方式抢占部分行业热门关键词流量，以保证推广效果。

新品 / 滞销品的市场竞争力较弱，因此在出价时可以适当提高精准关键词的出价，最大化地获取关键词流量。另外，还需适当地提高核心词、品牌词、属性词等热门短词的出价，保证推广效果。

（二）根据商品品类制定关键词策略

网店中的商品根据大类可以分为两类：一类就是标品，也就是规格化的商品，主要的特征是有明确的规格、型号、外形等，例如手机线、笔记本电脑、家电等商品；另一类就是非标品，也就是无法进行规格化分类的商品，主要的特征是没有明确的界定，例如女装类目的连衣裙、上衣外套等商品。用户在搜索标品类目商品时，往往更关注商品型号的匹配度。标品是有明确的规格、型号，导致用户的搜索词较少，可推广的关键词较少。非标品类目商品属性、特征丰富，买家搜索多样化，可推广的关键词也相对较多。根据商品品类不同，可分为标品关键词策略与非标品关键词策略。

1. 标品关键词策略

标品的推广费用相对而言要比非标品高，商品的同质化严重，竞争压力大，同一个类型的商品，会有很多店铺竞争，且受品牌、销量和价格等影响较大，复购率也没那么高。

标品类目的关键词较少，大都是属性词或者品牌词等短词，且关键词的竞争度相对较大；精准度较高的长尾词虽竞争较小，但几乎没有流量。因此，在进行推广关键词添加时，不仅要添加具有一定搜索人气的精准长尾词，实现精准引流，还要添加属性词、品牌词、核心词等热门搜索关键词，保证推广效果。

标品关键词出价时不仅要提高精准长尾词的出价，抢占精准流量，还要提高属性词、品牌词、核心词等热门搜索关键词的出价，以保证推广效果。

2. 非标品关键词策略

非标品的商品款式多，卖点多，个性化标签比较明确，关键词的选择也更多，非关键词的竞争度相对较低，流量的获取渠道也更多，买家更看重的是商品的款式。因此，在添加关键词时，可以根据商品的不同发展阶段有针对性地选择关键词，并设置关键词出价。当商品为新品或滞销品时，可以通过添加大量精准长尾词的方法抢占大批量精准流量，降低关键词的平均点击花费，并适当添加行业热搜词，抢占部分行业热门关键词流量，为保证推广效果，需设计较高的关键键词出价；当商品为爆款时，推广关键词的选择应优先选择行业内的热搜词，以引入大量的流量。由于行业热词、短词的竞争相对激烈，想要获得较高的排名，关键词的出价也会相对较高；又由于非标品类目推广词数量较多，对于部分花费较高的关键词，可以通过适当地降低关键词出价的方式降低关键词的单次点击花费，并将节省的费用购买其他低竞争的热门词或精准长尾词。

直通职场

关键词策略制定

某三款商品的基本信息如表3-8所示，请尝试为这三款商品制定关键词策略。

表3-8 某三款商品的基本信息

商品标题	所属类目	展现量/次	点击量/次	点击率	成交量/万元	转化率
百驼真丝连衣裙春夏新款杭州大牌直筒桑蚕丝印花长裙	女装—女士精品—连衣裙	96	12	12.50%	1	8.33%
海边度假雪纺连衣裙女装新款潮流裙子夏季高腰法式淑女裙子	女装—女士精品—连衣裙	191 988	22 781	11.87%	1 802	7.91%
黑色小礼服女士晚礼服洋装气质名媛宴会生日派对连衣裙显瘦短款	女装—女士精品—连衣裙	39 168	6 235	15.92%	1 488	23.87%

四、创意策略

创意是指在SEM推广时设置的广告图片与广告语，用户在搜索关键词进入搜索结果页时，第一眼看到的就是网店推广的创意图片与创意标题。创意的好坏直接决定了能否吸引用户点击进入网店内部详情页并促成转化。因此，有必要了解创意的撰写要求并掌握一些撰写技巧。而做好创意，先要做好创意策略，制定创意策略就是指对商品或服务所能提供的利益或解决目标消费者的问题的办法进行整理和分析，从而确定广告（广告图片、广告语）所要传达的主张的过程。创意策略主要从以下三个方面考虑：

（一）创意类型策略

创意类型策略是指使创意着眼点的不同种类，从而达到不同的创意效果的策略。创意类型分为普通创意、附加创意、动态创意和高级创意。

1. 普通创意

普通创意即人们在搜索推广结果中看到的普通文字类的创意（不包含图片及其他特殊类型的创意）。

2. 附加创意

附加创意是对普通创意的补充。通过使用附加创意，可以在原推广位 / 推广链接的创意描述下方，添加多种形式的推广信息。

3. 动态创意

动态创意是根据对用户搜索词和背景的分析判断用户的需求，动态地抓取用户需要的信息并将其呈现给他们。

4. 高级创意

高级创意同样是对普通创意的补充，高级创意是一种图文并存的创意样式。

（二）创意展示方式策略

为了保证创意足够丰富，能够吸引更多潜在受众的关注，建议为每个推广组设置两套或两套以上创意展示方式。其中有轮播和优选两种创意展示方式，不同的创意展示方式适用于不同的场景，可根据场景需求自主选择创意展示方式策略。

1. 轮播

轮播是指系统会根据上传的创意个数，自动将流量平均分配给每条创意进行展现。例如，在某个推广组中，共有 5 个关键词，添加了 4 条创意，当选择创意的流量分配方式为轮播时，系统会分配给 4 条创意相同的展现机会，当一个周期的推广结束后，4 条创意的展现次数大致相同。因此，创意轮播可以用作创意的测试，测试哪条创意更符合消费者需求。

2. 优选

优选是指系统会根据创意历史表现数据选一个表现较好的创意进行集中展现。例如，在某个推广组中，共有 5 个关键词，添加了 4 条创意，当选择创意的流量分配方式为优选时，系统会挑选出一条最好的创意进行集中展现，把所有的展现机会留给这条创意。创意展现方式如图 3–22 所示。

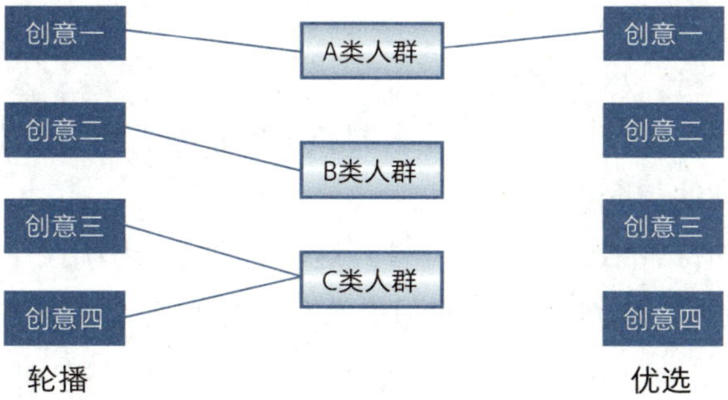

图 3–22　创意展现方式

随着大数据的发展以及技术的进步，部分平台开始将创意与关键词、买家兴趣点进行关联，当选择创意优选时，系统会在所有的创意中选择与搜索词、推广词最相关且转化最优、用户更加喜欢的创意给予展现，从而吸引更多的潜在受众点击推广创意进入网店商品详情页，其创意展现如图 3–23 所示。

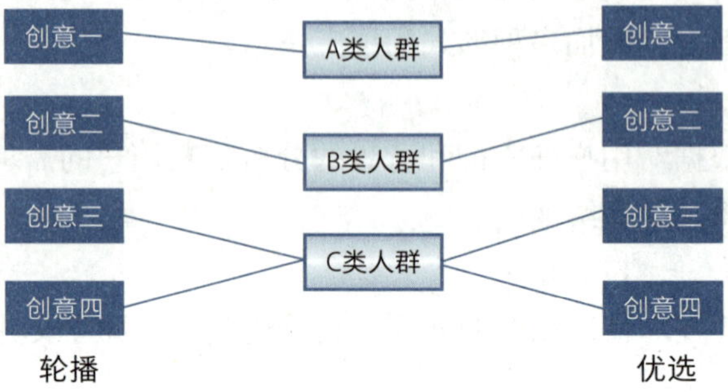

图 3–23 创意展现

（三）创意编辑策略

创意编辑策略是指为了提升广告吸引力，引导用户点击，从而提升点击率的优化措施，主要包括创意标题策略和创意图片策略。

1. 创意标题策略

（1）标题需卖点明确，简练直接，一望即知商品优势。例如，经营土特产的商户，标题可以突出地域性标志、商品特点、价格等。

（2）将文字的信息点归类，并注意断句。

（3）对于最重要的卖点，一定要在标题里将其突出而且要确保表达清楚。

（4）为商品同时设置两个推广标题，可对比哪个标题点击率更高，更吸引买家。

（5）创意标题要涵盖价格、促销或承诺的内容。这样写好处是：给用户清楚的信息，帮助他们判断是否应该点击，以提高转化率。但是，要尽量避免没有实质性意义的内容。

（6）适当添加一些号召性的词语或诉求点，例如：“欢迎抢购”“折扣”“优惠”等词语，但不要太多。

（7）插入通配符，尽量多飘红。

（8）围绕单元主题撰写，突出检索词和实际业务之间的关系，找到网店所推商品与推广关键词的契合点。

（9）适当添加符合语法的标点符号，这样有助于吸引用户的关注。

（10）采用精练的短句，过长的句子会分散用户注意力，短句比较符合用户的搜索习惯。

建议根据不同创意的推广效果、潜在受众需求的变化、行业淡旺季变化、重大营销活动的调整等，随时调整创意，以吸引更多潜在受众，提高收益。

2. 创意图片策略

（1）差异化——聚集目光。电子商务平台上商品众多，买家在电子商务平台上购物搜索、浏览商品的速度非常快，消费者在匆匆浏览之际，第一感官就来自图片，要尽量保证主图能够在众多商品中一下抓住消费者的眼球。因此，差异化尤为重要。创意图片能够吸引买家点击，才会涉及转化问题。

（2）创意卖点——引起点击欲望。在设计直通车主图时，还要把握商品的核心卖点，让用户第一时间感受到商品价值。把最具特色的商品特点展示出来，让买家即使一眼扫过，也能抓住商品的卖点，从而产生高点击量。

（3）促销信息——吸引手段。创意主图中的促销信息也是影响点击率的一个重要因素。经过测试，对商品设置一定的促销折扣更有利于提升点击率。但是在图片上体现促销信息一定要避免以下几点：① 促销信息混乱；② 喧宾夺主，重点图片不突出；③ 字体比例失调；④ 颜色过多；⑤ 背景夸张，有水印，干扰买家视觉；⑥ 空间布局不合理，显杂乱。如果图片存在这些问题，会引发客户产生不信任感，结果就会适得其反，同时影响图片的整体效果，降低点击率。

知识拓展

创客贴：在线图片设计平台

创客贴是一款在线图片设计平台，一站式覆盖创意全场景、全流程。用户可使用创客贴提供的大量图片、字体、模板等设计元素，通过简单的拖、拉、拽就可以制作出自己所需要的图片或设计。同时，创客贴提供在线图片定制业务，是专业的一站式广告营销物料提供商。创客贴已涵盖营销海报、新媒体配图、印刷物料、PPT及简历等办公文档、电商设计、定制设计等百余种设计场景。

作为一款多平台极简图形编辑和平面设计工具，创客贴包括创客贴网页版、iPhone、iPad、桌面版、小程序等。从功能使用上分，创客贴有个人版和企业版。提供细分行业优质模板，搭配海量正版图片，能够轻松帮用户制作优质图片。

五、人群定向策略

人群定向是指如果网店经营者愿意为指定的流量（访客定向、兴趣点定向或群体定向）人群标签设置溢价比例，当相应的人群出现时，系统会在原来出价的基础上增加相应的溢价比例，使推广商品的排名更加靠前，以便优先让精准买家看到。

人群定向后，便要对相应的人群实行溢价。人群溢价是电子商务平台通过大数据分析出搜索人群的特点并提供人群标签，网店经营者根据自己的需求与推广目的选择人群标签并设置溢价，定向人群越精准，购买率就会越高，溢价越高，商品排名越高，点击率就越高。

（一）人群定向的原理

进行人群定向的时候，有时候人群圈定的流量也会特别少，这主要受两个方面的影响，一是人群设置得不够合理，确定的人群数量较少；二是人群的流量是跟关键词覆盖面相关的，如果只推几个关键词，人群流量就会偏少，因此想要人群流量多一些，就需要拓展关键词覆盖面。网店可通过对用户的认知行为分析和人群画像分析来进行人群定位。

1. 认知行为分析

认知行为是指用户从认识特定网店 / 品牌，通过一系列的互动或学习，到购买或使用网店商品或服务，最终成为忠诚客户的认知过程，它记录了用户在整个过程中的心理感受和动作行为。在制定人群定向策略时，需要对用户认知行为进行分析，针对不同阶段的人群特点设计不同的投放策略。用户认知行为可分为六个阶段，如图 3–24 所示。

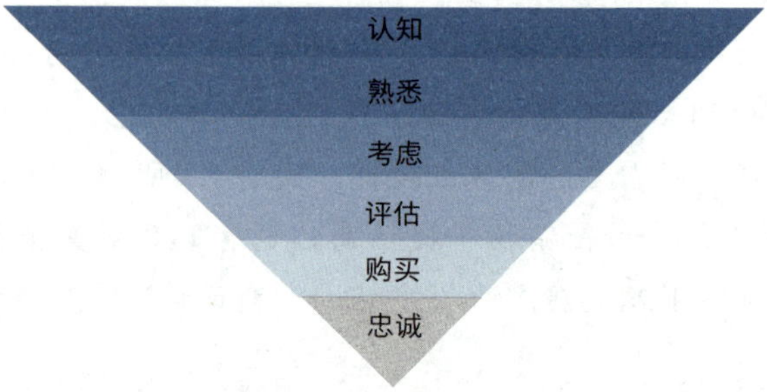

图 3–24　用户认知行为

（1）认知。这一阶段的用户都是新用户，他们之前没听过或者不了解该网店 / 品牌。通过广告曝光，开始发现网店 / 品牌，对网店 / 品牌有初步的接触和了解。这一阶段的广告策划起码要保证广告的曝光度和推广频率，这样才能让用户注意到广告，慢慢地了解并熟悉网店 / 品牌。对于有潜在需求的用户，在这一阶段还可以通过广告曝光去发掘其需求，使其产生兴趣。

（2）熟悉。经过广告的多次曝光之后，用户的大脑会潜移默化地形成记忆，网店 / 品牌作为一个已知事物、体验或情感联想存在于用户的大脑中，并形成品牌意识。在后期考虑或评估阶段，可以产生品牌联想。品牌联想是指用户在需要的时候可以想起品牌或者通过广告曝光唤醒对品牌的记忆。当然，广告中要突出品牌卖点和差异点，这样才更容易引起用户的兴趣。

（3）考虑。用户在这个阶段通常会同时考虑多个网店 / 品牌，并从中选择一个或多个。广告主要清楚地了解用户诉求，对有不同诉求的用户采取不同的刺激点来进行引导。刺激点包括价格、折扣、质量、性价比、商品特色等。

（4）评估。用户进入考虑阶段后，可能会采取进一步的行动，比如点击广告等。同时，用户还会通过主动学习或试用等方式评估品牌的商品或服务是否满足自己的需求，比如，通过搜索引擎查找信息、进入官网了解网店 / 品牌、申请试用等。因此，网店需要策划好相关内容和体验活动，这样才能给用户留下更好的印象，促使其购买。

（5）购买。在准备购买阶段，良好的用户体验非常重要。广告及网站的转化路径要简单、快捷、流畅，这样才能促使用户更高效地完成购买行为。

（6）忠诚。对于已购买的用户，要努力使之成为忠诚用户，持续购买该商品或服务。注意，整个用户购物过程中的各个阶段并不是呈线性漏斗式的，有些用户可能会直接跳过某个阶段。例如，在认知阶段的用户，可能因为广告内容刺激到其需求，直接跳过熟悉阶段而进入考虑阶段。在制定策略时，需要充分了解用户购物过程中的各个影响因素，制定最优的组合策略，包括定向人群、媒体、创意、接触点等。

2. 人群画像分析

人群画像分析是指为了提升广告投放效果，对用户群体进行合理归类，并按照各类别用户的不同特性推送相应广告。主要从用户的属性、行为时间、来源、行为、质量五个方面进行分析。

（1）用户属性分析：根据属性（性别、年龄、地区、收入、兴趣爱好等）判断用户类型，比如，爱好电子设备的学生群体、喜欢看汽车网站的白领。

（2）用户行为时间分析：根据时间可以算出用户对应的访问时长、频率等。

（3）用户来源分析：是指通过点击广告进入、好友分享进入，还是通过搜索引擎进入等。不同来源的用户代表着不同群体，比如，通过搜索关键词进入的，属于主动行为的用户群，更贴合广告主需求。

（4）用户行为分析：主要指用户点击了什么类型的广告、访问了什么内容、购买了什么商品等。

（5）用户质量分析：可以用访问深度、行为次数和订单金额等来衡量。

（二）人群定向策略的实施

目标受众定向分为新用户和老用户的定向投放，网店需要进行相应的拉新和留存，即吸引新用户和挽留老用户。根据二八法则，80% 的利润来自 20% 的重要用户。以用户的忠诚度来分，20% 的重要用户是指忠诚用户群体，也就是人们常说的回头客、老顾客。因此，广告投放要抓住关键用户群，重视对老用户的召回。老用户可能是访问过官网或使用 App 的用户，也可能是注册、下载软件并购买商品或服务的用户等。当然，在召回老用户的同时，还需要加大对新用户的投放，这样才能不断扩大老用户基数。

1. 老用户——人群重定向

重定向也称为再营销，是指对老用户进行召回的广告投放。重定向投放的意义在于对客户进行二次营销，唤醒沉睡用户，挽回流失用户。重定向一般是针对网店内人群而言的。网店内人群是指访问过广告主官方网站 /App 的用户，针对不同用户行为划分不同人群标签，如访问过网店、注册过账号、购买过商品等。

（1）普通重定向：对网店内不同行为人群标签展示差异性广告，进行用户召回。

（2）个性化重定向：由于每个人的行为都是有区别的，所以他们在网站的浏览轨迹、对商品的兴趣爱好、用户购物阶段、对创意的审美程度等也都是不同的。个性化重定向是指根据每一个用户的不同行为推送个性化广告，以提升用户召回的效果。这里面还包含否定重定向的概念，即个性化定向的前提是不再向用户推送他们已经购买过的商品的广告，减少广告主投放预算的浪费。否定重定向并不是完全停止对已买过商品的用户推送广告，而是在特定周期内对该类用户停止推送他们已经购买的那种商品的广告，改为推送相关的其他商品的信息。比如，向刚购买了手机的用户推送手机膜或手机壳等广告，而不是持续用手机广告干扰用户。特定周期具体是指多长时间，则需要根据该商品的属性来判断。比如，刚购买冰箱或空调的用户，在未来两年内估计都不会有购买需求；又比如，刚购买洗发水的用户，根据其以往购买洗发水的频率，假设为 10 周，则应该在 9 周内暂停向该用户展示洗发水广告。

2. 新用户——站外人群扩展

重定向用户固然质量较高，但是数量有限，所以需要进行新用户，也就是站外人群扩展。站外人群扩展不意味着盲目地向新用户投放广告，盲目通投是指不设任何定向条件而进行的广告投放，会导致成本变高，但效果却未必随之提升。站外人群扩展可从以下几个方面进行：

（1）基础定向：包括地区定向、设备定向、客户端定向等。

（2）人群标签定向：分为预定义人群标签和自定义人群标签。预定义人群标签包括社会化属性、兴趣爱好、购买倾向等定向标签。自定义人群标签是根据广告主目标受众提炼出来的用户群体定向标签，比如，已知某媒体网站用户基本为高端的女性用户，而广告主的目标受众正是此类用户，广告主可以通过购买该媒体网站人群关键词，或者通过购买该媒体网站广告位用以收集人群，并将该人群定义为“高端女性用户人群”。

（3）Look Like，又叫相似人群扩展，它是指以重定向用户作为种子用户，并根据用户特性查找相似特性的人群。当用户有需求时，会通过搜索引擎主动查找相关信息。

（4）搜索词用户：供应商提供搜索词用户，网店对这些用户进行定向投放。

六、地域和时段策略

在进行 SEM 推广时，网店经营者还需要结合地域和时段，制定恰当的地域策略和时段策略。

（一）地域策略

地域策略的制定可以做到“指定地域的人群才能看到广告”，可根据商品的地域特点制定地域策略。网店经营者可根据流量来源、网店经营者地域分布，业务覆盖范围，业务辐射范围，IP 问题等几个方面制定策略并采取组合策略。

1. 根据流量来源、网店经营者地域分布制定地域策略

如果成交和流量长期都均来自固定地域，那么可以只对有流量的地域进行广告投放，以此来节省广告费用；如果某个地域是商品重要的网店经营者聚集地，那么可以屏蔽这个地域，以减少恶意点击。

2. 根据业务覆盖范围制定地域策略

网店经营者可根据业务覆盖范围制定地域策略，选择能够覆盖到的地域或可能覆盖到的地域进行广告投放。例如，济南某驾校只选择济南地区进行广告投放即可，因为跨区域学习驾驶技术的人相对较少。

3. 根据业务辐射范围制定地域策略

当网店的业务覆盖范围出现看似不能投放但实际可以变相投放时，可针对网店业务辐射范围制定地域策略。例如，厦门大城小爱婚纱摄影，其主要业务在厦门开展，而全国各地的人均有可能到厦门度假、婚纱旅拍，用户群覆盖全国，因此，可进行全国范围内广告投放。

4. 根据 IP 制定地域策略

在制定地域策略时，还需考虑 IP 问题。例如，广州某企业使用的是珠海的 IP，如果在设置地域策略时只选择广州进行投放，则该企业无法看到广告。

（二）时段策略

时段策略是指根据不同时间段进行竞价 SEM 推广。竞争度高、花费高但预算并不充足的网店可以利用对竞价账户的投放时间进行调控，实现用最少的投入带来最大的产出。时段策略具体如下：

1. 合理利用分时段出价

在投放时间上做严格的数据分析，剔除或者控制流量高但转化效果不佳的时间段。计算哪个时间点击率、转化率较高，以此作为日后投放的参考依据。同

时，利用分时段出价工具，结合投放经验和实际数据，选择更有价值的时段设定相应的出价比例。例如，一般在深夜，潜在客户的搜索量不多，同行竞争也较低，出价可以比白天工作时段低。

2. 推广期间安排客服值班

对于竞争激烈，花费较高的行业，在投放时间段内最好有客服值班。在一个竞争激烈的行业，往往要花几百元甚至上千元推广费用才能获得一个宝贵的咨询，如果因为客服人员不在而导致流失，长此以往，对企业来说将是一个巨大的损失。在推广期间安排客服值班可降低因客服人员不在岗而导致的流量流失。

3. 根据行业需求进行调整

对本行业的潜在客户上网习惯进行深入的分析。例如，周末、重大节日的投放时间应该与周一至周五的投放时间区分开来。此外，不同的行业、不同季节，客户的需求量会有很大的差别，淡季可以缩减预算和降低出价。

4. 分析竞争对手推广时段

分析竞争对手的重点推广时段，结合上述第一条、第三条，避实就虚，选择竞争压力小、转化率比较高的时段进行投放，获取更高的排名，提升转化率，从而进一步降低转化成本。

七、场景营销策略

场景营销是指基于用户的上网行为始终处在输入场景、搜索场景和浏览场景这三大场景之一的一种新营销理念，通过对用户数据的挖掘、追踪和分析，在由时间、地点、用户和关系构成的特定场景下，连接用户线上和线下行为，理解并判断用户情感、态度和需求，为用户提供实时、定向、创意的信息和内容服务，并通过与用户的互动沟通，树立品牌形象并提升转化率，实现精准营销的营销行为。营销场景可分为线下现实生活场景与线上互联网使用场景，线上互联网使用场景按照终端分类，又可细分为PC端场景营销和移动端场景营销。

直通车营销场景

场景营销根据短视频或者内容页的形式展现商品的特质，通过让消费者产生代入感的方式提高成交率。常见的场景化营销有抖音、微淘、内容购物等。

（一）场景营销的特点

场景营销以充分尊重用户网络体验为先，围绕用户输入信息、搜索信息、获得信息的行为路径与上网场景，构建以“兴趣引导＋海量曝光＋入口营销”为线索的网络营销新模式。场景营销在用户“感兴趣、需要和寻找”时，充分结合了用户需求和目的，展现网店的营销推广信息，是一种充分满足推广企业“海量＋精准”需求的营销方式，其特点如下：

1. 随机性

随机性是指营销时间与地域的随机性。场景营销可以在用户刷朋友圈，或浏览网页、接收邮件、接收短信等任意时间与地域下，潜移默化地影响消费者，进而使其产生兴趣，随时随地进行购物行为。

2. 不相关性

不相关性是指即使是两件不相关的事情也能产生场景营销。例如，用户与客服人员聊天时，聊到家里的洗脸盆坏掉的问题，甚至聊到一些洗漱用品，在这种情景下就可以进行洗漱用品的场景营销。

3. 多样性

一个用户会有多种多样的场景需求，一个场景可连接到多个用户，这就使得网店经营者可以进行多场景营销。

（二）场景营销策略

场景泛指戏剧或电影中的一帧帧画面，在营销中则是指一个个消费场景，“场景化思维”要求洞察用户习惯，设身处地地融入实际的消费场景，开阔营销视野。大数据与基于位置的服务（Location Based Services，LBS）的应用使得勾画用户画像、定位不同消费场景、追踪消费行为、挖掘潜在消费者与消费者使用需求呈现多层次、多类型的场景营销成为可能。网店可从以下五个方面做好场景营销：

1. 明确目标

要明确提供的服务、服务对象以及服务方式。通过服务方式设计场景营销的整体布局，并将服务和服务对象落实到场景营销方案中，让用户明确服务内容与适用人群。

2. 细分用户

细分用户的目的是吸引不同层次的用户。不同层次、不同阶段的用户的喜好不同、需求不同，因此，要将用户进行类别细分。例如，可以按照年龄划分为老年人、成年人、儿童，成年人又可以分为成年男士、成年女士。

3. 挖掘痛点

每个用户的需求点不同，要根据不同的用户群体深度挖掘用户痛点，确定需求点。例如，中学寝室床窄，可针对体型偏胖的中学生怕热的痛点，确定能够夹在床头、床杠上并且能够蓄电的电风扇的需求点，进而引出对USB接口通用电风扇的需求。这种场景化的营销能够让场景营销更加专业，人群标签更加精准。

4. 选择场景

一个成功的营销策划离不开对精准场景的选择与把控，可根据具体的推广渠道选择合适的营销场景。

5. 文案创作

文案创作在一定程度上决定着营销的成败，一篇好的文案可以事半功倍，做好文案是进行场景营销的重要环节。

八、站外KOL推广策略

（一）基本概念

站外推广

1. KOL的定义

关键意见领袖（Key Opinion Leader，KOL）通常被定义为拥有更多、更准确的商品信息，且为相关群体所接受或信任，并对该群体的购买行为有较大影响力的人。KOL通常是某行业或领域内的权威人士，在信息传播中，他们依赖其自身活跃度，很容易被承认和识别出来。

2. KOL的特点

KOL是在其领域有号召力、影响力和相当公信力的群体，这类群体可以是真实的名人，也可以是一种兴趣、一种爱好。KOL与人们俗称的“网红”的区别有以下三个特点：① 有无某领域内的专业知识；② 有无稳定而有见地的内容；③ 有无兴趣或天赋。

3. KOL营销

KOL营销是指通过KOL在特定领域拥有的影响力，让自己的品牌和商品与受众建立联系，并与受众保持互动。KOL营销可以增加推广商品的可信度，增强品牌属性，获得潜在客户。KOL推广是一种比较新的营销手段，发挥了社交媒体在覆盖面和影响力方面的优势。

（二）推广渠道

KOL推广的渠道有短视频推广、微博推广、微信推广等，在不同推广渠道开展多样化投放策略能够帮助广告主快速准确匹配到合适的推广资源，找准市场，实现品牌与目标人群的精准匹配。

KOL推广的本质是通过圈层专业内容的持续产出帮助平台实现更精准的货与人的匹配，通过生产内容拉近与用户的距离，通过用户信任感影响用户决策。

选择KOL时，要注意商品特性与KOL的使用偏好的相关性。KOL既是内容的生产者，也是超级消费者。他们拥有大量粉丝，但也消费商品。当商品特性与KOL的使用偏好相关时，能将商业口碑和粉丝效应最大化，打造“KOL+平台+内容”的形式。

（三）推广流程

KOL推广流程主要从以下四个方面开展：

1. 确立营销目的和考核标准

确立营销目的和考核标准主要是指明确营销计划的目的，制定衡量营销计划是否成功的标准。例如，明确商品销售数量、手机应用软件的注册人数、信息的转发次数等。另外，品牌厂商还需要测量营销覆盖面与受众对营销信息的态度等。

2. KOL 定位及粉丝定位

KOL 的网络粉丝规模至关重要，品牌需要对粉丝的结构做出分析和判断。如果一个平时不习惯于向粉丝介绍商品的人物，在付费的背景下，突然推介商品，这一举动可能会使他受到质疑，导致影响力下滑，因此，只有协同效应才能够取得营销效果。

3. 和品牌大使共同制订营销计划

与每个合作伙伴共同制订有创意的营销计划。营销计划要有可信度，以保证在社交网络上的传播效果。切莫将已经确定的营销计划照搬到不同的影响力人物上。

4. 遵守法律法规

在不同的国家进行 KOL 营销，需要遵守不同国家的法律法规。例如，某食品公司进行了一次视频 KOL 营销，但是该国监管机构表示，视频博主为营销计划制作的视频，和普通的非营销视频十分类似（用户可能会误当作普通视频观看）。监管机构要求此食品公司明确告知用户，哪些是具有营销目的的视频。

（四）推广策略

推广策略是指 KOL 开展宣传推广的方式方法，互联网时代社区 / 社交网站的出现给 KOL 带来了更多内容分发的营销价值，而随着移动互联网崛起，KOL 的内容形态和互动方式更加丰富，营销规则也不断被挖掘和创新。当前 KOL 推广在所有社会化媒体营销中，已经成为最受认可的方式之一，要使 KOL 推广引爆流量，应从以下八个推广策略考虑：

1. 品牌应将 KOL 内容价值利用最大化

许多品牌向 KOL 支付巨额费用，希望他们生产出高质量的品牌推广内容。但当 KOL 发文之后，品牌就不再理会，也不会再次使用 KOL 创作的任何内容继续新一轮的营销活动，这样就造成了资源的浪费。当品牌与 KOL 合作时，如果内容质量较好，品牌应该继续与 KOL 进行协商，将他们的内容作为自己品牌宣传素材。

所有的品牌都要不停地更新自身社交媒体账号中的内容，KOL 创作的内容不仅质量高，而且通常比较受欢迎。如果是新品牌，在品牌的社交媒体上发布 KOL 的内容，必定会为品牌加分，提高知名度和权威性。

2. 找KOL创作内容，而不是发布

找KOL创作内容比使用KOL的自媒体账号发布内容价格更低廉，如果品牌没有足够的预算，可以考虑这种方法。

3. 参与KOL发文的互动回复

配合度高的KOL会尽可能地回复粉丝提出的关于品牌商品的问题，但是品牌不应该过于依赖KOL做出与商品相关的回复。品牌应使用品牌账号回复粉丝提问，这样做可以在一定程度上将粉丝引流至品牌自身的社交媒体账号，使感兴趣的粉丝进一步了解品牌。

4. 用SEO优化KOL的发文

国内的搜索引擎也开始收录社交媒体发文，社交媒体发文优化的规则与SEO优化基本相同，品牌必须提取想要优化的关键词，并确保关键词出现在KOL发布的标题和内容中。

通过SEO（搜索引擎优化）、SSO（社交搜索优化）、ESO（电子商务搜索优化）将KOL的发文优化至排名靠前的位置能够实现KOL营销活动价值最大化。

5. 用软文避免平台的营销收费和屏蔽

目前，微博等平台都开始创建自己的KOL代理类型渠道，品牌的营销发文必须通过缴纳平台规定的推广费用才能成功发布推文。品牌需谨慎要求KOL发布微博内容中的@或者链接，避免平台费用收取的产生或被删文、封号。

6. 使用付费推广

在不使用付费推广的情况下，即便是拥有百万名粉丝的KOL的发文，也只能使小部分粉丝看到。通过KOL付费推广的形式，可以让发文迅速传播至更多用户，使宣传活动效果最大化。

7. 多样化KOL合作形式

成功的KOL往往会花费大量时间与粉丝互动。除了创作内容之外，他们还是很好的社交达人，活跃在各自的行业领域，了解粉丝的喜好和类型。正因为如此，KOL作为该圈子的社交达人，品牌可以更多角度地与KOL合作，例如，使其参与商品设计等。

8. 向KOL寄送用心包装的商品

许多品牌都在新品发布时向合作效果较好的KOL寄送商品。一般来说，KOL在收到商品之后，会在社交媒体进行分享。如果品牌方在寄送给KOL商品时，对商品包装用心设计，量身定制，将大大提高KOL分享传播的主动性。

九、短视频推广策略

短视频是指在各种媒体平台上播放的、适合在移动状态和短时休闲状态下观

看的、高频推送的视频内容。时长从几秒到几分钟不等，内容融合了技能分享、幽默风趣、时尚潮流、社会热点、街头采访、公益教育、广告创意、商业定制等主题。短视频通过影音动态呈现，基于场景化准确、直接、主动地表达商家的目的和商品的卖点，能够在短时间内提升买家对商品的认知度。短视频是应对注意力碎片化、消费年轻化的最佳投放载体，企业进行短视频推广能更好地起到品牌推广的作用。

（一）短视频的类型

短视频内容简短却又不失其价值和内涵，定位清晰、准确的短视频更容易受到目标用户的关注，在后续的推广中也能起到事半功倍的作用。根据视频表达形式和应用场景的不同，短视频可以分为以下三种类型：

1. 商品型短视频

商品型短视频主要目的是聚焦商品卖点，提升买家认知。商品型短视频要专注于商品的卖点，把有限的时长用在功能、特点、效果展示上。内容的安排上要在5秒内切入主题，根据商品定位讲清商品卖点是此类视频的特点。商品型短视频可以发送的渠道有店铺商品头图、爱逛街、猜你喜欢、有好货、详情页等，此类短视频通常有以下几种形式：

（1）深度评测：有商品的实验测试过程展示，通过对比、引用经典、论证等方式，用视频、口播、字幕等形式说明测评结果。

（2）开箱体验：包装是与客户最直接的接触点，开箱体验视频可提供一次完整的消费过程，这种品牌体验会产生良好的效果。

（3）产地溯源：通过展现商品的生产/生长场景，突出商品的地域特点，以此传递商品价值。

2. 内容型短视频

内容型短视频的主要目的是抓住用户痛点，激发用户需求。内容型短视频注重创新，内容上要结合商品价值和用户诉求。根据商品的不同特点，可以采用幽默、讲述干货、吐槽等创意方式，展现商品或品牌有价值的内容。内容型短视频可以发送的渠道有每日好店、必买清单、爱逛街等。此类短视频通常有以下几种形式：

（1）技能教程：通过展示有用的知识分享和经验指导，教用户怎么做或怎么用，采用一个系列的技能教程更能增强用户黏性。

（2）真人改造：指向用户痛点，通过展示真人前后改造过程，并进行前后效果对比，形成强烈的视觉反差。

（3）搭配攻略：主要用于服装类穿搭，通过店内多种商品搭配达到更好效果。

（4）主题清单：根据主题进行的商品盘点，商品之间要有主题相关性，盘点的物品数量为3个及以上。

3. 营销型短视频

营销型短视频的目的是传递品牌价值，提升用户体验。营销型短视频通过展示商品的特点以及差异化卖点，打造微电影或创意视频，能够展示企业的软文化和硬实力等内容。这是一种视频营销整体解决方案，不能简单地理解为视频变现形态。此类短视频通常有以下几种形式：

（1）情景剧场：以微电影的形式展现，内容有角色互动、故事情节、剧情起伏等。

（2）生产全景：对企业全景的展示，专注专业的生产工艺过程或工厂车间流水场景等。

（3）店铺故事：以讲故事的视角讲述和店铺相关的故事。

（二）推广渠道

短视频已成为商家竞相追逐的新风口，越来越多的文字类内容自媒体人或者新媒体人都纷纷投向短视频平台。根据不同短视频特点，适合短视频推广的渠道有以下几种：

1. 自媒体平台

自媒体平台具有方便与用户互动的特点，通过短视频的形式，可以让用户看一次就能长久地记住、关注并喜欢短视频中的品牌，实现可持续的输出和变现。微博、微信、QQ空间都属于自媒体平台。

2. 短视频平台

短视频平台对于拍摄的质量要求不高，更多是推广UGC（User Generated Content，用户生成内容），如果内容和展示方式足够独特，就能够获得一定的流量。抖音、快手等均属于短视频平台。

3. 视频网站

视频网站更适合推广精细化的视频，其优势是拥有较多的用户，并获得较高的分成。短视频内容在视频网站上发布的最大问题是与平台内版权内容抢流量的问题，因此，视频内容需更加精细化，以提高视频的观看价值。

4. 电子商务平台

电子商务平台短视频相较于图文更具形象性和可读性，也更容易激发消费者的购买欲望，通过短视频可将娱乐和营销进行深度融合，以极富创意和观赏性的短视频内容来打动用户，从而引发用户发自内心的一种认同，继而心甘情愿地进行消费。不管是淘宝还是京东，电子商务平台正在越来越多地进入短视频时代。

5. 综合资讯类平台

综合资讯类平台主要指网易、今日头条等，这些平台的综合流量非常大，只要视频内容足够迎合热点，就容易在这种平台上获得曝光。

（三）推广策略

进行短视频推广的目的是促进视频的有效传播，让其获得更多观众的浏览量、评论量和转发量。在不同的推广时期，短视频推广策略也有所不同。

1. 推广初期

短视频刚上线时，应该考虑如何更多地获取用户，提高用户的浏览量。

（1）保持短视频的更新频率。一方面，短视频平台会将更新频率比较高的用户判定为活跃用户，为这些短视频提供更多的曝光机会，把短视频推送到热门频道、频道首页等；另一方面，保持一定频率的短视频更新有利于培养用户的浏览习惯，提升短视频的浏览量。

（2）进行多渠道分发，提高短视频的曝光频率。可以借助一些外部平台推广，比如一些旅游类视频，可以在马蜂窝、穷游网、驴妈妈等多平台发布，做到多渠道获取粉丝。

（3）借助热点、热门事件提高关注度。在节日时，上传提前策划好的短视频，能够得到粉丝的主动搜索曝光和平台推荐。在全民关注的热点事件上，也要做到及时反应，例如，将社会热点与自己的商品进行结合，这些都能够有效提高短视频的关注度。

2. 推广增长期

在短视频栏目积累了一定量的用户后，推广人员需要做的就是对用户进行维护，然后不断积累用户，增强用户的黏性，这样才能达到用户规模不断增长的状态。

（1）拓展用户互动。一是要引导用户互动，二是要在评论区与用户互动。引导用户互动是指通过在某些栏目中提出可讨论的问题，激发用户兴趣，用户便会吐槽、评论，通过引导用户互动实现用户转化。在评论区与用户互动是指评论区如果有用户留言，都要进行及时回复，让用户感到自己是被重视的，培养用户习惯，慢慢留住用户。

（2）与其他媒体人合作，互相导流。同行之间也存在竞合关系，在各个短视频平台上，应该多与同类或感兴趣的短视频博主互动。在选择合作时，需要判断目标用户是否与商品或服务相关。

3. 推广稳定期

在推广稳定期，用户增长基本稳定，在短视频推广时，需注重运营的细节问题，根据搜索引擎平台机制和用户搜索行为习惯，不断优化短视频。

（1）优化封面和标题。封面和标题是短视频的“名片”，决定了用户是否愿意进一步了解内容。封面和标题只有既符合商品场景要求，又能展示商品的特点和卖点，才能更多地吸引用户关注。

在构图方式上，可以选择九宫格构图、黄金分割构图、对角线构图、摆拍等构图方式提升封面美感与用户视觉愉悦感。在进行标题优化时，要使用具有吸引力的文字和符号直观地表达内容、增强画面感，设计悬念、对比，营造氛围感。

（2）优化短视频标签。在短视频上传时，可以选择平台推荐的标签，平台推荐的标签主要是根据上传短视频时填写的标题推荐的标签与平台近期热推的活动标签。商家需要理解不同渠道的特点和消费者的需求，在同一个短视频中的不同的片段打上模特、细节、测评、颜色等不同的标签，也就是通过标签来区分每段短视频的内容，让消费者根据标签快速抓取感兴趣的短视频片段。

（3）优化短视频创意。短视频的创意主要体现在内容和形式两个方面。在“内容为王”的营销时代，只有将精彩的创意内容与恰当的视频形式互相搭配，才能获得更好的传播效果。在形式方面，可借力于AR、VR等先进技术，通过打造新奇的呈现形式来吸引受众的关注。在内容生产方面要严格把控质量，增强用户黏性。

德技并修

短视频审核新规列出短视频违规“红线”

《网络短视频内容审核标准细则》（以下简称“《细则》”）是中国网络视听节目服务协会发布的审核标准细则。2021年12月15日，中国网络视听节目服务协会发布了《网络短视频内容审核标准细则》（2021版）。《细则》已成为各主要网络视听平台加强节目内容审核管理的基础性制度文件。

针对备受公众关注的短视频泛娱乐化、低俗庸俗媚俗，以及泛娱乐化恶化舆论生态、利用未成年人制作不良节目、违规传播广播电视和网络视听节目片段、未经批准擅自引进播出境外节目等典型突出问题，2021版《细则》为各短视频平台一线审核人员提供了更为具体和明确的工作指引。

《细则》第54条规定，短视频节目等不得出现“展现‘饭圈’乱象和不良粉丝文化，鼓吹炒作流量至上、畸形审美、狂热追星、粉丝非理性发声和应援、明星绯闻丑闻”的内容。该条内容配合了中央网信办此前开展的“‘饭圈’乱象整治”专项行动，是在短视频领域打击“饭圈”乱象的一记重拳。

对于备受业界关注的版权问题，2021版《细则》在第93条规定，短视频节目等不得出现“未经授权自行剪切、改编电影、电视剧、网络影视剧等各类视听节目及片段”的内容，引发行业热议。

党的二十大报告明确指出：“健全网络综合治理体系，推动形成良好的网络生态。”在当前加强数字经济治理的大背景下，2021版《细则》将通过加强对短视频创作者及相关平台的监管，在更好地满足人民群众文化需求的同时，促进短视频行业创新商业模式，更好地服务于经济社会发展。

单元三

SEM 推广账户搭建

【引例】

SEM 推广账户关键词拓展

某平台一个大型求职招聘网络平台。在招聘行业，由于各城市的人才需求情况不同，该平台会根据各城市实际情况不定期调整投放预算。

例如，在“北上广”地区，因为行业选择性多，人才数量大，竞争环境也更为激烈，所以通常投放预算较大，而在其他二线城市的预算就会相应减少。因此，在设立 SEM 推广计划时，该平台会按照城市来建立推广计划，这样利于后期及时调整各城市的投放预算，根据各城市竞争环境不同，来优化各城市关键词排名等。

SEM 推广账户应首先制订好推广计划，然后根据各计划搭建推广单元。如果分城市新建推广计划，在 SEM 推广账户上线初期，可以先拓展出某个地域的关键词列表，然后将其逐步复制到其他城市的推广计划中。因此，对于一个城市，要先分解出推广单元。

通常的推广单元分解思路是根据词性和词义来分组。例如，在针对北京的计划下需要分一些推广单元，如“品牌—北京—品牌”“品牌—北京—品牌网站”“品牌—北京—口碑”“品牌—北京—口碑疑问”等。从中可以看出，SEM 推广中分解的推广单元的词性通常为：品牌词、口碑词、产品词、疑问词、价格词、排名词和通用词等。分解推广单元的词义是为了同一词义的关键词在同一推广单元。

通过不断细化推广单元，最后根据每个推广单元的语义拓展相对应的关键词。当每个推广单元的关键词全部拓展完毕后，把这一批 SEM 推广账户结构批量复制到其他城市的计划中即可。这样做不仅拓展了相当多的关键词，而且有利于后期优化调整。

思考：网店应如何利用 SEM 推广，以求争取到更多的客户资源？如何定位到有需求的潜在人群？

一、SEM 推广账户搭建流程

为准确完成不同类型推广计划的搭建，达到最优的投放效果，必须将推广计划、推广组进行分类，建立同一个单元关键词和创意之间多对多的关系，形成有序的 SEM 推广账户结构。SEM 推广账户搭建流程如图 3–25 所示。

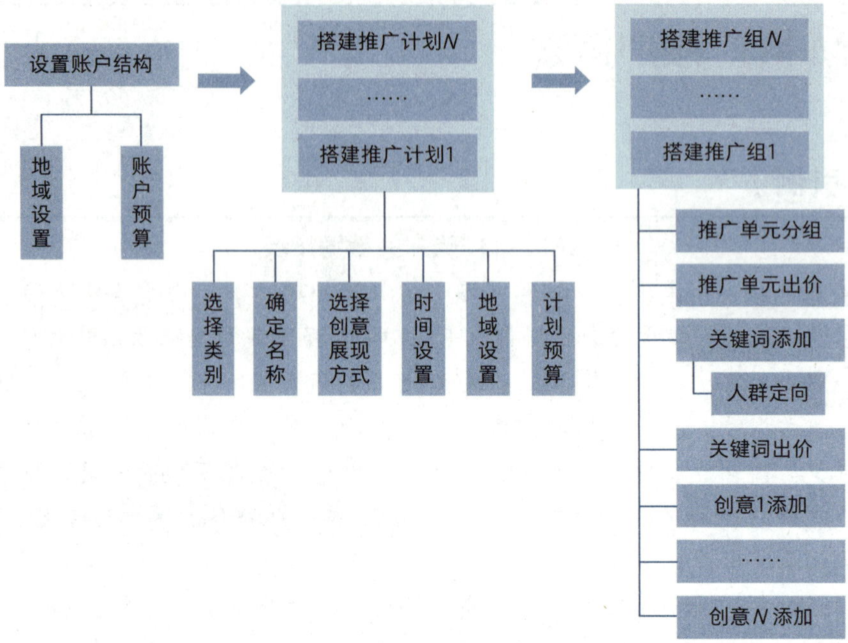

图 3–25　SEM 推广账户搭建流程

（一）搭建推广计划

搭建推广计划是指在 SEM 推广账户内选择推广计划的类型、确定推广计划名称、编制推广计划预算、选择创意展现方式、设置推广计划时间和地域等一系列操作。

1. SEM 推广计划的分类

SEM 推广计划可以分为关键词推广和定向推广。

（1）关键词推广。关键词推广是指针对网店买家在搜索商品时使用的搜索关键词，电子商务平台根据关键词质量分和出价，综合衡量商品排名，决定店铺、商品的展现机会和排名。

（2）定向推广。定向推广利用平台庞大的数据库，通过创新的多维度人群定向技术，锁定目标客户，并将推广信息展现在目标客户浏览的网页上。除了平台内的热门页面外，平台还会整合多家外部优质网站，根据潜在买家的浏览、购买习惯与网页内容，自动匹配出相关度较高的商品，并结合出价进行展现，更精准地迎合买家需求，将推广商品覆盖到更多目标客户。

根据锁定人群的差别，定向推广分为：

① 访客重定向：浏览或购买过店内商品的用户；

② 相似商品定向：浏览或购买过相似商品的用户；

直通车定向推广

③ 子类目定向：近期对推广商品所属子类目访问过的用户；

④ 相似店铺定向：近期对竞品店铺感兴趣的用户；

⑤ 兴趣点定向：近期对商品相关属性感兴趣的用户。

2. 确定推广计划名称的方法

确定推广计划名称要考虑推广计划是否能够覆盖所有的推广内容，并且有利于账户管理。网店经营者可以根据推广目标创建不同的推广计划，以便灵活把控推广效果。确定推广计划名称主要有如下几种方法：

（1）按推广关键词类型。按照账户所推广的关键词类型划分推广计划，例如：品牌词计划、商品核心词计划、商品属性词计划、长尾词计划等。

（2）按照商品类型。按照网店销售商品类型制订推广计划，是一种常见的搭建推广计划的方式，可以把控推广重点，针对商品单独设置推广预算、推广时间、推广地域等，灵活控制推广商品。

（3）按推广地域。同一个关键词在不同的推广地域出价不同，不同地域用户的搜索习惯不同。地域的差异化导致不同地域推广创意展现的文字也不同，按照地域划分推广计划，可以针对不同的推广地域添加不同类型的关键词、针对同一关键词设置不同的出价或使用不同的创意等。

（4）按推广时段。由于用户浏览习惯不同、每天各时段的用户数量不同，关键词的竞争程度也不同，要使关键词在各推广时段保持一样的排名，对应的出价则不同。可以按照不同的推广时段制订推广计划，针对不同时段设置不同的出价。

（5）按活动制定。成熟的网店会通过线下或线上策划活动的方式促进商品营销，提高商品牌影响力。当网店在进行竞价推广时，通过针对不同的策划活动搭建独立的推广计划，可以方便不同类型活动的管理。

（6）其他。制订推广计划没有明确的要求，但是要以方便后期对推广计划实施为原则。制订推广计划的方式不限于以上制定方式，还可以按照季节制订推广计划、按照设备类型制订推广计划等。

（二）搭建推广组

搭建推广组是指在推广计划内，确定推广组名称，设定推广组出价，添加关键词和创意，完成关键词出价和匹配及人群定向，形成关键词和创意多对多关系等一系列操作。

1. 推广组关键词细分原则

一个计划下一般会有多个推广组，可以按照“词义相近，结构相同”的原则，将关键词归类为不同推广组。根据词义相近原则，可以搭建商品词、通俗词、地域词、品牌词、人群相关词等类型推广组；根据结构相同原则，可以搭建名词、短语、疑问句、陈述句等类型推广组。

（1）从词义相近的角度出发，为不同类别关键词分别建立推广组。

① 商品词。商品词可以是商品 / 服务的大类词，也可以是商品细类词，甚至可以具体到商品的种类、型号、品牌等。商品词的搜索意图较为明确，在创意中可以重点突出商品特色，明确传达价格、促销等卖点，抓住潜在客户的关注点，促成转化。不同行业、不同企业商品词的分类不同，应根据自身业务性质灵活把握。

② 通俗词。潜在客户可能会使用一些口语式的话语进行查询，比如“什么连衣裙好看”等。使用这类搜索词的一般为个人消费者，搜索目的以信息获取为主，个人消费者对商业推广结果的关注程度不同，带来的转化效果和商业价值也有所不同，可根据自身业务特点进行尝试。

③ 地域词。地域词是指商品词、通俗词等与地域名称的组合，如“南京盐水鸭”“北京烤鸭”等。搜索这类词的用户的商业意图更为明确，一般希望在本地消费或者购买，建议在创意中突出商品或服务的地域性。

④ 品牌词。品牌词是指含有自有品牌的关键词，如“苏宁”“百度”等，或一些专有品牌资产名称，如企业拥有的专有技术、专利名称等，但注意不能提交侵犯他人知识产权的关键词。

⑤ 人群相关词。虽然用户未直接表达对商品或服务的需求，但是搜索词能表达出他们的兴趣点，网店经营者可以根据人群建立推广组，通过创意的形式把推广结果呈现在有潜在需求的用户面前，吸引用户关注、激发其购买欲望。

（2）从结构相同的角度出发，为不同词性的关键词分别建立推广组。从结构相同的角度建立推广组，主要是根据关键词的词性对关键词进行划分，建立不同的推广组。例如，可以把推广组分为名词类、短语类、疑问句、陈述句等。

2. 推广组关键词细分的作用

（1）推广组分得越细，关键词对应越精准；

（2）推广组逻辑清晰，减少重复，以便于后期管理和评估；

（3）便于网店经营者撰写更相关的创意，有利于在创意中嵌入关键词；

（4）细分推广组便于在搜索结果页呈现用户需求点，进而吸引更多用户的注意，提高点击率。

3. 推广组关键词细分步骤

（1）将关键词根据词义或结构分成大类，初步确定推广组；

（2）根据关键词结构、词性、前后缀等将关键词分成若干类；

（3）将一些关键词较多的推广组进行拆分，形成多个推广组。

需要强调的是，不管是推广组的划分还是推广计划的划分，实际上都是为了搭建一个清晰有序的 SEM 推广账户结构，以便高效快捷地进行管理。因此，根据实际情况，一个推广计划可以设置几个到几十个推广组。

（三）设置推广地域

设置推广地域是指在 SEM 推广账户或推广计划内选择投放的地域。

1. 推广计划地域设置的作用

（1）精准定位网店潜在客户。从地理位置角度准确定位客户能够让企业做到“指定地域的人群才能够看到广告”。例如，设置推广地域为“江苏”，那么只有江苏 IP 下的消费者才有机会看到推广商品。

（2）提升转化效果。在计划层级对不同地区的潜在客户制订差异化的投放计划能够提升转化效果，降低推广成本。例如，北京某驾校是一家服务企业，在推广时地域只设置“北京”即可，这是因为外地消费者即使点击广告，转化的难度也会相对较大，而且会造成推广成本的提高。

（3）展现力强。对不同地域的关键词确定不同出价能够确保广告在不同的地域均能获得很好的排名和展现。例如，同样的关键词“日抛隐形眼镜”，出价 5 元在山东可排进前五位，而在上海地区，出价 5 元只能排在第十位之后，这种情况下可以根据竞争程度，在不同地区设定不同出价。

2. 推广地域设置的技巧

（1）利用推广账户和推广计划两个层级区域定位不同，进行搜索意图定位和地域业务推广；

（2）先分析推广受众的地区，停掉业务不涉及的地区，只开通业务涉及的地区。

直通职场

直通车推广运营人员如何优化推广地域

根据商品属性和特点，了解每个地区设定的差异性，然后选择适合商品售卖的地区进行投放。

1. 从物流快递因素分析

如果所售产品是属于生鲜类的或者不适合长距离运输的，那么就可以屏蔽一些偏远地区，选择较近的地区投放。

2. 从气候季节因素分析

例如，推广一款羽绒服，因为南北各地进入冬季的时间有所差别，所以网店可以结合时间因素逐步扩大推广地域。

3. 从促销活动因素分析

如果只想在特定的地区举办一些活动，直通车投放地域需要设置特定地域，其他地方关闭即可。

4. 从代理区域因素分析

如果对推广的商品仅拥有部分区域的代理权，可以选择仅在代理区域内投放广告。

其他可根据商品的其他属性和特征，灵活选择投放区域。

（四）设定推广时间

设定推广时间是指在推广计划内，根据访客搜索时间习惯设置不同的推广时间段和价格系数。某电子商务平台投放时间设置界面如图 3-26 所示。

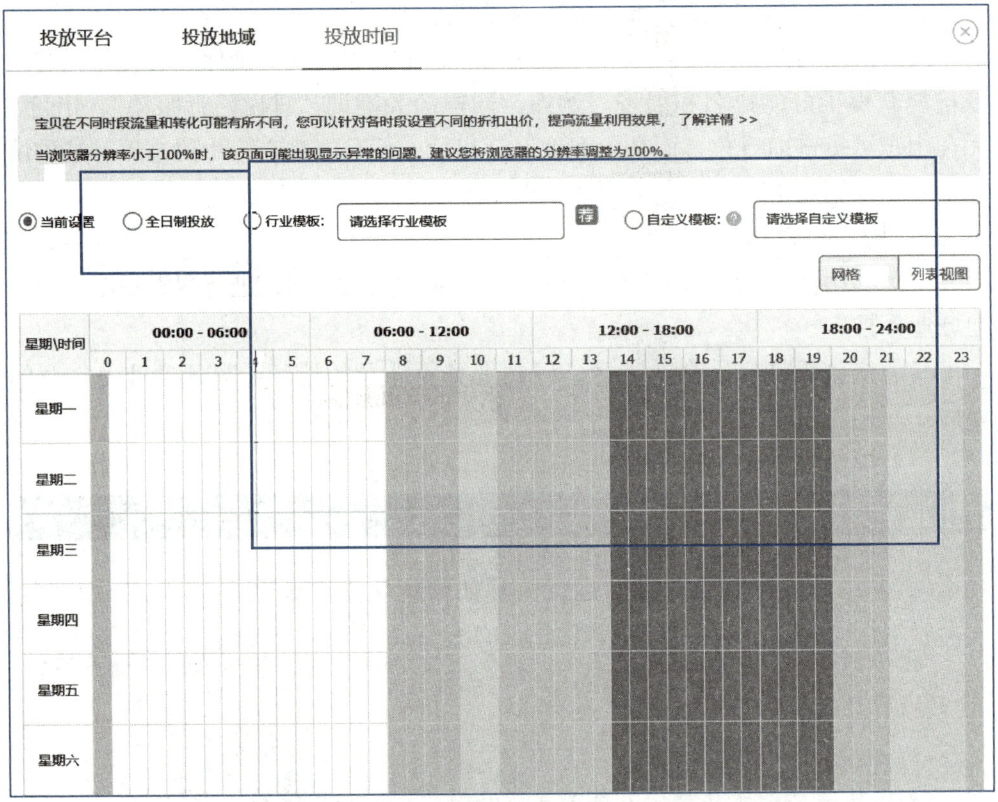

图 3-26　某电子商务平台投放时间设置界面

1. 设定推广时间的作用

（1）扩大投放覆盖受众。由于客户工作和生活时间的规律性，用户的访问搜索时间段会呈现一定的波动，在访客活跃时间段内进行集中投放，可以使目标受众更多、更精准。例如，对于经营票务业务的平台来说，节假日前的一段时间是潜在客户搜索的高峰时间，因此需在节假日前的特定时间段内进行集中推广。

（2）提高转化率。商品在不同时间段内流量和转化有所不同，灵活设置推广时间段能够提高流量利用效果和转化率。

（3）节省推广费用。根据客户的上网时间设置分时价格系数，在访问活跃时段增加推广预算，抓住推广机会，在访问冷清时间段减少推广预算或暂停推广，节省推广费用。

2. 推广时段设置注意事项

（1）投放初期做充分测试，对投放时间段的选择不能凭主观臆断。对每个推广计划都要在一定时间段内进行观察和测试，找出转化效果较好的时间段。

（2）根据账户预算在投放时间上做严格数据分析，保留流量高、转化率高的时间段，剔除或控制流量高但转化不佳的时间段。

（3）知己知彼，了解竞争对手的时间段投放策略。查看竞争对手某个时间段排名，结合自身实际情况做时间设置。

不同平台的 SEM 推广时间设置方式略有不同。其中部分平台的推广时间设置方式与推广地域设置相同，可以自定义时间段推广，不选择默认不投放。

（五）推广预算

推广预算是指一段时间内商家在 SEM 推广账户或计划内愿意支付的最高推广费用。

1. 推广账户层级的预算

推广账户预算目前有三种设置方式：日预算、周预算和不限定预算。

（1）日预算。当天的消费总额达到商家设定的预算值后，经过一定的系统刷新时间，商家的推广计划会自动下线，即用户搜索时不再展现商家的推广结果。因此，要保证 SEM 推广账户中时时有费用，在有效的时间段内做到不下线。

可以按照从低到高、慢慢增加费用的原则设置每日预算。随着后期竞争的加剧、SEM 推广账户关键词的增加，日预算也会越来越多，需根据商品或者业务的实际情况灵活应对，策划好每一个竞价操作。

（2）周预算。周预算是指每周愿意支付的最高推广费用。适合流量波动较大，预算经常撞线（撞线是指预算已经用完，预算用完后用户在搜索引擎上就搜不到网店推广的广告）的客户，部分平台会根据网店经营者设置的周预算自动分配日预算。例如，百度会根据流量变化，智能将预算分配到一周的每一天。

（3）不限定预算。它是指 SEM 推广账户每天消费的金额不受限制，直到消费完账户余额为止。

2. 推广计划的预算设置

网店可通过推广计划的预算设置控制各个计划的消费比例。需根据推广计划的实际情况单独设置预算的情况有：

（1）刚上线的新计划；

（2）刚做过大的调整的计划；

（3）添加了流量较大的关键词的推广计划。

3. 预算设置方法

（1）将效果好、转化率高的关键词设置到一个推广计划中，为其分配较高的预算，进行重点推广；

（2）将重点关键词，即 SEM 推广账户的主推关键词设置到一个计划中，为其分配较高推广预算；

（3）当尝试一批流量较大的关键词，又担心这批词会拉高总体费用时，可以为其建立单独的推广计划，设置独立推广资金；

（4）实际消费不会大于每日预算，可以根据推广情况随时修改预算。

直通职场

淘宝直通车推广预算分配

在进行淘宝直通车推广预算制定时，首先需要分析上年的直通车推广情况，推广费用需要拆分到具体月份，与其推广重点结合起来。

以男士短袖衬衫为例，在成长期投入资源，从 1 月份上新会开始产生推广费用，再爆卖就可以享受流量红利。7 月开始热卖，推广费用可以相应减少。如果后期才开始推广，投入产出率必然较低。在成熟期，则需要借助其他推广工具。

每个月的预算都不是固定不变的，预算都有不确定性，例如，预计当年直通车的价格上涨 50%，但实际却上涨了一倍。这种浮动不是人为可控的，也不可提前预知，因此在制定目标的时候需要考虑预算浮动。如果某一个月预算花超了，就要相应地调整预算体系，确定预算花超的渠道并分析原因。

一般来说，年度目标规划包括年度目标制定以及推广费用预估，把年度目标根据月份和类目进行拆解，可确定不同商品每个月的销售额、推广费用等，推广费用预估主要评估按照当前的预算能不能完成目标规划。

二、关键词的添加与出价

（一）关键词添加

关键词添加是 SEM 推广的重要流程，不同的商品有不同的加词策略，可结合推广商品的实际情况从不同的角度添加关键词，主要是要添加高质量分的关键词与添加符合买家搜索习惯的关键词。

1. 添加高质量分的关键词

关键词的质量分是影响 SEM 推广关键词排名与扣费的重要因素，质量分越高，越能实现以较少的花费获得较好的排名。质量分的影响因素主要有：相关性、点击率、网店质量、账户历史表现。在推广时，商品的基本信息已经确定，点击率、网店质量、账户历史表现在短期内无法改变，因此，在关键词添加时，可以暂时不考虑点击率、网店质量、账户历史表现的影响，主要从相关性角度添加关键词。

关键词的添加主要有两种方式，一种方式是利用 SEM 推广系统推荐的关键词，如图 3–27 所示。系统推荐关键词一般是按照相关性推荐与商品信息匹配程度较高的关键词，因此，在添加关键词时，为了保证关键词与商品的相关性，可以按照相关性降序进行排序，添加相关性高的关键词。

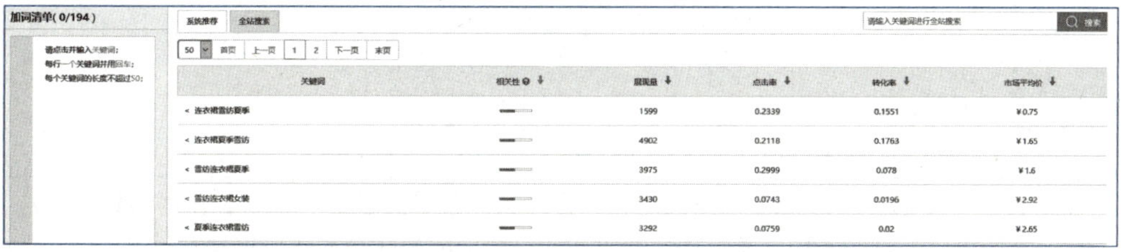

图 3–27　系统推荐关键词

另一种方式是添加通过多种渠道挖掘并整理后的关键词，采用这种方式需手动添加关键词。系统对于手动添加的关键词不会直接反馈相关性数据，需要自己对其相关性进行判断。

判断关键词与商品信息的相关性是项复杂的工作，可以从关键词出现的次数初步判断其相关性。例如，关键词“淑女”在表 3–9 中的商品标题、描述中均出现了 1 次，在属性信息中出现了 2 次，关键词“潮流”在商品的标题与描述中均出现了 1 次，可初步判定关键词“淑女”与商品的相关性较高（出现次数越多，相关性越高）。

表 3–9　某款连衣裙基本信息

标题	海边度假雪纺连衣裙女装新款潮流裙子雪纺夏季高腰法式淑女裙子
类目	女装 / 女士精品＞＞连衣裙
属性	品牌名称：百驼 商品名称：雪纺淑女连衣裙 适用年龄：25～29 周岁 尺码：S　M　L 图案：纯色 风格：通勤

续表

属性	通勤：淑女 领型：V 领 腰型：高腰 衣门襟：套头 颜色分类：黄色　蓝色　粉红 袖型：喇叭袖 组合形式：单件 裙型：A 字裙 年份季节：2021 年夏季 袖长：短袖 裙长：中长裙 流行元素 / 工艺：蝴蝶结　系带 销售渠道类型：商场同款（线上线下都销售） 廓形：A 型 材质成分：聚酯纤维 适用人群：青年女装
描述	明星同款，时尚潮流与你同行。在夏天，谁不想更加美丽？轻盈的雪纺，飘逸柔美、轻薄、透气，彰显浪漫与自由，民族风的韵味与度假气息相互映衬，淑女风蝴蝶结系带，甜美可人，小花边与荷叶边的装饰荡漾着女人的温柔感，中长款的长度，不挑身高，小个子也能完全驾驭

对关键词与商品信息相关性的判断不仅要从关键词出现的频率上考虑，还要从密度（关键词占全部内容的比例）、紧密优选等角度考虑，如图 3–28 中的关键词，关键词“新款潮流”比“女装潮流”与商品的相关性较强，主要是从关键词的紧密程度来看，“新款潮流”在商品标题中是紧密包含，而“女装潮流”在商品标题中是非紧密但完全包含。又如，“裙子雪纺”比“裙子”与商品的相关性高，主要是从关键词占全部内容的比例来看，单从标题来看，“裙子雪纺”比“裙子”占标题的长度要长。

□ 标签	关键词	匹配方式	质量分
□ ■■■	潮流	精确匹配	3.317
□ ■■■	女装潮流	精确匹配	4.358
□ ■■■	裙子	精确匹配	5.383
□ ■■■	裙子雪纺	精确匹配	6.142
□ ■■■	淑女	精确匹配	6.859
□ ■■■	新款潮流	精确匹配	5.220

图 3–28　关键词相关性

2. 添加符合买家搜索习惯的关键词

关键词质量分是影响关键词排名与扣费的重要因素，做好质量分是节省花费的前提，但是推广的目的是引流，保证推广效果的前提是关键词有人搜、有人点击、能形成转化，且搜索量、点击率、转化率越高，推广效果越好。因此，在进行关键词添加时，就要关注关键词的搜索人气、点击率、转化率等数据。

（1）从搜索人气角度考虑添加关键词。搜索人气是指根据关键词搜索人数折算所得的数据，该值越高，表示搜索人数越多，保证推广的商品有更多展现机会的前提就是要保证关键词具有一定的搜索人气。关键词搜索展现量界面如图 3–29 所示。

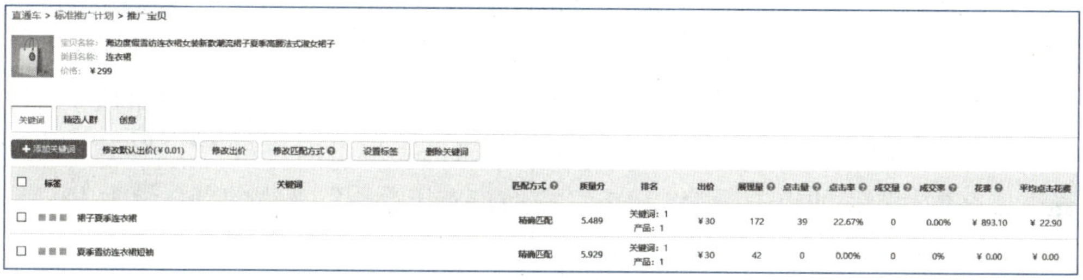

标签	关键词	匹配方式	质量分	排名	出价	展现量	点击量	点击率	成交量	成交率	花费	平均点击花费
	裙子夏季连衣裙	精确匹配	5.489	关键词：1 产品：1	￥30	172	39	22.67%	0	0.00%	￥893.10	￥22.90
	夏季雪纺连衣裙短袖	精确匹配	5.929	关键词：1 产品：1	￥30	42	0	0.00%	0	0%	￥0.00	￥0.00

图 3–29 关键词搜索展现量

如图 3–29 所示，在推广商品“海边度假雪纺连衣裙女装新款潮流裙子雪纺夏季高腰法式淑女裙子”时，添加了关键词“裙子夏季连衣裙”与“夏季雪纺连衣裙短袖”，关键词的质量分相差不大，排名、出价均相同，经过一个周期的推广后，“裙子夏季连衣裙”获得的竞争指数为 79，“夏季雪纺连衣裙短袖”获得的竞争指数为 171，如图 3–30 所示。

搜索词	搜索人气	点击率	转化率	竞争指数
裙子夏季连衣裙	12118	21.25%	9.09%	79

搜索词	搜索人气	点击率	转化率	竞争指数
夏季雪纺连衣裙短袖	3293	21.41%	5.82%	171

图 3–30 关键词搜索热度比较

经过分析发现，“裙子夏季连衣裙”的搜索热度为 12 118，点击率为 21.25%；“夏季雪纺连衣裙短袖”的搜索热度为 3 293，点击率为 21.41%。“夏季雪纺连衣裙短袖”的搜索热度低于“裙子夏季连衣裙”。也就是说，搜索关键词“裙子夏季连衣裙”的买家数量相对较多，展现机会也就越多。

（2）从点击率角度考虑添加关键词。关键词点击率是指在一定时间范围内的该关键词带来的点击概率，其公式为：点击率 = 点击量 / 展现量 ×100%，点击率越高，代表搜索该关键词的消费者越倾向于点击广告进入商品详情页。因此，添加点击率高的关键词，往往也会带来较高的点击率。关键词点击量界面如图 3–31 所示。

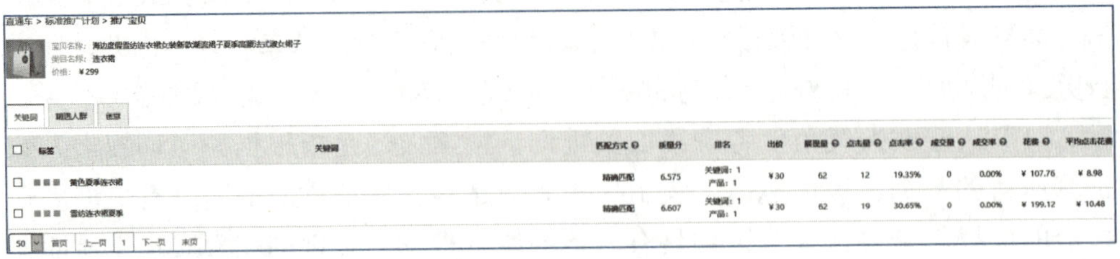

图 3–31　关键词点击量

如图 3–31 所示，在推广商品“海边度假雪纺连衣裙女装新款潮流裙子雪纺夏季高腰法式淑女裙子”中，添加了关键词“黄色夏季连衣裙”与“雪纺连衣裙夏季”，关键词的质量分相差不大，排名、出价均相同，经过一个周期的推广后，“黄色夏季连衣裙”与“雪纺连衣裙夏季”带来的展现量均为 62 次，但是“黄色夏季连衣裙”获得的点击量为 12 次，“雪纺连衣裙夏季”获得的点击量为 19 次。

如图 3–32 所示，经过分析发现，“黄色夏季连衣裙”的搜索热度为 3 937，点击率为 26.37%；“雪纺连衣裙夏季”的搜索热度为 3 975，点击率为 29.99%。“黄色夏季连衣裙”的搜索热度与“雪纺连衣裙夏季”相差不大，但是点击率却相差 3.62%，也就是说，关键词“黄色夏季连衣裙”与“雪纺连衣裙夏季”的搜索热度差距较小，商品曝光的机会相近，但由于搜索关键词“雪纺连衣裙夏季”更偏向于点击商品，点击量也就相对较高。

搜索词	搜索人气	点击率	转化率	竞争指数
黄色夏季连衣裙	3937	26.37%	8.38%	95

搜索词	搜索人气	点击率	转化率	竞争指数
雪纺连衣裙夏季	3975	29.99%	7.80%	610

图 3–32　关键词点击率比较

（3）从转化率角度考虑添加关键词。关键词转化率是指在一定时间范围内该关键词带来的转化的概率，其公式为：转化率 = 成交量 / 点击量 ×100%，转化率越高，点击该关键词的消费者越倾向于购买商品，因此，添加转化率高的关键词，往往能够带来较高的转化率。

如图 3–33 所示，在推广商品“海边度假雪纺连衣裙女装新款潮流裙子夏季高腰法式淑女裙子”时，添加了关键词“女装裙子”与“雪纺裙子”，关键词的质量分、排名、出价均相同，经过一个周期的推广后，“女装裙子”与“雪纺裙子”带来的展现量均为 3 864 次，点击量均为 758 次。但是“雪纺裙子”获得的

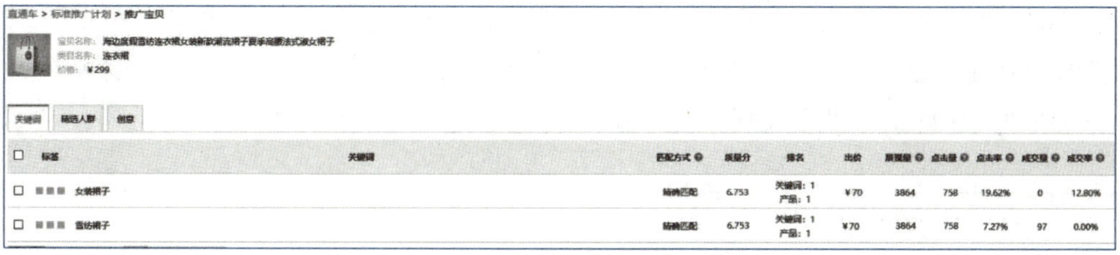

图 3–33　关键词成交量

成交量为 97 次，“女装裙子”获得的成交量为 0 次。

如图 3–34 所示，经过分析发现，“女装裙子”与“雪纺裙子”的搜索热度、点击率均相同，但是在转化率上相差很大，“雪纺裙子”的转化率为 32.22%，“女装裙子”的转化率为 8.79%，也就是说，由于点击关键词“雪纺裙子”的消费者更偏向于购买商品，最终带来的成交量也相对较高。

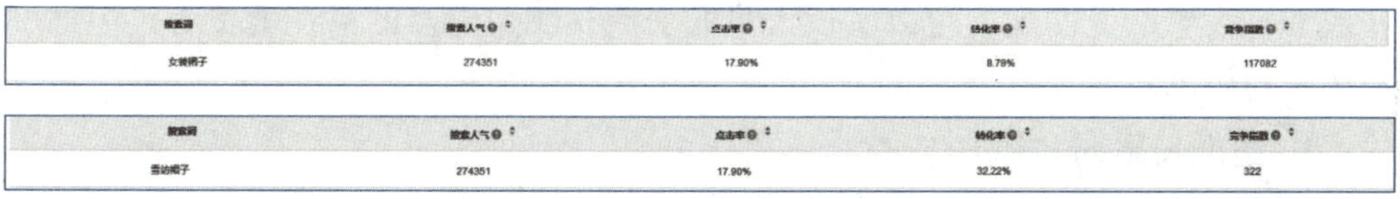

图 3–34　关键词成交量比较

（4）从竞争指数角度考虑添加关键词。竞争指数在一定程度上反映了该关键词的竞争热度，竞争指数越高，购买该关键词的网店经营者越多，在这种情况下，为保证较高的排名，出价也会相对较高。

如图 3–35、图 3–36 所示，在推广商品“海边度假雪纺连衣裙女装新款潮流裙子雪纺夏季高腰法式淑女裙子”时，添加了关键词“连衣裙”与“雪纺女装”，

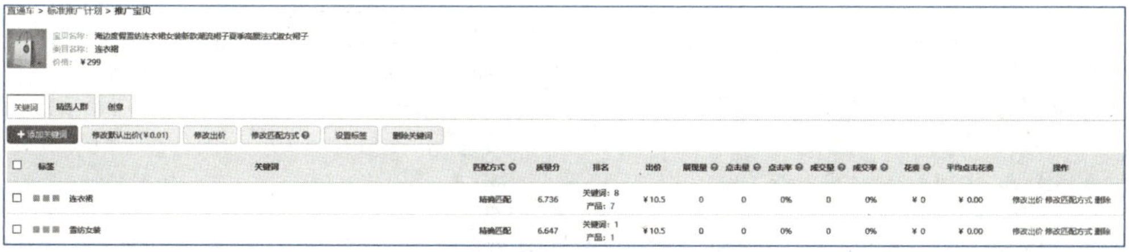

图 3–35　关键词出价（1）

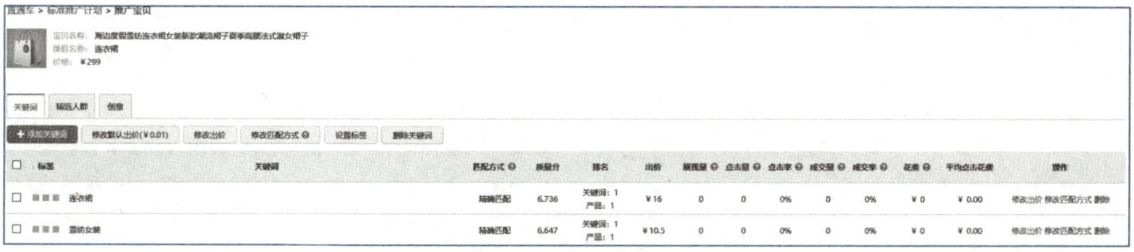

图 3–36　关键词出价（2）

当同时出价 10.5 元时（见图 3–35），“雪纺女装”排名第一位，而“连衣裙”只有出价到 16 元时，才能获得排名第一位，且经过推广后，“雪纺女装”的单次点击花费为 10.41 元，“连衣裙”的单次点击花费为 15.94 元，如图 3–37 所示。

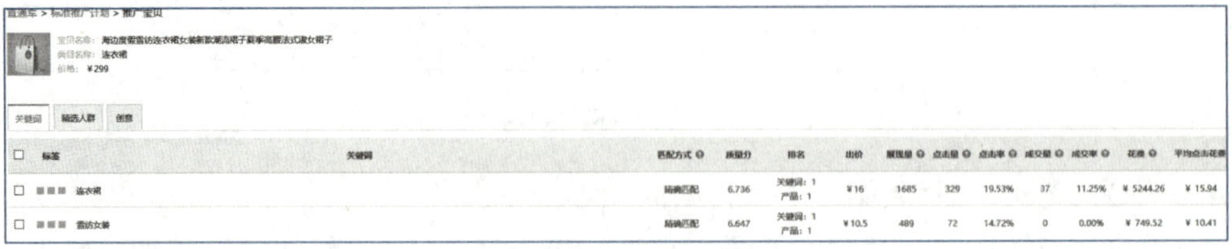

图 3–37 单次点击花费

（二）关键词匹配方式设置

不同的匹配方式有不同的特点，设置精准匹配，可以实现精准引流，降低推广成本，设置广泛匹配，可以实现大量的引流，圈定更多的潜在消费者，但推广费用相对较高。

1. 精准长尾词

精准长尾词可以实现精准引流，长尾关键词搜索人气相对较低，但是搜索长尾关键词的消费者往往带有明确的购买意向。如图 3–38 和图 3–39 所示，当给长尾词设置精准匹配时，点击率也会相对较高；当给长尾词设置广泛匹配的时候，因为长尾词包含的关键词相对较多，所以可以覆盖多个用户的搜索词。因此，精准长尾词一方面可以带来较高的展现量、点击量、成交量，另一方面，从花费的角度，借助图 3–38 和图 3–39 中的数据可知，设置精准匹配可以有效地控制花费。

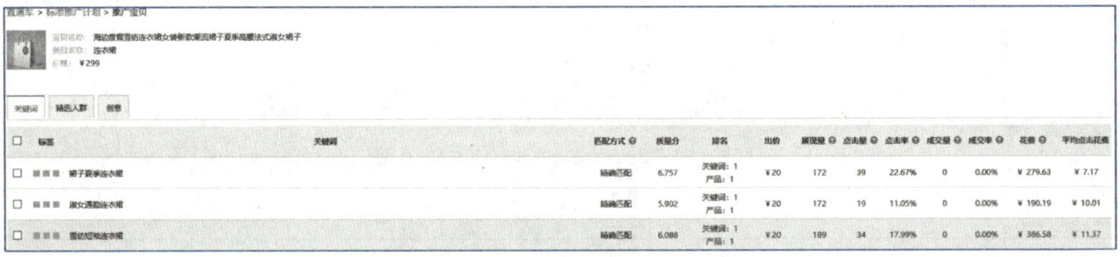

图 3–38 长尾词精准匹配

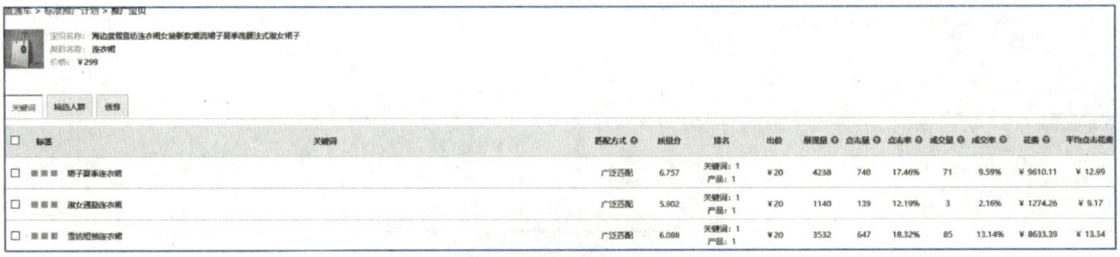

图 3–39 长尾词广泛匹配

2. 流量短尾词

流量短尾词的搜索量较高，例如，推广核心词、属性词等可以实现大量的引流。搜索这类关键词的消费者虽然有了一定的购买意向，但是并没有特别明确的购买倾向。当设置精准匹配时（见图 3–40），确实能够带来较多的流量，并且能够控制花费；当设置广泛匹配的时候（见图 3–41），会出现流量暴涨的情况。这主要是因为这些词本身的搜索流量就相对较高，设置广泛匹配还能匹配到具有明显的购买意向的消费者搜索的精准长尾词，因此，可能会带来更高的点击率与转化率，如图 3–40、图 3–41 所示。

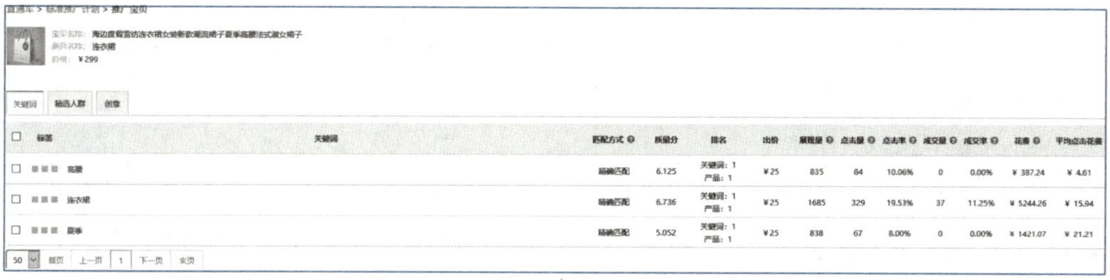
直通车 > 标准推广计划 > 推广宝贝
宝贝名称：海边度假雪纺连衣裙女装新款潮流裙子夏季高腰法式淑女裙子
类目名称：连衣裙
价格：¥299
关键词　精选人群　创意

标签	关键词	匹配方式	质量分	排名	出价	展现量	点击量	点击率	成交量	成交率	花费	平均点击花费
高腰		精确匹配	6.125	关键词：1 产品：1	¥25	835	84	10.06%	0	0.00%	¥ 387.24	¥ 4.61
连衣裙		精确匹配	6.736	关键词：1 产品：1	¥25	1685	329	19.53%	37	11.25%	¥ 5244.26	¥ 15.94
夏季		精确匹配	5.052	关键词：1 产品：1	¥25	838	67	8.00%	0	0.00%	¥ 1421.07	¥ 21.21

50　首页　上一页　1　下一页　末页

图 3–40　流量短尾词精准匹配

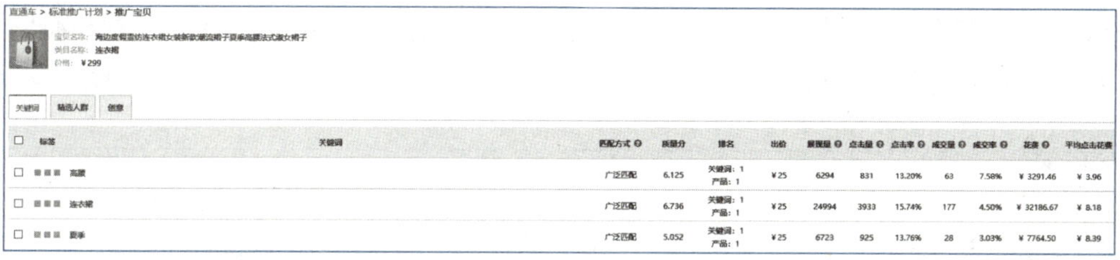
直通车 > 标准推广计划 > 推广宝贝
宝贝名称：海边度假雪纺连衣裙女装新款潮流裙子夏季高腰法式淑女裙子
类目名称：连衣裙
价格：¥299
关键词　精选人群　创意

标签	关键词	匹配方式	质量分	排名	出价	展现量	点击量	点击率	成交量	成交率	花费	平均点击花费
高腰		广泛匹配	6.125	关键词：1 产品：1	¥25	6294	831	13.20%	63	7.58%	¥ 3291.46	¥ 3.96
连衣裙		广泛匹配	6.736	关键词：1 产品：1	¥25	24994	3933	15.74%	177	4.50%	¥ 32186.67	¥ 8.18
夏季		广泛匹配	5.052	关键词：1 产品：1	¥25	6723	925	13.76%	28	3.03%	¥ 7764.50	¥ 8.39

图 3–41　流量短尾词广泛匹配

3. 没有搜索量的关键词

有些关键词基本上没有人知道，更不可能会有人搜索，但是，这些词有时候是可以推广的关键词，例如，品牌词或品牌词与商品词的组合，店铺从提高品牌知名度的角度考虑，可以进行推广，这种情况下，可以将关键词设置为广泛匹配来实现引流。

（三）关键词出价

关键词出价是指商家愿意为关键词被点击一次所支付的最高价格，由企业自己设定，而不是由搜索引擎设定。关键词被点击一次的花费不高于关键词的出价，因此该出价也是关键词的单次点击花费上限。

关键词出价的依据主要有以下几种：

1. 词本身的出价

一般情况下，核心词和转化词的出价要适当高些，流量词的价格要适当低一些。行业不同，转化词不同，服务类行业的转化词多为核心词与地域词，商品销售类行业多为价格词。流量词的特性是高搜索量、高曝光率，低转化率，所以需要降低流量词的出价。

2. 根据时间出价

时间不同，竞争程度不同。一般情况下，早上 9：00—11：00，下午 16：00—18：00，晚上 20：00—22：00 为用户上网集中时段，关键词竞争度也就相对较高。网店经营者可以根据 SEM 推广账户预算情况进行调整，预算充足时加大对以上时间段的投入；如果预算不足，可缩短投放时段。

3. 根据地域出价

不同地域竞争度不同，可通过调整地域出价系数来控制出价。可以具体到对某个城市的出价控制。

4. 关键词批量出价

为了减少后期关键词维护的工作量，在关键词添加后可以对关键词进行批量出价，批量出价的方式主要有默认出价、自定义出价、按市场平均价的百分比出价、按底价或底价的百分比出价等。

（1）默认出价。默认出价便于统一管理关键词，通过设置默认出价，统一调整推广组下的所有关键词的出价。设置默认出价后所有关键词全部按照默认价格出价。关键词默认出价如图 3–42 所示。

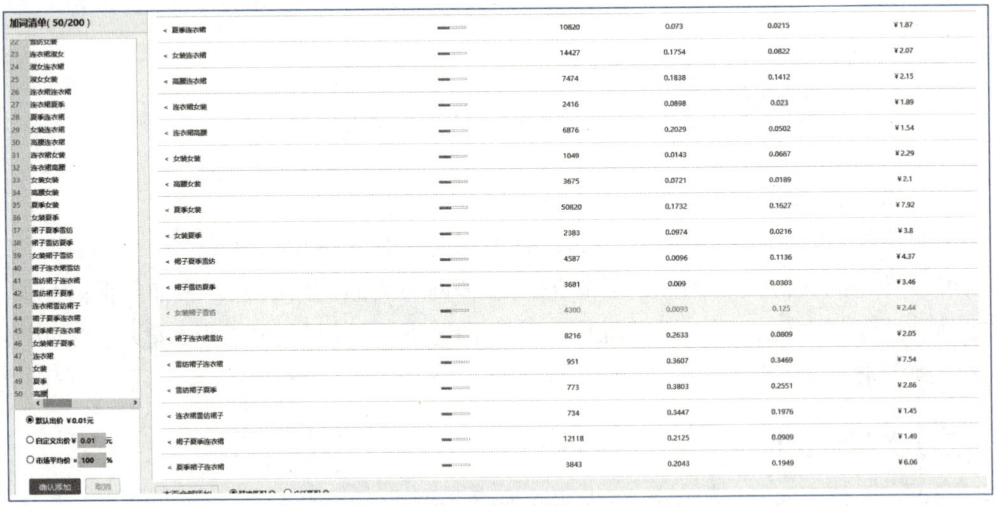

图 3–42　关键词默认出价

（2）自定义出价。自定义出价也是关键词批量出价的一种方式，可以按照自定义价格，对选中的关键词进行批量出价。

（3）按市场平均价的百分比出价。按市场平均价的百分比出价是一种更加灵活的批量出价方式，是指在选中的每个关键词市场平均价的基础上按照百分比的形式调整关键词出价，例如：关键词的市场平均价为 0.76 元，按照市场平均价的 200% 出价，则该关键词的出价为 0.76 × 200%=1.52（元）；按照市场平均价的 80% 出价，则该关键词的出价为 0.76 × 80%=0.608（元）。

关键词市场平均价是指在一定时间范围的平均点击单价，即网店经营者购买该关键词产生的平均单次点击花费。平均点击花费是指对于每一次关键词点击的平均扣费水平，其公式为：平均点击花费 = 总点击费用 / 总点击量，平均点击花费就是一段时间内单次点击花费，即如果每天花费 100 元，获得 20 次点击量，那么单次点击花费就是 5 元，也可以叫作点击单价。

当行业竞争激烈时，网店经营者为了占据更好的推广位置，会纷纷提高出价，行业内关键词的平均出价也会整体被抬高。相反，若是冷门行业或者在行业淡季，关键词竞争较弱，行业平均出价也会相对较低。具体分析如下：

① 跟行业竞争激烈程度有关。以牛仔裤为例，搜索“男士牛仔裤”，行业平均出价高于 2.3 元，如图 3–43 所示；搜索关键词“女士牛仔裤”，行业平均出价低于 1.3 元，如图 3–44 所示。由于男士搜索习惯相对于女士而言更加简单直接，而女士更喜欢多浏览多比较，女装的样式细分得也更加多样丰富，可选性多。因此，在男装类目中，转化较好的关键词比较集中，同样是牛仔裤这个关键词，男装类目中的平均点击费用就远远高于女装。

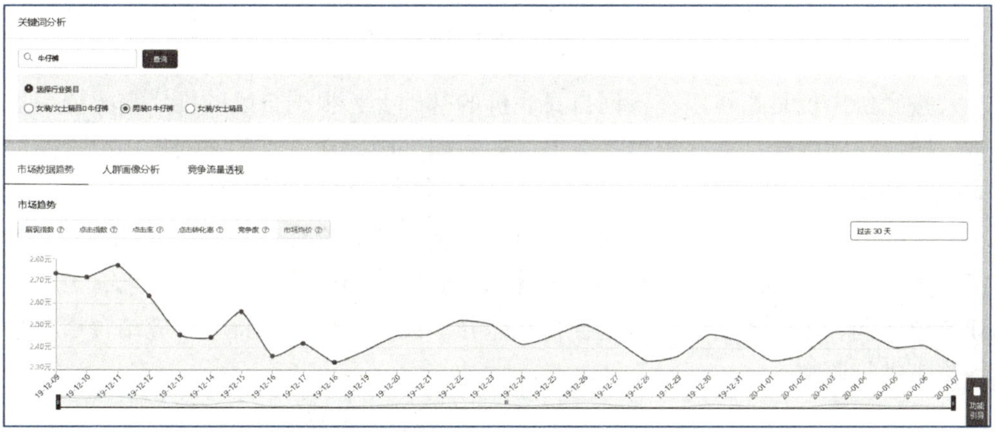

图 3–43　男士牛仔裤行业平均出价

② 跟商品所处行业淡旺季有关。以季节性商品 T 恤为例，搜索关键词“短袖 T 恤”，行业旺季的时候，最高市场平均出价 4.9 元，但是淡季的时候，市场平均出价只有 0.47 元，如图 3–45 所示。

（4）按底价或底价的百分比出价。关键词底价是指推广此关键词的最低出价，广告交易平台为关键词设定一个底价，网店推广关键词的出价必须高于这个底价才有资格参与竞价，广告交易平台根据众多网店的出价与其他排序原则进行排序决定展示位置。

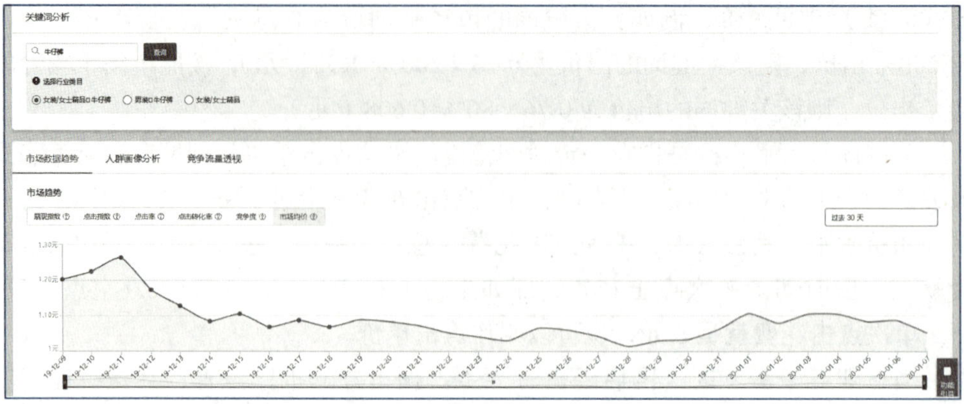

图 3-44 女士牛仔裤行业平均出价

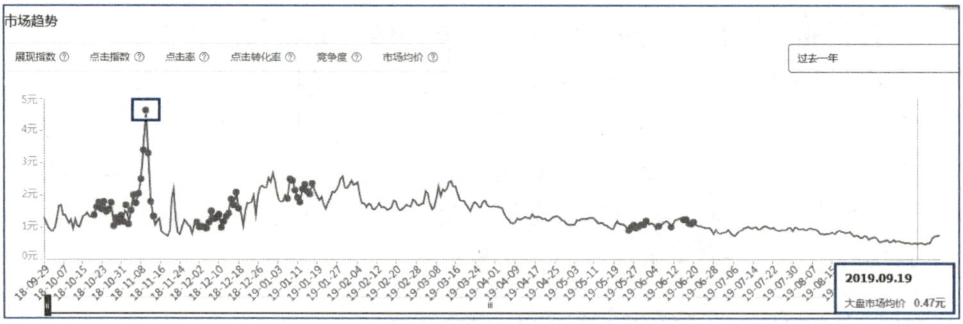

图 3-45 短袖 T 恤淡旺季平均出价

按底价出价是指可以在各词自身底价的基础上，根据自己的推广需要统一加价。建议在实际推广后，根据各关键词的数据不同，对重点关键词逐一出价，以确保有利位置。

不同的关键词底价是不一样的。每个关键词的底价是由市场所决定，商业价值的大小与关键词所属于的行业、关键词专业程度和市场关注度等因素有关。商业价值不同，因此各自的底价也会存在差异。设置关键词出价时，应结合市场平均价来进行调整。

三、创意编辑

（一）按创意规范编辑创意

创意是指买家搜索触发 SEM 推广账户设置的关键词时，展现在买家面前的推广内容，包括标题、描述以及访问 URL 和显示 URL。各平台对创意格式和设置都有基本要求，例如，天猫直通车推广单元添加创意最多只可以添加四个创意，创意图片要求：宽 800 px × 高 800 px 固定尺寸；大小：0～500 KB；支持 JPG、JPEG、PNG 格式图片。

买家通过搜索，触发网店经营者设置的推广关键词，找到网店经营者推广的商品的创意图片与创意标题，然后点击进入商品详情页，浏览商品信息，最后产生购买行为。

为保证网民搜索体验，并保证最终的推广效果，创意内容应符合以下规范：

（1）标题长度、创意描述、默认访问 URL 等字符数符合平台要求；

（2）客观真实，不要夸大或包含虚假信息；

（3）使用有意义的符号、数字、字母、空格符；

（4）避免在创意中使用特殊符号；

（5）避免在创意的标题、描述中使用网址或类似网址的形式；

（6）避免在创意中使用含有贬低其他企业或直接与其他企业进行比较的用语；

（7）请勿在创意中使用非法内容或有悖公序良俗的词汇。

（二）按推广商品编辑创意

创意的基本原则是关联性原则，即创意内容必须围绕商品撰写，突出推广商品 / 服务的特色优势，且语句通顺、符合逻辑。比如，在进行创意标题的编辑时，要保证创意标题描述的信息与商品信息一致，只有这样才能保证买家看到的最终商品信息与其最初的购买需求相同，进而才会产生成交行为。而当创意的点击率与成交率得到提升时，创意的质量也会相对地得到提升，关键词质量分也会有一定的提升。

（三）按推广关键词编辑创意

为了保证推广效果，需要重视创意内容的质量。作为一个基本原则，创意内容必须针对关键词撰写。因此，需要掌握创意优化技巧，不断优化吸引用户的卖点和表达风格，进而提升关键词的点击率和质量分，并最终提升投资回报率。优化技巧如下：

（1）一个单元需要设置至少 2 个以上与关键词密切相关的创意。对各个创意的表现至少观测 1 周，留下好的创意，修改表现不好的创意。

（2）可尝试使用疑问句进行观测。不同行业对于疑问句产生的优势会有不同，网店需要经常观察，判断该行业是否适合疑问句的添加。

（3）创意中包含关键词。

① 创意中包含核心关键词：找出该单元的核心关键词，在创意标题或描述中加入核心关键词。

② 创意中包含投资回报率比较高的关键词：查看关键词报告，将具有最高点击次数或展示次数的关键词添加在创意的标题或描述中。

③ 创意中包含提交关键词：正确使用通配符“{ 默认关键词 }”，使系统自动

将关键词添加在创意当中。

（4）关键词出现在不同地方，会有不同的效果。创意关键词位置吸引力排名为：标题 + 网页描述＞标题＞网页描述＞不出现关键词。

四、SEM 推广人群定向

（一）人群分类与定向

不同平台在 SEM 推广时提供的人群标签不同，根据人群搜索浏览行为以及兴趣爱好，可将人群分为店铺行为人群、相似店铺行为人群、兴趣点人群、平台优质人群、属性人群等。

店铺行为人群是指与本店产生过某种关系的人群，例如，产生过商品点击、店铺点击、店铺收藏、商品加购、商品购买等行为的人群；相似店铺行为人群是指与相似店铺产生过某种关系的人群，例如，产生过商品点击、店铺点击、店铺收藏、商品加购、商品购买等行为的人群；兴趣点人群是指从风格、人生阶段、购买力、兴趣偏好等多种角度抽象出不同特征，带有某种购物偏好的人群；平台优质人群是根据平台大数据分析找到的具有高消费能力或高购买频次等行为的优质人群；属性人群是可以通过性别、年龄、地域、行业等标签自定义的人群，可根据店铺商品的目标受众确定。某平台的推荐人群类别如图 3–46 所示。

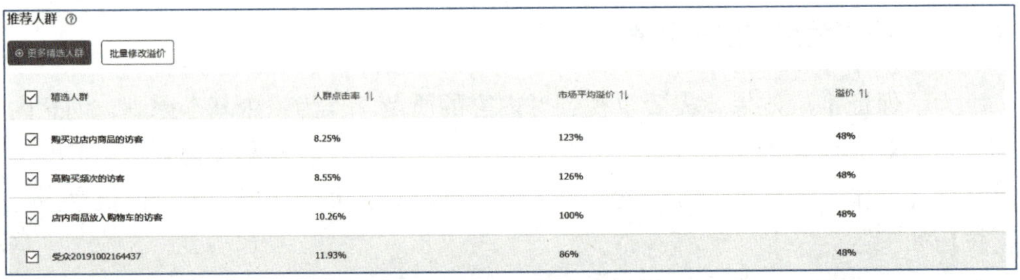

精选人群	人群点击率	市场平均溢价	溢价
购买过店内商品的访客	8.25%	123%	48%
高购买频次的访客	8.55%	126%	48%
店内商品放入购物车的访客	10.26%	100%	48%
受众20191002164437	11.93%	86%	48%

图 3–46 推荐人群类别

（二）根据人群设定人群溢价

在其他条件不变的情况下，人群溢价的实质是提高定向人群下的关键词出价，溢价后关键词的出价计算公式为：人群出价 = 关键词出价 ×（1+ 溢价比例）。例如，关键词出价 1.00 元，可以针对收藏未购买过店铺的访客设置加价，溢价比例设置 50%，那么针对收藏未购买过店铺的访客，最后实际出价 =1 元 ×（1+50%）=1.5 元。部分平台溢价后关键词出价的计算公式略有区别：人群溢价 = 关键词出价 × 溢价比例，例如，关键词出价 1.00 元，可以针对收藏未购买过店铺的访客设置加价，溢价比例设置 150%，那么针对收藏未购买过店铺的访客，最后实际出价 =1 元 ×150%=1.5 元。

SEM 推广人群定向是指在进行精准人群定位之前，先初步判定能够圈定多少消费者，然后根据店铺推广目标，选定溢价人群。例如，想要进行老客户召回，就要对老客户加大溢价比例。又如，将商品放入购物车的访客的溢价比例高于浏览未购买的访客。将商品放入购物车的访客相较于浏览未购买的访客会更倾向于点击并购买店铺内的商品，购买过本店商品的访客相较于购买过同类店铺商品的访客点击与购买店铺内商品的概率较大。相反，如果某店铺是新开张店铺，店铺基本还没有搜索、流量、收藏、加购、购买等数据，若对本店的店铺人群进行溢价，基本上不会有效果。某电商平台 SEM 推广账户人群溢价设置如图 3–47 所示。

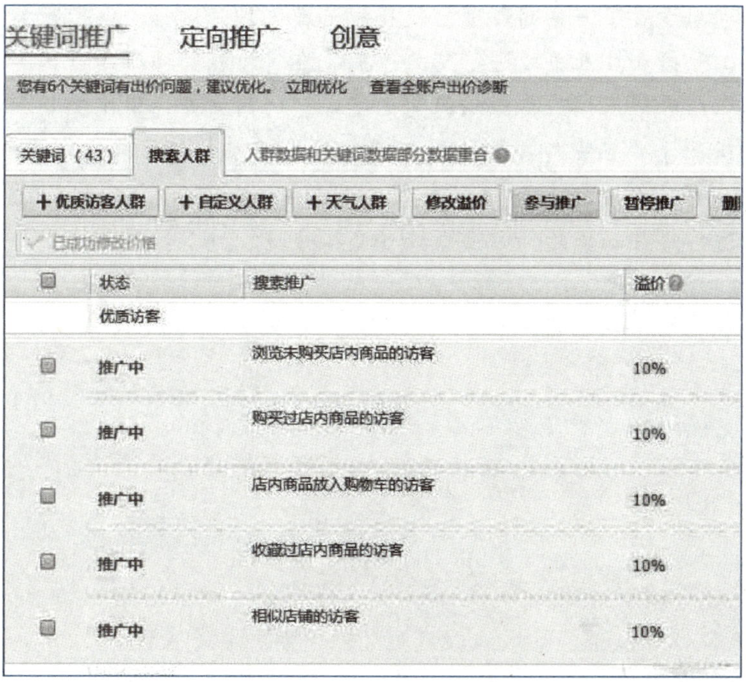

图 3–47　某电商平台 SEM 推广账户人群溢价设置

德技并修

网店广告慎用“极限词”

目前，部分电商平台上违规违法使用“极限词”广告的情况仍多，不仅严重侵害消费者合法权益，也导致不法分子借“商家广告词违法”进行敲诈勒索一类案件频发，亟待引起网店经营者的关注。

党的二十大报告明确指出要“全面推动科学立法、严格执法、公正司法、全民守法，全面推进国家各方面工作法治化”。近年来，我国出台了一系列整治广告“极限词”的法律法规。例如，《中华人民共和国广告法》第九条明文规定，广告不得使用“国家级”“最高级”“最佳”等用语。《中华人民共和国广告法》第五十七条规定，对于发布第九条规定的禁止情形的广告的，“由市场监督管理部门责令停止发布广告，对广告主处二十万元以上一百万元以下的罚款，情节严重的，并可以吊销营业执照，由广告审查机关撤销广告审查批准文件、一年内不受理其广告审查申请；对广告经营者、广告发布者，由市场监督管理部门没收广告费用，处二十万元以上一百万元以下的罚款，情节严重的，并可以吊销营业执照。”

各电子商务平台对相关商品宣传时违法违规使用广告“极限词”都持零容忍态度，也均设置了一系列甄别、处置规范及办法，例如：电子商务平台会持续通过人工管控和技术手段进行交叉识别、在针对相关商家或创作者的管理规范中添加“广告禁用词”类详细的明文规定、为用户开通举报邮箱和电话等直接反馈通道等，一旦出现违法违规，平台将对商家或创作者处以扣除信用分、收回直播权限、收回电商权限等处罚。因此，卖家要对此重视起来，自查自纠，及时进行修正和更改，以诚信经营赢得市场。

单元四

SEM 推广账户优化

【引例】

Wish 平台的 SEM 推广账户优化

Wish 是 2011 年成立的一家公司，有 90% 的卖家来自中国，也是北美和欧洲最大的移动电子商务平台。

为了帮助商户更便捷地使用 Product Boost（一种能为商家的产品吸引更多流量的广告形式），以触及更多的用户并提高潜在销售，Wish 发布公告，将所有的 Product Boost 常规版（Product Boost V1）活动将被自动转换为智能版活动（Product Boost V2）。在整个 Wish 平台上，Product Boost 常规版现将被全面移除并由 Product Boost 智能版所替代。同时，所有 Product Boost 智能版将被统一命名为“Product Boost”。需要注意的是，现有 Product Boost 常规版活动中的关键词将在转换为 Product Boost 智能版后继续保留。

与过去的 Product Boost 不同，通过 Product Boost 智能版功能，商户可以提交所选商品和预算来创建产品推广活动。商户无须提交关键词和竞价，但可为活动中的商品添加备选关键词。通过商户提供的额外关键词加入活动的商品可能同时根据 Wish 生成的和商户提供的关键词而得到额外的曝光，并获取更高的排名。此外，Wish 也可根据商户提供的关键词为商户新添加的商品，生成更高效的关键词。

思考：通过以上案例发现，Wish 可根据用户提交的商品自动生成关键词推广并进行出价，还可以根据商户提供的关键词自动进行关键词拓展，这说明人工智能将是广告行业的发展趋势。那么，人工智能是否能完全取代人的作用？应该从哪些方面优化 AI 的推广结果？

SEM 推广账户（简称“账户”）优化是指以推广效果为目的，对推广方案进行调整的过程，也就是通过调整推广方案，力求在一定的投入下取得更好的推广效果，提高投资回报率。

在对账户进行优化调整时，需要根据账户投放后反馈数据进行调整。账户投放后台多维度的数据可以指导网店经营者全视角地分析推广效果，有针对性地调整投放决策。

一、账户分析思路和方法

（一）账户分析的思路

账户分析的思路主要是遵循从整体到局部，从局部到细节的原则，通过分析结果对推广账户进行调整。在分析过程中，需要理清账户分析的维度、指标两个主要问题。

1. 账户分析的维度

面对 SEM 推广中复杂的数据，网店先要从不同的维度进行细分，然后针对细分之处进行评估，对好的地方多投入，对差的地方少投入。账户分析的维度可以分为整体维度、细节维度和其他相关维度。

（1）整体维度：渠道、设备、地域、时段等。

（2）细节维度：推广计划、推广单元、关键词、创意等。

（3）其他相关维度：页面和客服等。

逻辑上，一般先分析整体维度，再从细节维度进行分析，最后分析其他相关维度。

2. 账户分析的指标

账户分析的指标主要有展现量、点击量、消费额、点击率、转化量、转化率和转化成本等，这些指标取值的高低与推广效果的好坏并没有直接联系。在分析时不能用单纯的结果指标来衡量推广效果，例如用转化量来衡量，有转化是好事情，但转化量高未必就好，这是因为网店可能为此付出的代价很大。因此，应该用衡量性价比的指标，例如，利用转化成本、点击率和转化率这三个指标来进行评估，其公式如下：

$$转化成本 = 消费额 / 转化量$$

$$点击率 = 点击量 / 展现量 \times 100\%$$

$$转化率 = 转化量 / 点击量 \times 100\%$$

一般来说，整体维度、细节维度适合用转化成本来评估，页面、客服两个相关维度适合使用转化率指标来评估，转化率高意味着能够挖掘出更大的价值。

（二）账户分析方法

在进行账户分析时，最常用的数据分析方法是 SEM 漏斗模型。SEM 漏斗模型是指搜索营销过程中，将用户逐步变为客户的转化量化模型，其量化了营销过程中各个环节的效率，可以帮助网店找到薄弱环节。

如图 3-48 所示，SEM 漏斗模型的每一层对应了 SEM 推广的各个环节，反映了从展现、点击、访问、咨询，直至生成订单过程中的客户数量及流失情况。

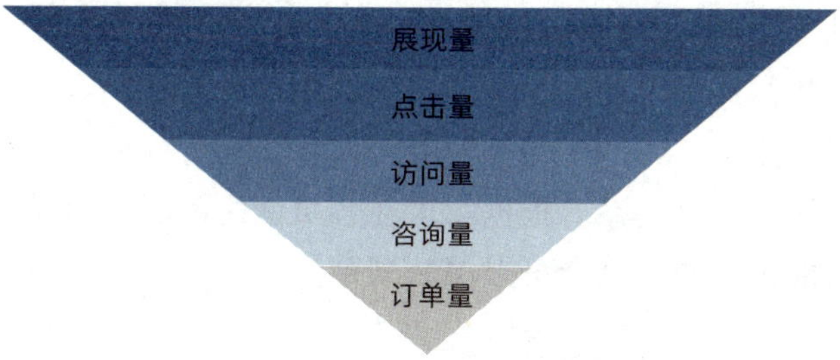

图 3-48 SEM 漏斗模型

从最大的展现量到最小的订单量，逐层缩小的过程表示不断有客户因为各种原因离开，对商品或服务失去兴趣或放弃购买。

1. 展现量

展现量是指推广信息在搜索结果页展现的次数。影响展现量的因素有以下两个：

（1）关键词方面。影响展现量的关键词方面的因素主要有关键词搜索量、关键词匹配方式和关键词排名。

① 关键词搜索量越高，说明该关键词被检索的次数越多，展现量越高。

② 关键词匹配方式越宽泛则展现量越高。

③ 关键词排名越高则展现量越高。

（2）账户方面。影响展现量的 SEM 推广账户方面的因素主要有地域、账户预算、推广时段及账户结构等。

① 推广地域设置范围越广，展现量越高。

② 账户预算越高，账户在线时间越长，展现量越高。

③ 推广时段设置越多，账户在线时间越长，展现量越高。

④ 账户结构越合理，展现量越高。

2. 点击量

点击量是指用户点击推广信息链接的次数。影响点击量的因素主要有关键词、SEM 推广账户设置及 SEM 推广创意。

（1）关键词排名越靠前，越容易引起用户注意，点击率越高。

（2）账户预算越高、时间段越精准、定向越准确则点击率越高。

（3）SEM 推广创意的质量直接影响点击量，创意质量越高，对用户的吸引力就越大，点击率越高。

3. 访问量

访问量是指推广信息指向的链接被用户浏览器加载并完全打开的次数。影响访问量的因素主要有网站打开速度、页面设计及页面之间的链接关系等。

（1）网站打开速度。网站打开速度决定了访客是否能真正进入网站，如果网站的打开速度超过 3 秒，会有一半以上的访客选择关闭网页。

（2）页面设计。页面设计风格要符合网站主题，迎合访客的审美观，使页面看上去更美观一些。页面上的内容也要平衡好用户想看的内容以及你想给用户看的内容二者之间的比例。

（3）页面之间的链接关系。根据需求在各页面之间增加链接关系，即使是专题页也可以互相推荐，使浏览者可以深度浏览。

4. 咨询量

咨询量是指浏览者在网站内发起咨询的次数，绝大多数网店经营者在拥有订单之前一定会有咨询。影响咨询量的因素主要有网站质量、相关性及互动方便性等。

（1）网站质量。网页的美观性、易用性和加载速度等都会影响网站用户的体验度，用户体验不好的网站会让访客快速离开。

（2）相关性。网站内容与访客需求的相关性对网站的咨询量会产生影响，如访客想找男式衬衫，进入的网站却是女式衬衫，访客就会选择离开，不会产生咨询量。

（3）互动方便性。客服接入的不同设置方式，如悬浮、邀请或强制对话等都会对咨询量产生一定影响。

5. 订单量

订单量是指最后完成的订单数量。影响订单量的因素主要有客服的销售能力、同行对比等。

（1）客服的销售能力。客服的前三句话术、咨询话术、工作态度都会影响订单量。

（2）同行对比。当同行品牌强大或促销活动力度太大时，会导致企业订单量的下降。

对于网店经营者来说，其目的是保证最后的“订单量”环节能够尽可能大，而订单量是整个SEM漏斗模型中最小的环节，因此，必须保证订单量环节上的每一个层面尽可能大，并保证每个环节的流失率尽可能小。所以，搜索引擎推广者的工作就是通过对推广账户的调整优化，扩大漏斗开口，减少漏斗环节流失，进而提升网店经营者订单量。

二、账户推广数据分析

账户推广数据分析首先需要进入推广后台查看数据，然后选择不同的维度下载数据，并运用Excel进行数据处理。

（一）数据获取

以某舞台桁架公司在百度推广数据为例，展示数据获取的过程。

首先进入该公司百度推广账户后台客户端，单击“数据报告”按钮，进入数据报告页面，选择报告日期为 2021 年 8 月 1 日至 2021 年 10 月 5 日，可查看推广账户的整体趋势等数据，如图 3–49 所示。

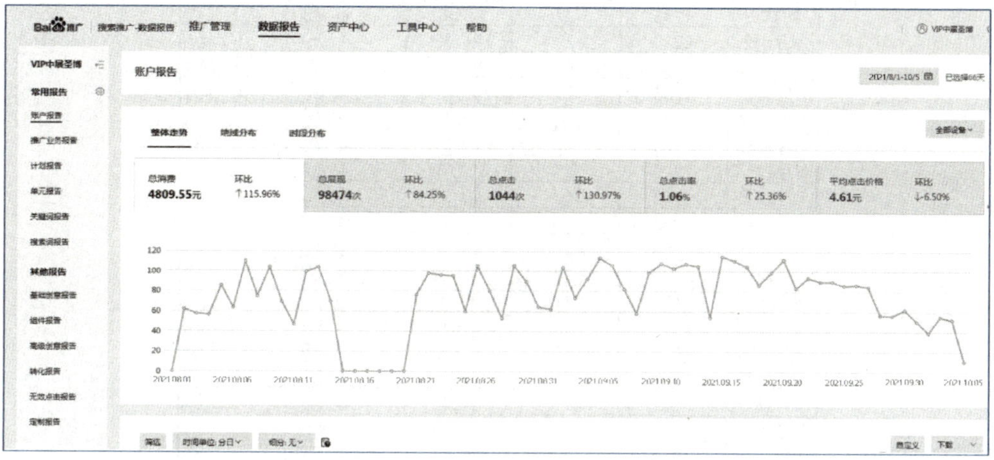

图 3–49　百度推广后台客户端

从百度推广后台下载数据，运用 Excel 整理成如图 3–50 所示的 8 月和 9 月的日消费数据报表。

（二）数据处理

基于如图 3–50 所示日消费数据，利用 Excel 数据透视功能，对比 8 月和 9 月的各项数据指标，如图 3–51 所示。

从图 3–51 中可看出，与 8 月份相比，9 月份的展现量、点击量、点击率和消费额均下降，但是平均点击价格上涨了。接下来通过不同维度分析，确定优化方向。

（三）数据分析

在确定优化方向时，可以根据时段、设备、推广计划、关键词等维度进行分析。

1. 基于时段维度的数据分析

时段是商品转化中一个必要因素，通过对比分析各时段的指标数据，对不同时段进行精细化投放。如图 3–52 和图 3–53 所示是某账户 9：00—21：00 各时段指标数据对比分析和转化成本、转化率可视化分析。

由图 3–52 和图 3–53 可看出：10：00—11：00、14：00—17：00 时段转化率高并且转化成本较低，9：00、13：00 和 19：00 的转化成本较高。

针对上述情况，可采用时段溢价工具来控制时段的消费，降低 9：00、13：00

日期	展现量	点击量	消费额	平均点击价格	点击率
8月2日	1183	13	61.82	4.76	1.10%
8月3日	345	10	57.19	5.72	2.90%
8月4日	989	13	56.2	4.32	1.31%
8月5日	2684	17	85.26	5.02	0.63%
8月6日	2204	12	63.31	5.28	0.54%
8月7日	1738	22	109.81	4.99	1.27%
8月8日	2278	17	74.58	4.39	0.75%
8月9日	1608	19	103.84	5.47	1.18%
8月10日	1553	15	69.07	4.60	0.97%
8月11日	1051	9	46.41	5.16	0.86%
8月12日	2128	21	99.31	4.73	0.99%
8月13日	2209	23	103.88	4.52	1.04%
8月14日	1104	13	69.32	5.33	1.18%
8月21日	1833	17	76.16	4.48	0.93%
8月22日	1958	22	98.02	4.46	1.12%
8月23日	1880	22	96.22	4.37	1.17%
8月24日	1582	22	95.41	4.34	1.39%
8月25日	1692	15	59.68	3.98	0.89%
8月26日	1901	22	105.16	4.78	1.16%
8月27日	2301	17	79.66	4.69	0.74%
8月28日	2107	11	52.89	4.81	0.52%
8月29日	1674	22	105.65	4.80	1.31%
8月30日	1786	22	89.69	4.08	1.23%
8月31日	1798	15	64.13	4.28	0.83%
9月1日	1506	14	61.84	4.42	0.93%
9月2日	2234	24	103.93	4.33	1.07%
9月3日	2489	16	73.24	4.58	0.64%
9月4日	2339	21	92.19	4.39	0.90%
9月5日	1804	23	113.02	4.91	1.27%
9月6日	2227	24	105.95	4.41	1.08%
9月7日	1785	20	82.01	4.10	1.12%
9月8日	2133	12	57.98	4.83	0.56%
9月9日	2301	21	98.78	4.70	0.91%
9月10日	1261	22	107.72	4.90	1.74%
9月11日	1382	21	103.04	4.91	1.52%
9月12日	1431	23	107.44	4.67	1.61%

图 3-50 日消费数据报表中部分数据截图

月份	展现量	点击量	消费额	平均点击价格	点击率
8月	50698	585	2681.19	4.58	1.15%
9月	41586	411	1922.67	4.68	0.99%

图 3-51 8 月份和 9 月份数据指标对比

时段	展现量	点击量	消费额	转化量	点击率	转化率	转化成本
9	7495	113	528.46	12	1.51%	10.62%	44.04
10	8330	97	493.05	32	1.16%	32.99%	15.41
11	9335	114	587.18	45	1.22%	39.47%	13.05
12	2	2	9.26	0	100.00%	0.00%	-
13	9816	190	429.29	7	1.94%	3.68%	61.33
14	11472	125	269.71	15	1.09%	12.00%	17.98
15	12342	131	270.12	14	1.06%	10.69%	19.29
16	11392	124	555.85	26	1.09%	20.97%	21.38
17	9250	86	383.38	18	0.93%	20.93%	21.30
18	6972	180	453.87	17	2.58%	9.44%	26.70
19	5664	38	224.32	4	0.67%	10.53%	56.08
20	5700	86	129.99	7	1.51%	8.14%	18.57
21	675	14	19.78	1	2.07%	7.14%	19.78

图 3-52 各时段指标数据

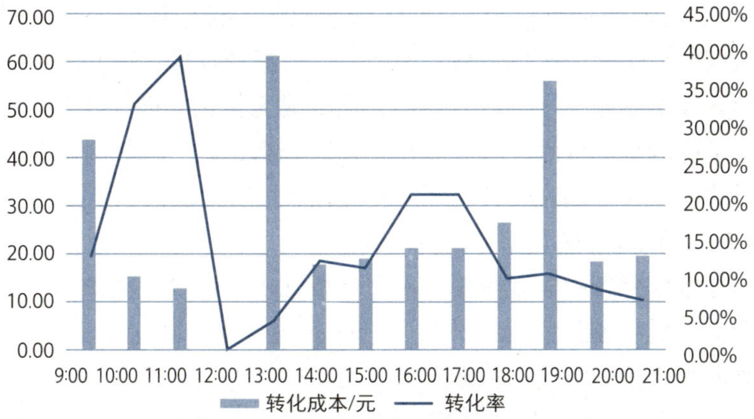

图 3–53　各时段指标数据可视化分析

和 19：00 的时段消费，提高 10：00—11：00、14：00—17：00 时段的溢价；增加其他时段的流量，添加有转化关键词的同义词，提高有转化关键词的价格，导出搜索词报告，添加账户里没有的搜索词。

2. 基于设备维度的数据分析

通过对比分析不同设备端的指标数据，优化调整不同设备端的投放策略。如图 3–54 所示是某账户 PC 端和移动端的各项指标数据。

设备	展现量	点击量	消费额	点击率	转化量	转化率	转化成本
PC端	38214	1510	13015.65	3.95%	156	10.33%	83.43
移动端	225213	9602	73050.65	4.26%	303	3.16%	241.09

图 3–54　PC 端和移动端各项指标数据

图 3–54 中指标数据显示，PC 端的转化成本和点击率均低于移动端，但转化率高于移动端。因此，优化方案可做如下操作：

（1）PC 端：增加 PC 端的新展现样式；提升 PC 端转化词的出价。例如，针对“地区 + 业务类”词提价 10%。

（2）移动端：降低移动端的出价；增加移动端的新展现样式；降低竞品词的出价，下降 25%；降低通用词的出价，下降 5%。

3. 基于推广计划维度的数据分析

通过分析各推广计划的转化率和转化成本，调整后期推广策略。

从推广客户端按推广计划维度下载数据并经过整理后，形成如图 3–55 所示的数据表。

推广计划	展现量	点击量	消费额	转化量	点击率	转化率	转化成本
2021桁架租赁	5432	542	216.5	2	9.98%	0.37%	108.25
2021铝合金桁架销售	92245	447	4295.1	37	2.47%	16.10%	242.17
2021最新桁架销售租赁	3417	65	297.91	17	3.81%	52.46%	36.68

图 3–55　各推广单元的指标数据

如图 3–55 所示数据表显示，“2021 桁架租赁”推广计划的点击率很高，但是转化率很低，且转化成本也较高，因此可以根据预算进行适当优化调整。

针对预算较少的账户，可以先暂停转化少或无转化的推广计划，把预算留给那些转化效果好的推广计划；如果账户的预算充裕，则可以针对那些展现少的推广计划进行放量操作，以观察其实际的转化效果。

4. 基于关键词维度的数据分析

关键词是数据分析中非常重要的一个分析维度，通过对关键词的展现量、点击量、消费额、转化率等指标的分析，判断各关键词的转化与其实际商业价值，从而为关键词的优化调整提供依据。

从百度后台客户端以“关键词”为维度导出数据并经过 Excel 整理后，形成如图 3–56 所示的数据表。

关键词	展现量	点击量	消费额	消费占比	展现占比	转化量	转化率	转化成本
桁架	71421	511	2075.67	43.16%	72.56%	34	6.65%	61.05
铝合金桁架	3446	148	924.87	19.23%	3.50%	21	14.19%	44.04
舞台桁架批发	2273	98	453.94	9.44%	2.31%	11	11.22%	41.27
桁架生产厂家	2241	49	202.11	4.20%	2.28%	4	8.16%	50.53
帐篷租赁	2317	28	199.77	4.15%	2.35%	7	25.00%	28.54
桁架厂	5474	39	179.76	3.74%	5.56%	12	30.77%	14.98
桁架厂家	3299	36	160.74	3.34%	3.35%	9	25.00%	17.86
演出桁架厂家	1083	22	114.2	2.37%	1.10%	2	9.09%	57.10
演出舞台桁架	396	21	102.09	2.12%	0.40%	1	4.76%	102.09
北京背景板	1394	20	81.37	1.69%	1.42%	12	60.00%	6.78
桁架搭建	653	10	50.9	1.06%	0.66%	6	60.00%	8.48
桁架租赁	712	10	47.36	0.98%	0.72%	2	20.00%	23.68
北京桁架租赁	205	7	33.12	0.69%	0.21%	4	57.14%	8.28
桁架展会	157	6	24.27	0.50%	0.16%	1	16.67%	24.27
北京背景板制作	88	4	22.5	0.47%	0.09%	0	0.00%	-
舞台桁架租赁	46	4	18.84	0.39%	0.05%	0	0.00%	-

图 3–56　关键词各指标数据

图 3–56 所示的数据表清晰显示了每个关键词的展现量、点击量、消费额、转化率等指标数据，基于数据可以用四象限分析法或 Top *N* 分析法进行分析，判断每个关键词的推广效果。

（1）四象限分析法。四象限分析法是指将关键词按照消费和转化分成四个象限，针对不同象限的关键词执行不同的优化调整。如基于图 3–56 的消费和转化数据，依据平均值将关键词进行四象限分析，结果如图 3–57 所示，其中每个数据点即为一个关键词，将各关键词分布于四个不同的象限。

① 高消费，高转化。对这类关键词需要重点关注，应该着重关注它们的排名，如果均价没有过高，转化成本没有超过预期金额，就不要轻易降价。

② 低消费，高转化。低消费说明展现少或被点击的次数少，转化高即为关键词足够精准。这类词也是应该花时间去关注的词，如果消费低是因为展现太少，则多放匹配，平时多放否词即可；如果消费低是因为点击均价太低，则需要查看排名，排名低则尝试提价；如果有排名而且占位在 1～2 名，则需要查看创意是否没有吸引力。

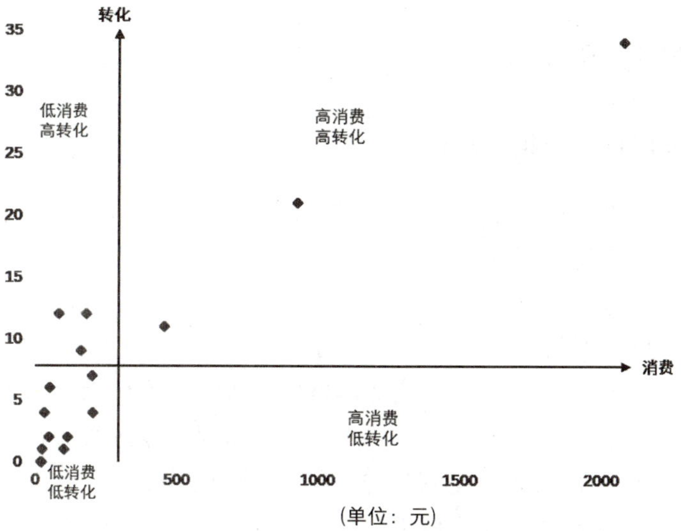

图 3-57　关键词四象限分析图

③ 低消费，低转化。低消费说明展现少或被点击的次数少，低转化即为流量不精准。这类词可以放量操作，把匹配模式扩大一些，多做否词。

④ 高消费，低转化。高消费说明点击多或点击均价太高，低转化即为流量不精准或关键词本身就是流量词。这类词是导致转化成本过高的主要因素，需要重点关注这类关键词。在分析、优化这类词时，先打开搜索词报告，查该关键词的匹配是否混乱，若匹配混乱，则做否词，若匹配正常则关注创意、对话是否足够吸引人，客服人员的话术是否有问题。

（2）Top *N* 分析法。Top *N* 分析法是指基于数据的前 *N* 名汇总，与其余汇总数据进行对比，从而得到最主要的数据所占比例和数据效果。

分析如图 3-58 所示的关键词指标数据表，显示桁架、铝合金桁架、舞台桁架批发、桁架生产厂家和帐篷租赁这五个关键词的展现量和消费额占整体关键词的 80% 以上，对于这类重要关键词需要持续重点关注。

关键词	展现量	点击量	消费额	消费占比	展现占比
桁架	71421	511	2075.67	43.16%	72.56%
铝合金桁架	3446	148	924.87	19.23%	3.50%
舞台桁架批发	2273	98	453.94	9.44%	2.31%
桁架生产厂家	2241	49	202.11	4.20%	2.28%
帐篷租赁	2317	28	199.77	4.15%	2.35%
桁架厂	5474	39	179.76	3.74%	5.56%
桁架厂家	3299	36	160.74	3.34%	3.35%
演出桁架厂家	1083	22	114.2	2.37%	1.10%
演出舞台桁架	396	21	102.09	2.12%	0.40%
北京背景板	1394	20	81.37	1.69%	1.42%
桁架搭建	653	10	50.9	1.06%	0.66%
桁架租赁	712	10	47.36	0.98%	0.72%
北京桁架租赁	205	7	33.12	0.69%	0.21%
桁架展会	157	6	24.27	0.50%	0.16%

展现量占比和消费额占比均80%以上

图 3-58　Top *N* 关键词分析

三、账户推广效果优化

（一）SEM 推广计划与推广组优化

SEM 推广计划与推广组优化主要是推广资金分配优化、推广时间折扣优化以及推广地域优化，目的是提高网店的投资回报率（Return on Investment，ROI）。

1. 推广资金分配优化

推广资金分配优化可以帮助网店控制推广成本，当推广消费达到预算时，账户自动下线并停止推广，因此在推广资金分配设置时，要进行流量与推广成本的预算。根据搜索词的搜索人气与商品排名，大致预估关键词流量，根据关键词的出价与质量分估算关键词的点击成本，最终估算计划的推广成本，进行资金的重新分配。

2. 推广时间折扣优化

推广时间折扣优化是指通过出价比例上调或下降来影响关键词出价，实现出价提升或降低，从而控制流量获取能力。

根据前期推广反馈数据，如基于时段维度的数据分析结果显示，需要降低 9：00、13：00 和 19：00 的消费，增加 10：00—11：00、14：00—17：00 时段的溢价。因此，对于降低消费的时段应适当调低价格系数；对于需要增加溢价的时段应适当调高价格系数，开始溢价不要太高，可以根据推广效果不断地添加溢价，使其达到一个最佳的平衡点。

3. 推广地域优化

推广地域优化是账户优化的一个重点，地域分析数据报告有助于网店对投放地域的调整，对于向全国推广业务的网店经营者来说，地域分析是非常重要的。

从百度后台客户端以“地域”为维度导出数据并经过 Excel 整理后，形成如图 3-59 所示的数据表。

省份	展现量	点击量	消费额
河北	24445	304	1426.71
北京	32205	260	1189.5
山西	16330	195	915.79
内蒙古	9044	140	653.3
天津	9926	80	330.22
广东	49	4	22.32
辽宁	9	3	14.31
河南	53	3	13.12
湖南	9	2	12.87
山东	24	1	4.3
湖北	10	1	6.43
陕西	13	1	5.93
黑龙江	12	1	4.83
四川	13	1	4.23
广西	5	0	0
西藏	2	0	0
重庆	9	0	0
上海	5	0	0
甘肃	3	0	0
福建	7	0	0
云南	6	0	0
宁夏	10	0	0
贵州	4	0	0
海南	1	0	0
新疆	2	0	0
吉林	7	0	0
浙江	21	0	0
江苏	40	0	0
安徽	11	0	0
江西	6	0	0

图 3-59 各地域的指标数据

如图 3-59 所示的数据表显示，广西、西藏、上海等多个地域只有少量展现量且无点击量，因此，针对数据结果可以进行地域优化。

（1）停止业务基本不覆盖的地域，只开通业务能覆盖的地域。图 3-59 所示表格是北京某舞台桁架演出器材厂家的推广数据，数据显示该公司业务在距离远的省份开展得很少，因此，海南、青海等地区的展现量非常少，为节省推广成本，可以考虑停止在这些地域的推广。

（2）根据推广效果设置推广地域。当推广一段时间后，发现虽然公司业务在该地域有所覆盖，但推广反馈数据显示，该地域的 SEM 推广效果很差，此时如果关键词、创意等都没有问题，可能意味着公司推广的商品不太适合该地域，可以减少该地域的推广预算，降低推广成本。

（二）SEM 推广关键词优化

SEM 推广关键词优化是指根据前期基于关键词维度的数据分析结果调整账户中关键词的出价，可以从以下几个角度进行调整：

1. 关键词调价

关键词调价是指根据关键词排名和关键词预算情况调整关键词的出价。关键词出价越高，排名会越往前，但是也会产生较高的点击费用。但是，商家考虑的是高点击量带来高转化量，以及合理的投入产出比，因此，根据优化目标进行关键词调价至关重要。

以淘宝平台为例，从以下三个角度进行关键词出价的调整。

（1）按照预估排名调整关键词的出价。例如，关键词为“女装”，如图 3-60 所示，女装的搜索人气为 274 351，点击率为 17.90%，转化率为 8.79%，竞争指数为 117 082。

搜索词	搜索人气	点击率	转化率	竞争指数
女装	274351	17.90%	8.79%	117082

图 3-60　搜索词指标显示

对于关键词“女装”，当出价为 7.2 元时，使关键词排名与商品排名均为第 9 位，经过推广后，关键词获得的展现量为 3 424 次，点击量为 673 次，成交量为 90 单，平均点击花费为 6.88 元。如图 3-61 所示。

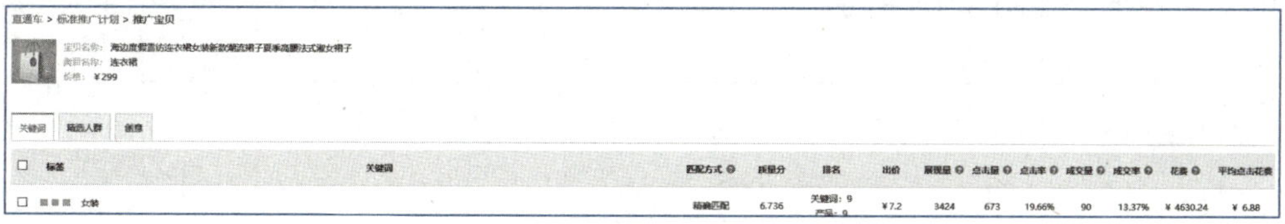

图 3-61　推广计划中出价 7.2 元关键词数据显示

对关键词“女装”的价格进行多次调整后，发现当出价为 8.9 元时，关键词排名与商品排名均为第一名，经过推广后，关键词获得的展现量为 3 864 次，点击量为 759 次，成交量为 97 次，平均点击花费为 8.84 元。如图 3-62 所示。

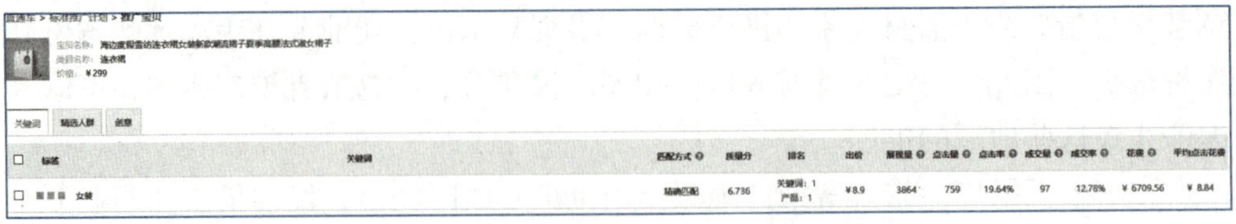

图 3-62 推广计划中出价 8.9 元关键词数据显示

通过上述案例可以清晰地看出，关键词出价越高，能够获得的排名也就越高，也就有了更多的展现机会，最终也会导致较好的点击与转化效果，但是，当关键词出价降低，排名靠后时，关键词的平均点击花费也会降低，可以有效地降低花费。

（2）按照关键词的竞争情况调整出价。如图 3-63 所示，当关键词“夏季”与关键词“雪纺”在出价为 12.8 元时，“雪纺”的排名为第一位，而“夏季”排名却相对靠后。这就说明，关键词“夏季”的竞争较为激烈，导致其关键词的价格相对较高，只有出相对较高的价格时才能获得更高的排名。经过推广后，“夏季”与“雪纺”虽然获得的流量上有一定的差距，但是关键词的平均点击花费相差不大。

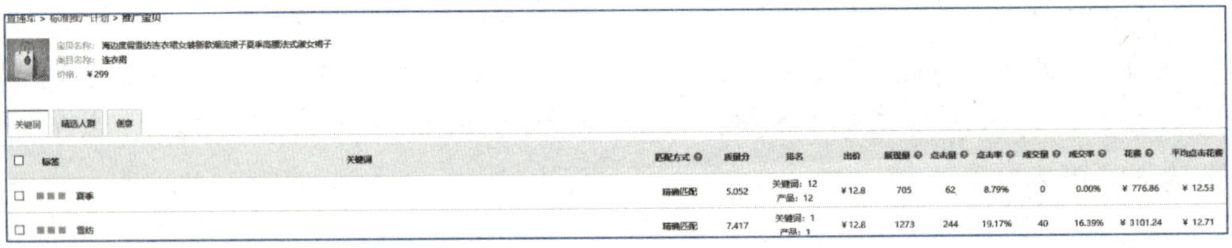

图 3-63 推广计划中“夏季”与“雪纺”关键词数据显示

若通过调整“夏季”的关键词出价，让其排名排在第一位时，关键词的出价为 21.2 元，经过推广后，关键词的流量提升并不是很多，但是关键词的平均点击花费上升幅度较大，由原来的 12.53 元上涨至 21.20 元，关键词的单次点击花费比原关键词平均点击花费上涨 69.19%。因此，在这种情况下，可以对这种关键词放弃出高价，调整第一位排名，选择一个网店能够接受的价格进行出价，或删除关键词。如图 3-64 所示。

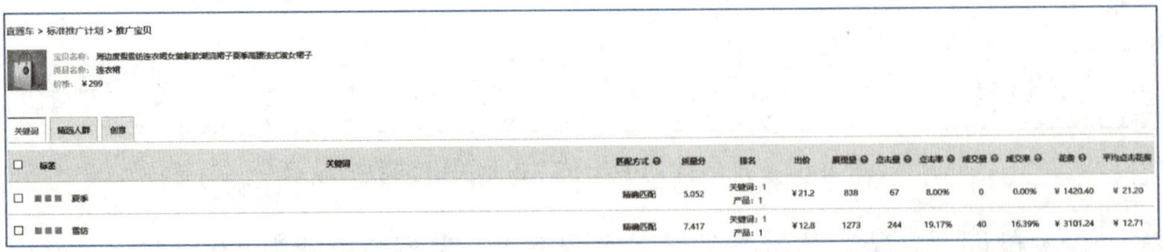

图 3-64 调整出价后，推广计划中“夏季”与“雪纺”关键词数据显示

（3）根据优化目标修改关键词出价。关键词的出价既代表着综合排名，也代表着展现量，网店需要根据优化目标来修改出价，当网店需要展现量的时候，出价就需要高一些；当网店需要点击量的时候，就要以展现量与点击率为衡量指标。

例如：关键词“裙子连衣裙雪纺”的搜索人气为 8 216、点击率为 26.33%，“夏季连衣裙”的搜索人气为 10 820、点击率为 7.30%，网店想要获得更高的点击量，就要购买关键词“裙子连衣裙雪纺”，甚至出高价获得较高的排名，以此来增加点击量。如图 3–65 所示。

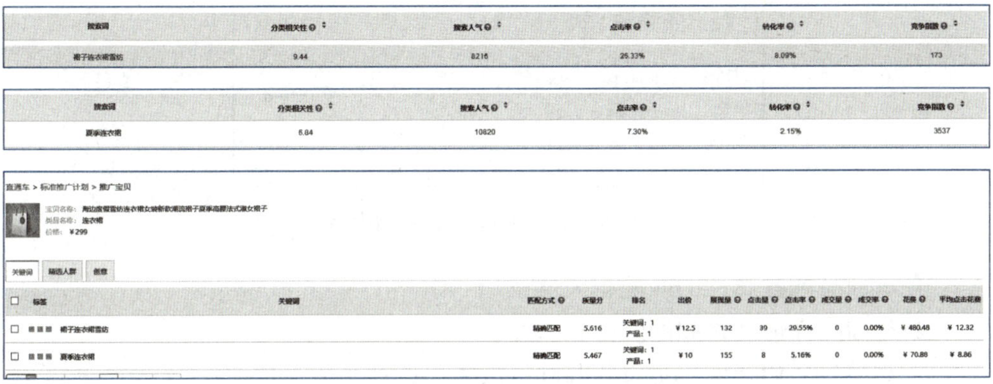

图 3–65　修改关键词出价示意图

2. 关键词删除

关键词删除是指对不会带来流量或者流量较少的关键词进行删除。

对于流量较少的关键词，要分析关键词的情况，如果相关性较差，则建议删除。

对于相关性比较强的关键词，如果展现量不多，可以提高出价以获取足够展现量，然后观察点击量情况。如果展现量很大但仍然没有点击量，为了避免拉低整体推广计划点击率，可对这类词做删除处理。

对于关键词的出价提高后展现量与点击量仍然不高的关键词，要分析这个关键词本身的搜索人气与点击率。本身搜索量较小的关键词，带来的流量也会相对较少。当关键词的点击花费较少时，可以保留；当关键词的点击花费相对较高时，建议删除。

对于没有流量部分关键词，还要分析是否是设置了广泛匹配导致流量的转移。例如，某一推广商品下的推广关键词“连衣裙女”与“连衣裙”均设置了广泛匹配，“连衣裙女”的综合排名指数为 85，“连衣裙”的综合排名指数为 95。当买家搜索“连衣裙女”时，由于关键词的广泛匹配，综合排名指数高的关键词“连衣裙”参与竞争排名，在这种情况下，“连衣裙女”引流来的流量会分配给“连衣裙”，导致“连衣裙女”无流量。在这种情况下，可以删除关键词“连衣裙女”。

直通车关键词质量分

3. 关键词质量分优化

关键词质量得分在 SEM 推广中是非常重要的。在同样流量需求的情况下，高分意味着花更少的费用可以获得预期的展示位置，在同样出价的情况下，高分意味着获得更靠前的展示位置。同时，高分意味着点击率高、相关性强、买家反馈好……提高关键词的质量得分应重点从以下几方面开展：

（1）提高创意质量（点击率）。关键词质量分本质上与创意质量、相关性和买家体验有密切的关系，如图 3–66 所示。细分下来，创意质量也可以简化为点击率。而相关度包括以下三个方面：

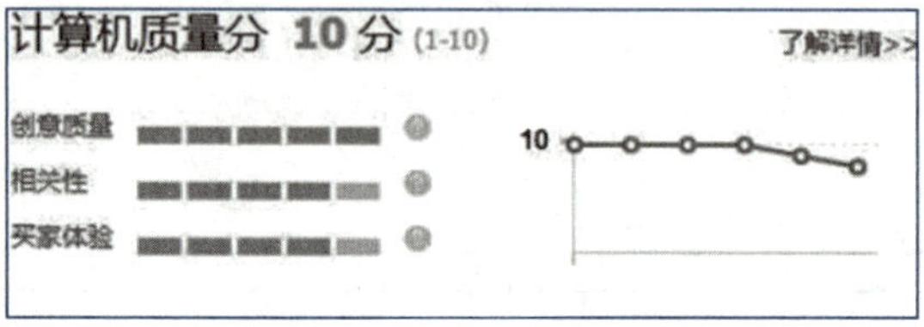

图 3–66 关键词质量分影响因素

① 与商品标题属性的匹配相关度；

② 与商品详情页之间的匹配相关度；

③ 与类目的相关性，买家体验则可以直接体现为流量反馈。

点击率除了受标题图片的影响之外，还有一个很重要的影响因素，就是关键词的排名情况。直通车在淘宝搜索页面上，有 17 个展示位置。根据用户的查看情况，一般来说第 1、2、3 位和第 13、14、15、16、17 位的展示效果会更好，所以如果前面三个位置平均点击扣费（Pay per Click，PPC）太高的话，不妨推到第 13 位，点击率也不会很差。

（2）提高相关性。

① 属性相关性。添加的关键词与商品本身标题属性的相关性越强，证明关键词越精准，那么该关键词的质量得分就会越高。因此，完善商品标题属性很重要，添加属性有以下两种方式：

第一种方式，去流量解析输入商品的中心词，根据推广词表的一些推荐词，选择与商品相符合的关键词的拓展词添加在属性。例如：输入四件套，会出现与四件套相关的一些推荐词，可根据其拓展词挑选合适的关键词并将其加入属性，如图 3–67 所示。

第二种方式，在淘宝搜索框中输入中心词，会出现一些搜索热词，可根据搜索下拉框的关键词的一些拓展词添加符合商品的属性，如图 3–68 所示。

② 详情页相关度。关键词与商品详情页的匹配性越高，关键词就越精准，关键词质量分也就越高，因此，可以通过优化详情页来提高关键词质量分。

③ 类目相关度。添加的关键词必须与商品所放置的类目相符，最好围绕类

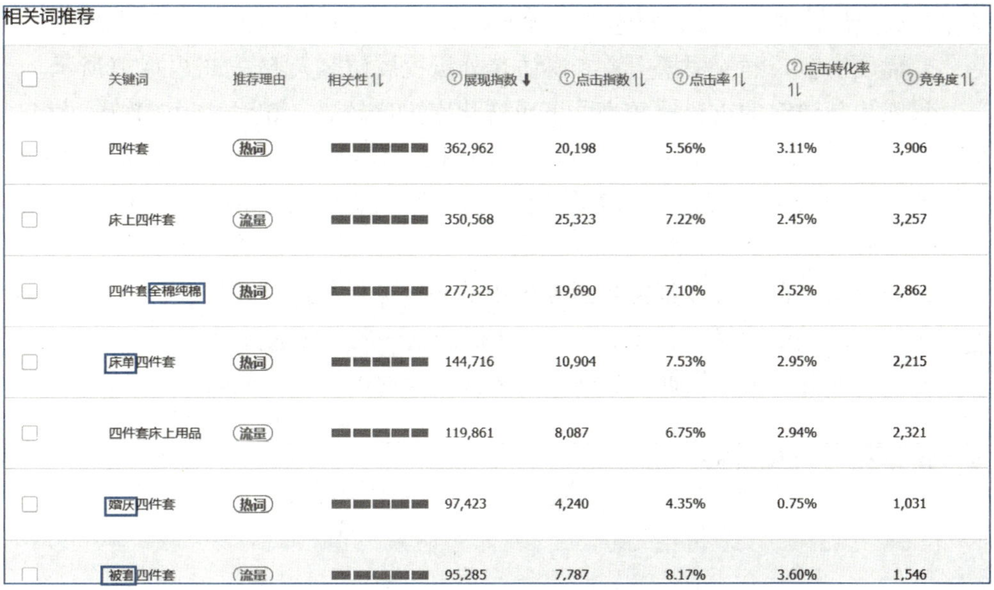

相关词推荐

	关键词	推荐理由	相关性	展现指数	点击指数	点击率	点击转化率	竞争度
	四件套	热词		362,962	20,198	5.56%	3.11%	3,906
	床上四件套	流量		350,568	25,323	7.22%	2.45%	3,257
	四件套全棉纯棉	热词		277,325	19,690	7.10%	2.52%	2,862
	床单四件套	热词		144,716	10,904	7.53%	2.95%	2,215
	四件套床上用品	流量		119,861	8,087	6.75%	2.94%	2,321
	婚庆四件套	热词		97,423	4,240	4.35%	0.75%	1,031
	被套四件套	流量		95,285	7,787	8.17%	3.60%	1,546

图 3-67　流量解析推荐词

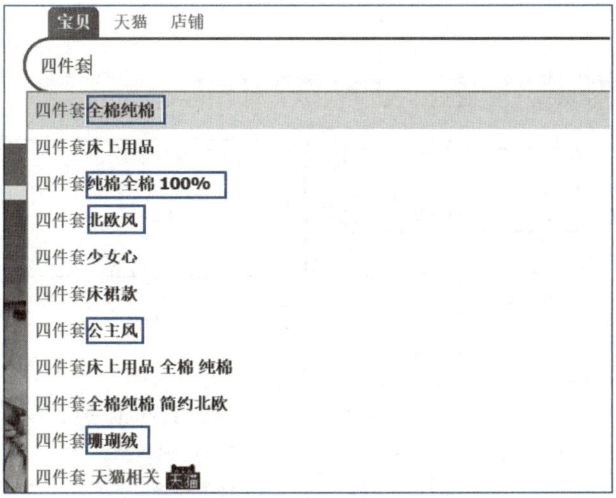

图 3-68　中心词下拉列表框

目的中心词进行拓展，这类关键词的匹配度也会比较高，质量得分也会相对较高。要提高类目的匹配度，可以将商品设立更加精细的二级类目、三级类目。这样质量分的提高很明显，如图 3-69 所示。

（3）提高买家体验（流量反馈）。关键词的流量反馈包括点击转化率、收藏加购数、好评率等。提高关键词的点击转化率、收藏加购数的方式有以下几种：

① 卡位。把测试后转化比较好的关键词或者收藏加购较好的关键词卡在第一位或二位，引进大量的优质流量。

② 投放人群设置。可以根据商品的相关属性及受众目标选择投放人群，使得

流量投放更加精准。投放人群包括：优质访客人群、自定义人群、天气人群等。

a. 优质访客人群：根据生意参谋访客分析投放访客人群，如图 3–70 所示。

该账户新访客的占比比较高，下单转化率也比较高，相对来说二次购买相对较少，所以，浏览过该商品但未购买店内商品的访客、将店内商品放入购物车的访客、收藏过店内商品的访客等流量会较高，点击转化率也会相对较好，如图 3–71 所示。

b. 自定义人群：可以根据生意参谋中的访客分析判断用户属性，如性别、消费层级、年龄和职业等（见图 3–72），并根据这些属性投放关键词。

c. 天气人群：可以根据商品适合的天气来投放关键词，如图 3–73 所示。

图 3–69 类目相关性优化

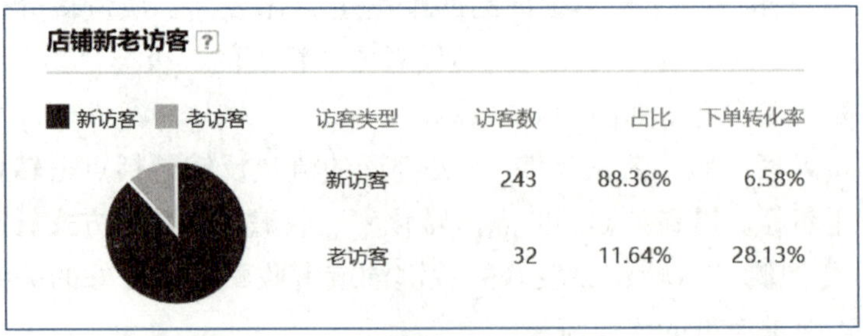

图 3–70 访客人群分析

状态	推广人群	人群分类	溢价	展现量	点击量	点击率	花费
推广中	购买过店内商品的访客	基础属性人群	5%	11	3	27.27%	¥3.78
推广中	浏览未购买店内商品的访客	店铺定向人群	5%	791	89	11.25%	¥106.71
推广中	店内商品放入购物车的访客	店铺定向人群	25%	284	50	17.61%	¥66.19
推广中	资深淘宝/天猫的访客	基础属性人群	5%	2,363	109	4.61%	¥145.59

图 3-71　访客人群流量分析

性别

性别	访客数	占比	下单转化率
男	50	18.18%	8.00%
女	206	74.91%	10.19%
未知	19	6.91%	0.00%

（a）性别分析

消费层级

消费层级(元)	访客数	占比	下单转化率
0-25.0	133	48.36%	10.53%
90.0-180.0	45	16.36%	8.89%
25.0-50.0	43	15.64%	6.98%
50.0-90.0	38	13.82%	2.63%
180.0-330....	10	3.64%	20.00%
330.0以上	6	2.18%	16.67%

（b）消费层级分析

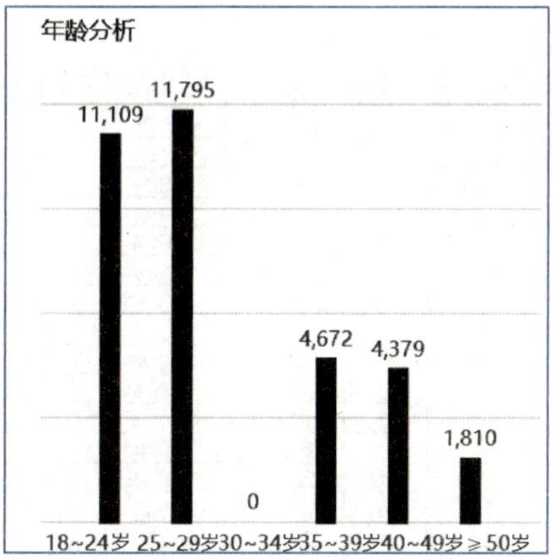

（c）年龄分析

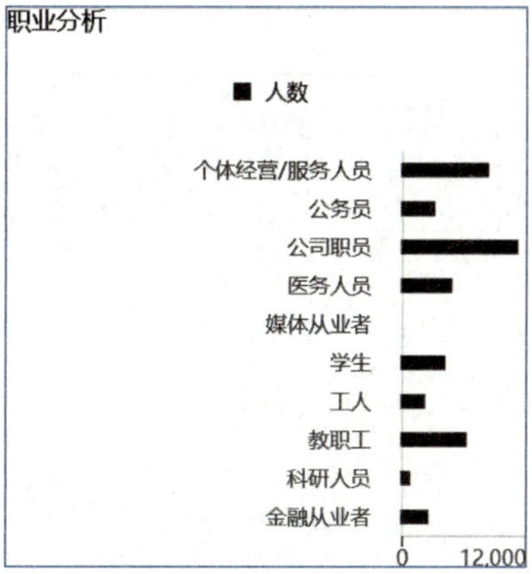

（d）职业分析

图 3-72　人群属性分析

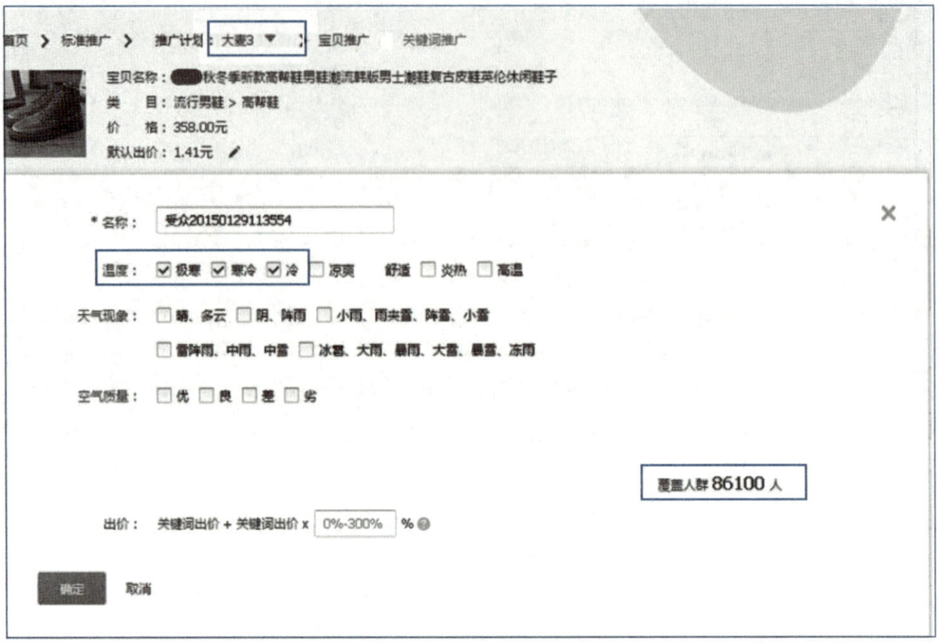

图 3–73 商品天气投放

提高关键词质量分并不难，只不过需要长时间的一个测试，可通过提高创意质量、相关度和买家体验来达到提高质量得分的目的。

（三）SEM 推广创意优化

高质量的创意既可以吸引用户关注、提高点击率，还有利于增强搜索词、关键词与创意的相关性，提高关键词质量。高质量且有效点击率较高的创意，可减少非潜在客户的误点击，降低推广成本。图 3–74 所示为某公司各创意的指标数据，数据显示有的创意展现量很高，但是点击率很低，因此需要优化创意，提升点击率。

创意标题	展现量	点击量	消费额	点击率	点击价格/元
{桁架}_铝合金桁架_舞台桁架_拼装舞台-北京桁架厂	49583	334	1349.44	0.67%	4.04
AAAA{桁架} 全国直销 值得信赖 桁架现货批发	26077	180	736.69	0.69%	4.09
{桁架 }舞台 铝合金桁架-北京AAAA桁架厂家	7492	135	585.27	1.80%	4.34
{铝合金桁架}_专注桁架租赁和销售以及舞台搭建	4442	135	700.16	3.04%	5.19
铝合金桁架 中展大型演出TRUSS架 灯光架生产定做批发	2607	93	539.5	3.57%	5.80
{铝合金桁架}专业生产厂家-质量保证-价格优势	2545	80	427.7	3.14%	5.35
北京户外帐篷租赁搭建工厂	1281	26	173.11	2.03%	6.66
{背景板搭建出租}——桁架舞台搭建_租赁和销售_质量可靠	774	13	64.45	1.68%	4.96
{背景板租赁} 16年经验 画面环保无味 价格低	530	13	50.65	2.45%	3.90
{背景板搭建出租}_专注桁架租赁和销售以及舞台搭建	440	8	40.34	1.82%	5.04
铝合金桁架帐篷搭建租赁工厂	1483	6	43.39	0.40%	7.23
{舞台桁架}找AAAA_桁架租赁销售和舞台搭建	472	5	21.33	1.06%	4.27
{舞台桁架}一桁架舞台搭建_租赁和销售_质量可靠	174	4	20.17	2.30%	5.04
找{桁架租赁}搭建 舞台搭建 背景板租赁工厂	113	4	21.91	3.54%	5.48
找桁架租赁搭建 舞台搭建 背景板租赁工厂	148	4	20.48	2.70%	5.12
{背景板搭建出租}一桁架舞台搭建_租赁和销售_质量可靠	189	2	7.32	1.06%	3.66
{背景板搭建出租}找AAAA_桁架租赁销售和舞台搭建	93	2	7.64	2.15%	3.82

图 3–74 某公司 SEM 推广创意指标数据

好的创意需要满足飘红、通顺、相关和有吸引力四个要求。首先要保证创意飘红，其次要看创意内容的通顺度和相关性，最后要提升创意的吸引力，从而使用户看到创意就会有很强的购买或者点击欲望，达到推广的效果。

1. 实现创意飘红

创意飘红是指在用户搜索关键词时，展现相应创意中的标题、描述中部分文字显示为红色字体。适当使用创意飘红，可以有效吸引用户点击。飘红可以通过通配符飘红和字段飘红两种方式实现。

（1）通配符飘红。在创意中合理、适当地插入通配符后，通配符位置会飘红显示，使展现结果更醒目，从视觉上提升吸引力，从而提升关键词质量分。图 3–77 所示的数据表中，通配符“铝合金桁架”和“桁架租赁”在展现结果的创意标题和描述中均飘红显示，如图 3–75 所示。

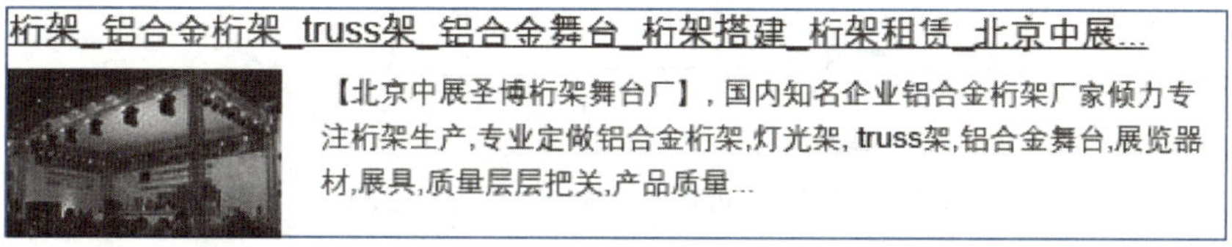

图 3–75 创意通配符飘红显示示意图

（2）字段飘红。当创意中的词语与用户的搜索词一致或同义时，会形成该相同字段的飘红，同样可以提升吸引力，提升质量分。例如，搜索“北京桁架”时，由于“北京桁架”和“桁架”两个搜索词与图 3–75 中创意标题内容中的词语一致，因此搜索结果显示为如图 3–76 所示的字段飘红。

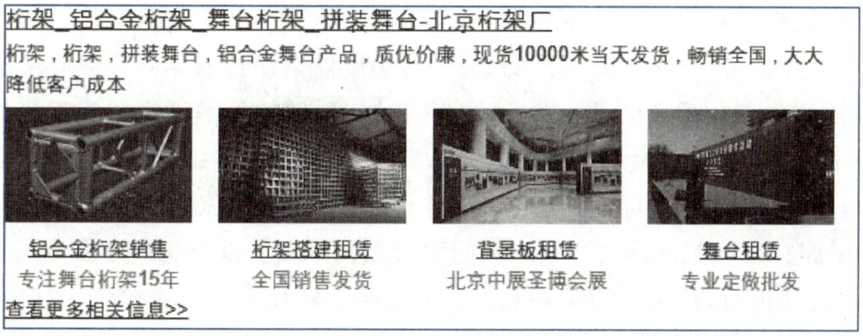

图 3–76 创意字段飘红显示示意图

2. 提高创意通顺度

通顺的创意点击率更高，质量分也会更高。造成创意不通顺主要有滥用通配符和账户结构有问题两个原因。滥用通配符主要是指存在连续不间断嵌入多个通配符或多个通配符之间无“有连续语义”的语句等情况。由于一个单元内的关键词共用创意，因此要保证创意通顺，首先需要搭建合理的账户结构，在账户中搭建单元时需要遵循两个原则：意义相近和结构相同。

例如，客户 A 销售数码电子商品，建立账户“客户 A”进行推广。按商品线划分推广计划，则推广计划“手机”的结构如图 3-77 所示。

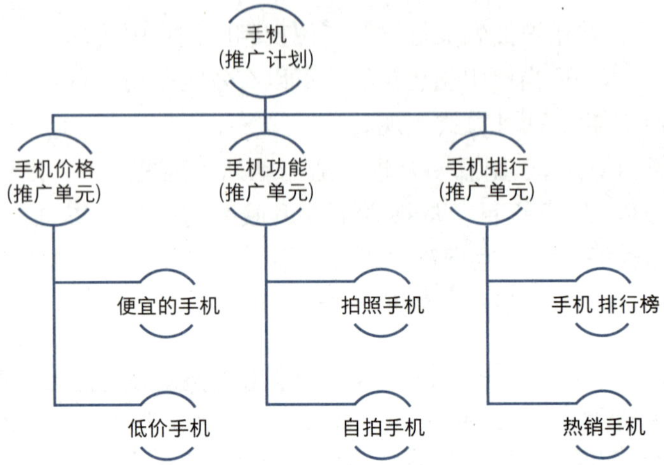

图 3-77 推广计划结构优化示意图

按“结构相同，意义相近”的原则重新划分单元，账户结构合理，并结合通配符的使用技巧，就可保证创意通顺，获取更高点击量，实现质量分的提升。

3. 优化创意相关性

创意相关性包括词相关和网页相关。词相关是指创意围绕推广关键词撰写，吸引客户点击。网页相关是指网页与创意相关，用以留住潜在客户。

可以根据推广的关键词进行创意的优化，提高关键词与商品的类目、属性及文本信息的相符合程度，进而提高关键词质量分。在进行创意优化时，可以添加推广关键词列表中的关键词，例如，“海边度假雪纺连衣裙女装新款潮流裙子夏季高腰法式淑女裙子”添加推广关键词时，添加的关键词为“连衣裙女装雪纺”“高腰连衣裙”，在优化创意时，可以将“高腰连衣裙女装雪纺”添加到创意标题中。由于推广关键词的数据较多，并不能将所有的关键词添加到推广创意标题中，因此，添加关键词时会有不同的侧重点，可以从以下几个方面考虑：

（1）添加与商品相关的搜索人气、点击率、转化率高的关键词。搜索人气、点击率、转化率高的词往往竞争度较高，市场平均价格较高，商家想要获得较高的排名需要较高的出价，点击花费也会相对较高，因此，可以通过创意优化提高此类关键词的质量分，降低关键词的点击花费。

（2）添加质量分低的关键词。经过前面的分析可知，将关键词添加到创意中，可以一定程度上提升关键词质量分，因此，对于质量分较低的关键词，可以添加到创意中，通过增加关键词与商品信息的相关性，提高关键词质量分。具体如表 3-10 所示。

表 3-10　在创意中添加质量分低的关键词，提高关键词质量分

关键词	创意	关键词质量分
黄色连衣裙夏季	海边度假雪纺连衣裙女装新款潮流裙子夏季高腰	4.531
	海边雪纺黄色连衣裙女装新款潮流裙子夏季	5.120

（3）添加质量分相对较高的关键词。部分关键词质量分相对较高，可以通过创意增加这部分关键词，提升关键词质量分，继续增强其竞争力，力争以相同的花费获得更高的排名。

4. 优化创意吸引力

由于用户的搜索行为习惯往往是会变化的，因此创意的吸引力也是相对的、不断变化的，只有不断尝试、持续优化，才能保持优势。

提升创意吸引力可以从创意形式和创意内容两方面进行考虑。创意形式可以通过优化语句结构和规范标点符号的使用来提升；创意内容可通过合理运用品牌影响力、考虑行业特殊属性、提升内容丰富程度以及展示商品或服务的独特优势等方式实现。

（1）优化语句结构规范标点符号使用。撰写创意时组织精练的语言，同时要注意避免无意义的冗余信息。优化语句结构的示例如表 3-11 所示。

表 3-11　优化语句结构

搜索词	优化前	优化后
网店运营推广	图书网店运营推广—SEM 推广—促销仅售 34.2 元，7 折	买正版《网店运营推广》来 ×× 网，7 折货到付款

如表 3-11 所示。优化后调整了语句结构，去除不必要的冗余信息，并增加了品牌“×× 网”信息，重点内容一目了然。对书名《网店运营推广》使用书名号，符合阅读习惯。

（2）合理运用品牌影响力。合理运用品牌影响力的案例如表 3-12 所示。

表 3-12　合理运用品牌影响力

搜索词	优化前	优化后
爱奇艺	海量视频，精彩呈现！	爱奇艺，高清影视剧在线观看
×× 粉底	×× 牌粉底，独家销售，古传配方	纯天然粉底，粉底中的精品，有效遮瑕美白

对品牌实力强的商品，突出品牌名称；对品牌实力较弱的商品，需弱化具体品牌宣传。

（3）考虑行业特殊性。不同行业有不同的行业属性，考虑行业特殊性，突

出用户关注的侧重点，例如，图书出版业侧重于正版，3C 行业侧重于正品和联保，珠宝、首饰等贵金属行业侧重于质量保证等。考虑行业特殊性的优化示例如表 3–13 所示。

表 3–13 考虑行业特殊性的优化

搜索词	优化前	优化后
2022 年手机	手机网购，就上 ×× 网！	2022 年手机，超高配置，100% 正品行货，全国联保，送货上门！

优化后突出 3C 行业的重要属性，例如，手机是“100% 正品行货”“全国联保”，并有明显的相关性。

（四）SEM 推广人群溢价优化

SEM 推广人群溢价是指为指定的流量（包括访客定向、兴趣点定向或群体定向）加价，也就是商家针对特定人群提高出价，也叫人群搜索溢价。进行人群溢价能让关键词更加精准，从而带来更精准的流量，提高店铺的转化率。

在开展 SEM 推广人群溢价优化时，通过对不同人群的分析，并利用平台不同功能，使到达店铺的人群更加精确，在保证有高点击率的同时也要不断提高转化量。淘宝直通车人群溢价公式是：人群出价 =1×（1+ 溢价比例）。例如：关键词出价 1.00 元，溢价比例 50%，人群出价 =1×（1+50%）=1.5（元）。

不同人群的溢价程度不同，如图 3–78 所示。

1. 低出价、高溢价

低出价、高溢价是指关键词出价低，人群溢价高，这是一种面向精准人群出价的方式，商家清晰地知道自己的目标人群属性，可以对精准人群出价，过滤不必要的点击量和展现量，帮助提高点击率。在预算不够的时候，把费用花在需要的地方，也是这种方式的优势之一。这种优化方式的适用场景有：

（1）活动推广。活动预热期可加大对人群属性的投放，因为预热时的自定义人群已转化成网店里浏览未购买或加购收藏的访客，活动预热期在人群属性投放不变的情况下，可加大对核心客户与潜在客户的投放，并提高溢价比例。

（2）老客户的维护。圈定人群时要不断维护店铺老客户，保证稳定的溢价，以获得老客户的持续关注，溢价幅度可结合关键词的出价。同时，维护客户群体时，还要关注浏览、收藏、将商品加入购物车的访客，这类客户意向性强，溢价幅度也可以适当提高。

（3）非标品的类目商品，非标品对匹配人群要求比较高，在关键词出价时，可以出一个相对比较低的价格，控制搜索结果在 4～6 条位置，再通过人群溢价的方式进行引流。

状态	搜索推广	溢价	展现量	花费	点击量	点击率
推广中	男 35-39岁 1050-1749元	230%	6,613	¥2,004.49	304	4.60%
推广中	男 35-39岁 750-1049元	5%	239	¥58.89	19	7.95%
推广中	男 35-39岁 300元以下	5%	1,036	¥149.68	48	4.63%
推广中	男 30-34岁 1750元以上	240%	18,671	¥6,396.36	982	5.26%
推广中	男 30-34岁 1050-1749元	240%	10,352	¥3,460	514	4.97%
推广中	男 30-34岁 550-749元	6%	1,918	¥576.35	97	5.06%
推广中	男 30-34岁 750-1049元	6%	2,110	¥619.36	99	4.69%

图 3–78　淘宝直通车推广账户人群溢价数据

2. 高出价、低溢价

高出价、低溢价是指对关键词进行较高的出价，对人群溢价出得比较低，甚至不进行溢价。

在对关键词进行出价的时候，高的出价排名就会提高，进而会带来较高的展现量和点击量。这种出价方法对于直通车的影响最低，关键词流量较稳定。这种优化方式的适用场景有：

（1）新手网店经营者。新手网店经营者在不知道店铺人群时可采用这种办法，缺点是花费较高，可根据推广后的店铺的人群画像重新定向目标人群，提高目标人群的出价。

（2）人群测试。人群是直通车提升权重的关键，根据前期商品分析和人群定位等数据分析，可以对每一个关键词单独进行测试，测试完成后，再砍掉或降低不精准人群出价，然后再考虑溢价和原始出价。比如，针对女装类商品，可以按照“性别 + 年龄段 + 类目笔单价”分层设置，两两匹配，这类人群标签组合得越精准，通过数据测试最终的反馈会越好，转化率自然会很容易上来。

（3）标品的类目商品，如果商品是标品，就可以出高价保证商品在前三名位置，然后采用高出价、低溢价的方式。在网店积累了一定的忠实消费者后，可以适当地提升人群溢价的比例。

3. 正常出价、慢慢加溢价

正常出价、慢慢加溢价是指逐步提升关键词溢价，其原理是通过逐步溢价，提高精准人群排名，提高点击率，圈定精准人群标签入池。这种方法适合新店、新品、流量比较少、层级比较低、商品行业搜索流量都比较少的小类目。这种优化方式的适用场景有：

（1）小类目的非标品店铺。一些小类目的全年销售额通常比较平稳，没有明显的淡旺季，且搜索转化率比较低，可以使用正常出价、慢慢加溢价的方法。

（2）精准人群圈定。把优质店铺的访客、资深淘宝天猫的访客人群进行溢价测试，通过3～5天的数据对比，把转化差、无收藏加购的人群暂停删除，对点击率高、转化好的人群适当提高溢价，对点击率高、花费高、投资回报率一般的人群适当控制溢价，然后通过小幅度降低关键词出价、降低高花费人群溢价的方式去降低按点击付费的价格。

大赛直通车

SEM推广关键词竞价

全国职业院校技能大赛高职组“电子商务技能”赛项的网店运营推广模块中的推广部分，通过SEM推广对网店所销售商品相关的关键词出具一定的竞价价格，在买方搜索其中某个关键词时，展示与该关键词相关的商品，并取得较靠前的搜索排名，参赛者要掌握其中的逻辑和技巧。

1. SEM推广限额设置

卖家在进行SEM推广时需要制订推广计划，推广计划包含每期推广限额，每个卖家最多可以制订4个推广计划。SEM推广账户余额如果为“0”则无法进行SEM推广，必须先充值才可以进行SEM推广。

2. SEM推广商品排名逻辑

SEM推广商品排名得分＝质量分 × 竞价价格

质量分＝关键词搜索相关性（数据魔方提供）×0.4+ 商品绩效 ×0.06

竞价价格：为使商品取得靠前的排名为某关键词所出的一次点击的价格。

3. SEM推广关键词匹配方式逻辑

SEM推广关键词匹配方式分为精确匹配、中心匹配、广泛匹配。

精确匹配时，只有当买方搜索的词与卖方投放的关键词完全相同才能被搜索到；中心匹配时，当买方搜索的词是卖方投放的关键词的子集时也能被搜索到；广泛匹配时，买方搜索的词与卖方投放的关键词有一部分相同即可被搜索到。

同步测试

1. 单项选择题

（1）一个 SEM 账户内可以创建（　　）推广计划。

A. 只能创建 1 个
B. 随便创建多少个
C. 一般不少于 10 个
D. 一般不少于 2 个，不多于账户规定的最大限制数

（2）直通车 SEM 推广计划可分为关键词推广和（　　）。

A. 定向推广　　B. 重点推广
C. 相关推广　　D. 核心推广

（3）搭建账户的准备工作不包括以下（　　）步骤。

A. 市场分析　　B. 账户结构规划
C. 关键词初步规划　　D. 推广计划搭建

（4）关键词和其所在的推广组同时设定出价时，以（　　）出价为准。

A. 推广组　　B. 创意　　C. 预算　　D. 关键词

2. 多项选择题

（1）下列属于确定推广计划名称的方法的是（　　）。

A. 按推广关键词类型　　B. 按商品类型
C. 按推广地域　　D. 按推广时段

（2）推广组关键词细分原则包括（　　）。

A. 词义相近　　B. 字数多少
C. 结构相同　　D. 添加顺序

（3）根据锁定人群的差别，定向推广可分为（　　）。

A. 访客重定向　　B. 相似商品定向
C. 子类目定向　　D. 相似店铺定向
E. 兴趣点定向

3. 判断题

（1）搭建推广组是指在推广计划内，确定推广组名称，设定推广组出价，添加关键词和创意，完成关键词出价和匹配及人群定向，形成关键词和创意多对多关系等一系列操作。（　　）

（2）地区不同、业务不同，在计划层级没有必要对不同地区的潜在客户制订差异化的投放计划。（　　）

4. 案例分析题

水木年华旗舰店是一家主营女性正装、上衣和裙子的天猫店，最近在商品“海边度假雪纺连衣裙女装新款潮流裙子夏季高腰法式淑女裙子”推广中，添加了关键词“裙子夏季连衣裙”与“夏季雪纺连衣裙短袖”，关键词的质量分、排名、出价均相同，经过一轮的推广后，“裙子夏季连衣裙”获得的展现量为172次，“夏季雪纺连衣裙短袖”获得的展现量为42次，如图3–79所示。

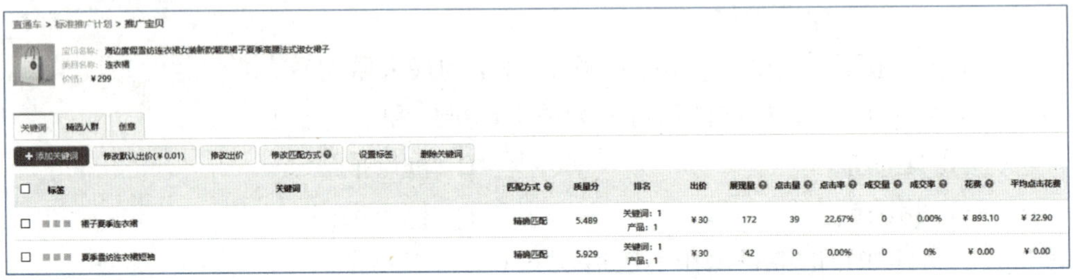

标签	关键词	匹配方式	质量分	排名	出价	展现量	点击量	点击率	成交量	成交率	花费	平均点击花费
	裙子夏季连衣裙	精确匹配	5.489	关键词：1 产品：1	¥30	172	39	22.67%	0	0.00%	¥893.10	¥22.90
	夏季雪纺连衣裙短袖	精确匹配	5.929	关键词：1 产品：1	¥30	42	0	0.00%	0	0%	¥0.00	¥0.00

图3–79 关键词数据显示（1）

“裙子夏季连衣裙”的搜索热度为12 118，点击率为21.25%；“夏季雪纺连衣裙短袖”的搜索热度为3 293，点击率为21.41%，如图3–80所示。

搜索词	搜索人气	点击率	转化率	竞争指数
裙子夏季连衣裙	12118	21.25%	9.09%	79

搜索词	搜索人气	点击率	转化率	竞争指数
夏季雪纺连衣裙短袖	3293	21.41%	5.82%	171

图3–80 关键词数据显示（2）

（1）两组关键词的质量分、排名、出价均相同，为什么展现量会相差这么大呢？

（2）关键词添加需要考虑哪些要素？关键词的搜索人气和商品的展现机会有什么关系？

模块四

信息流推广

知识目标

- 掌握信息流底层逻辑架构
- 了解信息流推广意义及账户搭建技巧
- 熟悉推广的目标客户定位技巧及预算分配方法
- 熟悉推广账户设置的时间、地域定向技巧
- 掌握创意制作技巧
- 熟悉落地页制作技巧
- 掌握账户出价技巧
- 掌握信息流营销效果优化技巧

技能目标

- 能够根据不同商品类型特征，完成推广商品的选款
- 能够根据推广目标客户定位技巧，完成推广目标客户定位
- 能够根据推广账户预算分配方法，完成推广账户预算分配
- 能根据账户搭建技巧及时间、地域定向技巧，完成账户投放设置
- 能够根据创意制作技巧，完成创意制作
- 能够根据人群定向设置技巧，完成人群定向设置
- 能够根据信息流创意优化技巧，完成信息流创意优化
- 能够根据信息流落地页优化技巧，完成信息流落地页优化

素养目标

- 培养学生遵守与网店推广相关的法律法规，创造良好的网店推广环境
- 培养学生遵守平台规则与制度，形成良性竞争的氛围
- 培养学生具备良好的职业道德，从规范自身行为出发，促进行业良性发展

知识导图

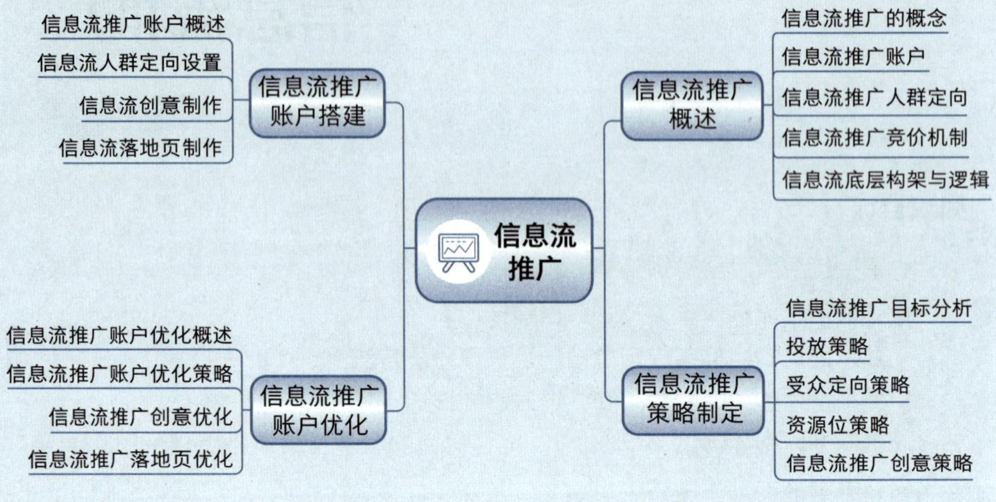

学习计划

- **知识学习计划**

- **技能训练计划**

- **素养提升计划**

单元一

信息流推广概述

【引例】

雷克萨斯信息流推广提升转化率

雷克萨斯通过打通线上与线下的全链路，精准定向找到最核心的受众并向其传达产品理念。

一、营销过程

（1）预热阶段：通过“悬念营销＋户外造势＋社交媒体”联动，这种组合拳联动的形式短期迅速提高了广大用户对雷克萨斯整体品牌的认知。

（2）聚焦引爆：通过“全程直播＋多维引爆”打造品牌几何级裂变。通过专题冠名、视频直播冠名实现对用户行为路径的全覆盖；通过官方微信、微博、H5制造话题，进行社交网络深度覆盖，提升了用户对品牌的认知度；通过“硬广＋信息流广告植入”双管齐下，深度传递车型信息，从线上引流至线下，提高了转化率。

（3）延续阶段：通过“产品展示＋现场体验＋专人解读”全方位深度解读品牌，现场解读产品特点与优势介绍，直接实现销售转化。

二、营销效果

（1）现场推介会参会人数超过1 200人，头条号创作者大会视频全网直播总播放量超过100万次。

（2）3天开屏总展示量超过4 170万次，头条号专题总展示量超过6 006万次，官方新媒体（头条号、微博、微信）曝光量超过533万次。总曝光量超过1.08亿次。

（3）多家主流直播平台同步视频直播，显著提高了活动的曝光度。头条号平台传播良好，大量自媒体人发文讨论本次活动。

在这次营销活动中，信息流广告正在成为移动互联网时代的主流营销方式。雷克萨斯正是利用信息流广告出色的点击率与转化效果实现了营销目标。

思考：那么，到底什么是信息流推广？信息流广告背后的逻辑是什么？怎样才能做好信息流推广呢？

一、信息流推广的概念

学习信息流推广，首先要了解信息流广告。信息流广告是信息流里穿插出现的广告。信息流广告以文字链、图片、短视频等形态夹杂在用户浏览的信息中，与所处的环境贴合，被认为是“最不像广告的广告”。运营商通过各种渠道获取用户的行为数据及兴趣数据，再基于大数据算法，将广告与用户的兴趣和需求进行匹配，然后有针对性地将广告推送到用户面前。信息流广告主要有以下三个特点：

（1）算法推荐：通过大数据描绘多维度用户画像，通过人群标签精准定向理想受众，把合适的信息在合适的场景推送给合适的人。

（2）原生体验：广告与内容融合在一起，用户操作和阅读时无强行植入，实现商业和用户体验的良好平衡。

（3）互动性强：用户可以参与互动，根据平台的特性可以自发进行广告的多维传播（例如微博的转发、朋友圈的点赞），持续影响潜在受众。

其次，要理解信息流推广。信息流推广，是指通过信息流渠道把信息流广告精准推荐给用户的过程。推广过程是在合适的时间、合适的场景把合适的广告推荐给合适的人群，这就需要推广账户对推广过程进行管理。

二、信息流推广账户

信息流推广账户用于管理信息流广告投放。搭建清晰合理的账户有助于进行信息流推广管理，为后续的账户优化建立良好的秩序基础；有利于细化投放策略，提升投放效果；有利于数据统计与分析，可清晰地对比测试结果。在搭建账户之前，首先要考虑整体账户结构规划，确定信息流广告投放的目标，例如，推广 App 使更多的用户下载，推广商品在线购买，或者以头条文章形式推广。

在信息流推广中，对于账户搭建规则没有明确的要求，只要做到分类清晰，实现不同的人看到对应的广告信息，最大概率获取转化，最终利于统计推广效果数据即可。大部分信息流平台的结构都分为 4 个层级：账户—推广计划—推广组—创意。

推广计划通过设定流量类型、推广对象、预算、时段等搭建营销场景；推广组是管理创意的单位，通过定向方式筛选推广受众，常见的定向方式包括基本信息定向、用户意图定向、用户环境定向和 App 行为定向等；创意是用户在信息流中看到的广告图片或者标题。

一般来讲，每个账户可以添加若干推广计划，合理的账户结构要添加 2 个以上推广计划；每个推广计划可以有若干个推广组，在合理的账户结构中，每个推广计划会添加 3 个以上推广组；每个推广组中，每个创意样式可以添加若干条创意；合理的账户结构中每个推广组会添加 3 条以上创意。信息流推广账户结构如图 4–1 所示。

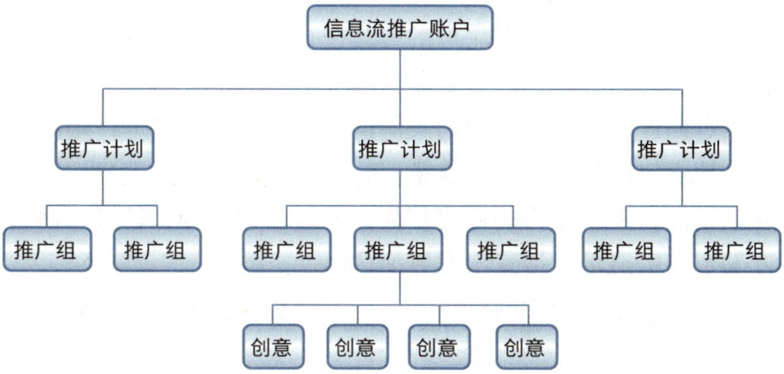

图 4–1　信息流推广账户结构

三、信息流推广人群定向

信息流广告的核心是个性化推荐，而个性化推荐的前提是人群定向。人群定向是指根据用户的属性、用户偏好、生活习惯、用户行为、兴趣爱好等信息抽象出来的标签化用户模型。通俗地说，就是给用户打标签，而标签是通过对用户信息分析而得来的高度精练的特征标识。通过打标签，可以利用一些高度概括、容易理解的特征来描述用户，可以让人更容易理解用户，并且可以方便计算机处理。人群定向标签化示例如图 4–2 所示。

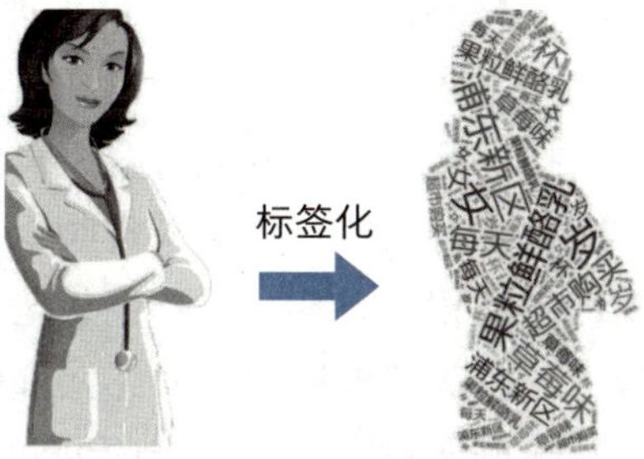

图 4–2　人群定向标签化

人群定向是账户搭建的基础，定向方式可以分为三类：基础定向、行为定向、兴趣定向。

（一）基础定向

基础定向是根据人群的性别、年龄、地域等基础信息进行定向的过程。基础定向有以下两个维度：

（1）核心基础定向。核心基础定向的两个必要因素是“场景”和“职业”。通过用户对于商品的使用场景和职业来确定用户的收入能力等信息，并以此确定投放方向。

（2）辅助基础定向。在“场景”和“职业”的基础上，通过“地区”“设备”“时段”等关键点最大限度地保证投放的精准性。

基础定向是比较宽泛的判定依据，针对潜在人群，适合刚需类产品、品牌曝光等基础设定。

（二）行为定向

行为定向是通过数据分析对用户的行为进行分类筛选的过程。行为定向主要有以下三种方式：

（1）搜索定向：基于用户搜索的关键词，通过意图标签进行定向，抓取更加精准的访客。搜索定向是最精准的流量。

（2）互动定向：基于用户的社交行为，通过互动点赞、转发、评论等方式进行定向。互动定向的流量比搜索定向更加宽泛。

（3）回头定向：基于用户浏览行为，通过购买、浏览相关页面或公众号等方式进行定向。

行为定向锁定的人群大多为目标人群，较为适合 IP 包装、内容传播等。

（三）兴趣定向

兴趣定向是基于用户兴趣标签进行的更进一步定向。它是信息流投放过程中最重要也是最具信息流特点的方式，根据平台内访客的不同标签，兴趣定向汇集成不同的兴趣爱好，作为信息流推广选择人群的重要手段。兴趣定向一般分为核心兴趣和人群兴趣两种。

（1）核心兴趣：针对后台兴趣分类，可以找到最符合自身行业的相同分类。一般核心兴趣是商家在选择消费者兴趣中必选的一项。以投资理财为例，可以在后台选择保险、股票等最符合人群的兴趣。

（2）人群兴趣：根据人群画像的不同，按照不同的受众，网店可选择与访客适配的多种相关兴趣。以招商加盟为例，除了选择招商加盟兴趣外，还可以选择美容、旅游等其他用户同样感兴趣的分类。

在人群定向中，基础定向偏向泛人群，兴趣定向偏向目标人群，而行为定向（搜索、App、电商、社交互动）更偏精准效果。所以，在以信息流推广效果为主的情况下，一般都是对“基础＋兴趣”“基础＋行为”等多种交叉定向组合进行测试。

四、信息流推广竞价机制

从竞价方式上看，信息流推广一般采用实时竞价。实时竞价（Real Time Bidding，RTB）是一种利用第三方技术在数量众多的网站上对每一个用户展示行为进行评估以及出价的竞价技术。广告平台每展现一次，系统都要在很短时间内完成广告的竞价排名，决定展示具体的广告。简单地说，就是把每一个用户每一次的页面浏览进行拍卖，实现互联网广告的智能化、精准化、实时性投放。

下面从信息流广告触发机制、排名机制和计费机制三方面系统地了解信息流的实时竞价。

（一）触发机制

触发机制是指信息流广告被用户看到并点击的逻辑。系统通过各种定向方式引发用户点击广告，具体过程可以分解为以下六个流程：第一，用户访问媒体平台浏览信息；第二，媒体平台收集用户兴趣等信息，并将其发送给广告交易平台；第三，广告交易平台向多家需求方平台发送竞价请求组织竞价；第四，需求方平台发送竞价响应给广告交易平台；第五，广告交易平台开展竞拍；第六，媒体平台将赢得竞拍的广告展现给用户。

（二）排名机制

实时竞价排名机制的依据是广告展示的预估收益（Effective Cost Per Mile，ECPM，即每 1 000 次展示可以获得的广告收入），ECPM 值越高，排名越靠前。用户每次刷新页面后，排名顺序会进行新的排列。

ECPM= 出价 × 预估点击率。各个平台对预估点击率的定义基本相同，即根据推广设置的内容评测出创意的质量分，但具体算法规则，各个平台间略有差异。下面以今日头条为例分析影响预估点击率的因素。

1. 预估点击率排名影响因素

（1）创意历史点击率。创意历史点击率越高，目前创意的预估点击率就越高。其公式为：创意历史点击率 = 点击量 ÷ 展现量 ×100%。

（2）创意相关性。创意基本由文字标题和图片创意组成。创意相关性是指图片和文字是否能有效地组合，共同突出产品信息。为了保证排名，要经常更换创意内容，满足用户的浏览体验。

（3）落地页相关性。影响落地页相关性的主要因素有三个。第一，落地页内容和创意内容的相关性；第二，落地页的打开速度；第三，用户在落地页的停留时间。

（4）其他影响因素。信息流推广账户的历史表现、推广账户的信用值等也会影响预估点击率排名。

2. 出价方式

影响 ECPM 值的另一个因素是出价方式，出价方式主要包括以下 7 种：

（1）CPM（Cost per Mille）：千人展示成本，即广告被展示 1 000 次所需要的费用。

（2）CPC（Cost per Click）：单次点击成本，即广告被点击一次所需要的费用。普通竞价 CPC 是最常规的点击竞价方式，可以简单理解为出价越高，广告位置越靠前，获取的优质广告资源越多。

（3）CPA（Cost per Action）：单次行为成本，按转化量付费。

（4）CPV（Cost per View）：有效播放成本，播放达到一定时间开始计费。

（5）CPT（Cost per Time）：按时长付费。

（6）OCPM（Optimized Cost per Impression）：目标转化成本，按展示付费。

（7）OCPC（Optimization Cost per Click）：目标转化成本，是经过优化的CPC，仍按点击量付费，但采用更科学的转化率预估机制，在帮助企业获取更多优质流量的同时提高转化率。

钻石展位扣费模式

3. 出价方式与预估收益

设置不同的出价方式，对应的ECPM的计算公式也有区别，如下表4–1所示。

表4–1　不同出价方式对应的ECPM

出价方式	ECPM计算公式
CPM	ECPM=CPM出价
CPC	ECPM=预估点击率 × 出价 ×1 000
OCPM/OCPC/CPA/CPV	ECPM=预估点击率 × 预估转化率 × 目标转化率出价 ×1 000

如果创意质量没有问题，但出价方式或出价金额不合理，也会降低创意展现量，提高转化成本，这就需要在账户中根据推广目标进行选择。

（三）计费机制

信息流竞价广告计费遵循下一名计费制，下面以今日头条为例说明平台的计费机制，如表4–2所示。

表4–2　今日头条计费机制

出价方式	计费公式
OCPM/CPM	下一名ECPM+0.01
OCPC/CPC	$\frac{\text{下一名ECPM}}{\text{预估点击率}\times 1\,000}+0.01$
CPA/CPV	$\frac{\text{下一名ECPM}}{\text{预估点击率}\times\text{预估转化率}\times 1\,000}+0.01$

不同出价方式计算公式。例如：6家企业针对同一类目标人群共同竞价，每家企业根据自身推广需求设置了不同的出价方式，排名的先后顺序按不同出价的竞价排序公式计算，得出表4–3中ECPM数值和排名结果。

表 4-3　不同出价方式计费案例展示

企业	出价方式	出价 / 元	预估点击率	预估转化率	ECPM	排名	实际扣费	计费方式
A	CPC	1.1	1.30%	—	14.3	2	0.97	按点击量计费
B	CPM	9	—	1.2%	9	5	8.02	按展示量计费
C	CPC	0.89	0.90%	—	8.01	6	—	按点击量计费
D	OCPC	25	1.00%	5%	12.5	3	1.21	按点击量计费
E	CPA	300	0.80%	0.5%	12	4	225.01	按转化量计费
F	CPA	70	1.60%	2.1%	23.52	1	42.57	按转化量计费

下一步根据排名顺序和企业出价方式计算最后的实际扣费金额。把表 4-3 中的数据排序后进一步拆解的计算过程如表 4-4 所示。

表 4-4　实际扣费金额

排名顺序	企业	实际扣费计算过程
1	F	14.3 ÷（1.6% × 2.1% × 1 000）+0.01=42.57（元）
2	A	12.5 ÷（1.3% × 1 000）+0.01=0.97（元）
3	D	12 ÷（1% × 1 000）+0.01=1.21（元）
4	E	9 ÷（0.8% × 0.5% × 1 000）+0.01=225.01（元）
5	B	8.01+0.01=8.02（元）
6	C	—

上述案例中，最后一名的价格因为公式中分母缺失所以是未知的，从而导致运算失败。在实际工作中，此企业的实际付费金额也是小于等于出价的，并非不收费。

案例中 D、E、F 三个客户的投放目标都是获取转化，但 D 客户转化成本最低，原因是系统给予 D 客户更高的预估点击率和预估转化率。因此，在信息流推广中，系统判定的预估点击率和预估转化的高低会直接影响最终转化成本的高低。

近年来信息流广告成为 SEM 竞价广告之外核心的增量渠道。虽然信息流广告和 SEM 推广都是竞价广告，但两者也有区别。首先，从信息呈现方式上看，SEM 是用户主动搜索，是人找信息，而信息流广告根据用户标签主动推送，是信息找人。其次，从竞价方式上看，SEM 采用关键词竞价，信息流广告使用实时竞价。SEM 竞价推广主要展现在搜索引擎页面，信息流广告主要展现在资讯类 App 中。SEM 与信息流广告没有直接竞争关系。

五、信息流底层构架与逻辑

信息流从底层架构上分为四个层面，依次为：展示面、跳转面、交互面与数据面。这四个面的用户触发逻辑和产品底层构架是由先至后的，但数据面是信息流平台上最具黄金价值的“智脑”，数据面决定了展示面、跳转面与交互面的千人千面，而这种千人千面正是信息流对用户的强黏性和吸引力的体现。

（一）展示面

从信息流角度看展示面是横条状态，但要在标题、图片与文字简介等内容上符合用户的精准需求。例如，一项旅游景点信息，针对品质追求型用户，其展示面的信息可能是与爱人去看千年古城，旁边配有高质量图片，使用户产生对品质生活的向往，进而激发用户进一步点击展示面，了解更多信息；而针对价格敏感型用户，信息流展示面显示的可能是“五星级酒店 +5A 景区门票原件 3 999 元，折后 499 元”的价格提醒，触发用户进入界面，了解需要的信息。

（二）跳转面

信息流产品的跳转面是当用户触发信息流展示面之后，产生更深的行为交互之前的页面。该页面通常能够让用户在一定的视觉与信息的获取上形成平衡，促使用户进行下一个触发动作。如果有 1 000 个用户浏览信息流产品，300 个用户由于展示面优质而点击进入，300 个用户所看到的一个标签和两三行字无法帮助其获得更多信息，因此需要在跳转页面上让这些用户在符合行为逻辑的情况下获取更多的信息。该信息的获取就是信息流产品的核心竞争力：千人千面。不同的用户从展示面进入后，进入的跳转面是不同的。例如，上面案例中的追求浪漫且对品质敏感的用户，看到的跳转页面会更具有诗情画意，而价格敏感型用户则会看到最大程度体现的折扣对比，进而让用户在跳转页面获取到核心关键信息，触发进入下一步的交互面。

（三）交互面

展示面和跳转面决定用户所要了解的信息，交互面决定用户的操作习惯。用户拒绝在移动设备上进行复杂的操作，所以大部分移动应用都选择让用户免费注册登录，即用关联系统的 DMP（Data Management Platform，数据管理平台）或者 API（Application Programming Interface，应用程序编程接口）让关联入口级的应用账户能够在该应用内通用。因此，交互面的设计要在充分考虑用户的行为习惯的同时将页面简单化。例如，上述案例中品质追求型且有与爱人旅行诉求的用户，在进入交互面之前，已经对产品涉及的行程安排以及带来的浪漫体验有了充分了解，因此交互面的设计可能有两种方案：A 方案让用户填写手机、姓名及出行日期就一键提交；B 方案让用户填写身份证号码、到店时间及其他更多信息。B 方案可能造成用户因嫌麻烦而主动退出，所以 A 方案更有价值。

（四）数据面

信息流产品最核心的是数据面。数据面扮演着整个信息流产品“云端指挥部”的角色，每一位用户在任何一个信息流产品终端上的操作行为，无论是滞留时间、收藏、分享，还是是否感兴趣、是否主动订阅等信息都在数据面得到汇总、分类与归因分析。这种汇总与归因分析是基于生态化甚至基因化的复杂组合。100 项数据在数据分析中产生的不是 100 乘以 100 等于 10 000 的数据结果，而是次方。由于次方级裂变的算法结果，数据面能够动态解决问题并发出指令，让任何一位来自不同终端的用户看到完全不一样的内容，并且控制用户在每一个展示面、跳转面、交互面的深度行为。这种行为深度一方面能让用户进一步获取更为精准且符合兴趣的需求满足，另一方面也为信息流产品形成动态的 DMP 提供源源不断的动力。

信息流产品周密的底层架构不仅会在展示面、跳转面、交互面与数据面形成强大的生态动力，而且为整个信息流产品的开放流量与接入流量形成源源不断的动力。

单元二

信息流推广策略制定

【引例】

车企精准投放信息流广告

针对路虎L550与L538、捷豹XEL与XFL四大车型，今日头条DMP分别定制了不同潜客兴趣标签，维度既涉及年龄、性别、地域等基础属性，也包括广告类别、广告行业、历史点击人群等消费属性，以及用户兴趣、阅读、广告关键词等标签，同时还打造关联特定价位偏好、职业标签、居民小区类别等信息的主题人群包。

基于这些细分标签，从中沉淀出对分期、低价或利率具有敏感倾向的购买诱因标签，并据此设计个性化广告素材形式与创意词，激发不同类型目标人群的潜在购车欲望。配合今日头条App推荐频道和汽车频道的黄金曝光资源位进行多素材智能分发，同时点击信息流可跳转到相关车企官方旗舰店，直接引导销售落地，极大地缩短了转化路径，提升转化效率。

这些车企此次将今日头条作为信息流广告投放的主阵地，希望通过今日头条DMP平台，定向精准触达目标受众，在短时间内高效达成促销“闪电战”的营销目标。而实现精准营销的第一步，则需要建立丰富的多维度数据标签作为投放依据。

凭借“图文阅读、视频阅读、广告行为、环境特征”四大维度用户大数据的长效积累与打通，今日头条DMP为广告受众画像提供了丰富且精准的样本，其数据分析不仅涵盖了用户在今日头条端观看文章及视频的内容类型、主题风格、互动行为等深度大数据，还能通过整合用户广告行为及用户设备、LBS（Location Based Service，基于位置的服务）等环境特征，全场景追踪用户行为足迹，超200亿个日均训练样本清晰地描绘出车企受众的画像图谱，并基于此指导后续精准定投（见图4–3）。

今日头条DMP投放能精准定向37个内容兴趣类别、超过220万个内容兴趣关键词、32个商业兴趣分类及超过32 000个商业关键词，能对广告受众进行全面、精细化的定向。

此次推广最终取得了超过1.46亿次的曝光总量，推动到店率提升15%，信息流广告总点击数超290万次，最高CTR（Click through Rate，点击率）达3.01%。精硕科技（Admaster）监测显示此次投放对提升捷豹、路虎相关车型认知度、推荐意愿的提升效果十分显著。

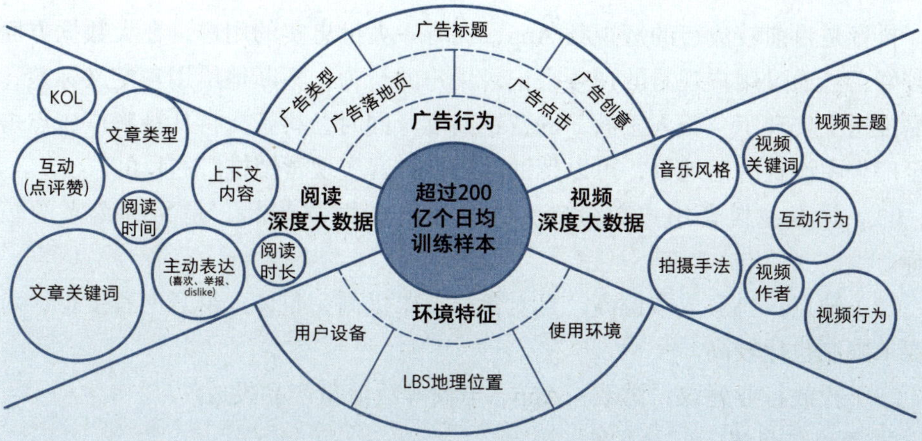

图 4-3　今日头条 DMP 日均训练样本

思考：通过对以上车企的案例分析，作为推广人员，在进行信息流推广前应该考虑哪些问题，如何才能达到我们想要的推广效果？

一、信息流推广目标分析

在制定投放策略之前，需要对营销目标进行拆解，掌握投放信息流的渠道和竞争环境，对所在的行业、产品、目标人群、财务和运营状况进行深入挖掘，主要分为以下三个方面：

（一）渠道分析

目前市场上可选择的信息流渠道越来越多，比如今日头条、抖音、百度信息流、腾讯信息流、微博等。网店需要全面了解各大信息流渠道的特性，筛选出适合自己产品投放的渠道。

1. 今日头条

今日头条是一款基于数据挖掘的推荐引擎产品，也是国内互联网领域成长最快的服务产品之一，更是目前资讯类信息流平台中最大的平台。

（1）优点：算法成熟，关键词定向，有移动建站，支持 CPA（Cost per Action，按转化行为付费）。同时，用户每天的在线时间长，用户每日使用时长超过 76 分钟，且能 5 秒快速推广，锁定目标用户，10 秒更新用户模型，广告投放更精确。

（2）缺点：今日头条的推广展现量高，点击量大，但是转化率以偏中低为主。

（3）投放行业建议：理财、生活、游戏、App 等，可根据导航栏的分类进行投放。

2. 抖音

抖音是目前较流行的短视频 App，拥有一大批忠实的用户，在大数据方面表现较好，且通过用户观看的视频去记录用户的行为，不断地给用户定义标签，在产品推送上实现了“千人千面”的营销高度。同时，抖音支持从视频广告点击跳转至广告主设置的落地页，可以帮助网店在抖音实现营销推广的目的。

（1）优点：抖音用户数量庞大，易于打造爆款产品，是品牌曝光的较好选择。

（2）缺点：抖音成本偏高，且对素材要求极高，整体人群意向程度低，对行业要求限制也比较高。

（3）投放行业建议：游戏、App、电商等泛流量产品投放。

3. 百度信息流

百度信息流广告是指在百度贴吧、百度首页、百度手机浏览器、百度 App 等百度平台的资讯流中穿插展现的原生广告。

（1）优点：有搜索基础，有关键词定向，能定向贴吧。

（2）缺点：投放操作较为复杂，且流量和成本较为不固定。

（3）投放行业建议：百度搜索引擎占据国内多数用户，大部分行业都适合投放。

4. 腾讯信息流

腾讯占据社交行业龙头的位置，凭借 QQ 和微信拥有庞大的流量，基本覆盖全网用户。

（1）优点：社交应用排名第一，覆盖面广，用户黏性强，适合品牌宣传。

（2）缺点：朋友圈广告素材审核要求严格，价格较高，竞争激烈。

（3）投放行业建议：建议投放轻工业或生活类产品。

5. 微博

微博“粉丝通”是基于用户属性和社交关系将企业广告精准地传递给粉丝和潜在粉丝的营销产品。投放的广告也具有普通微博的全部功能，转发、评论、收藏、赞等，可实现广告的二次传播，从而大幅提高广告转化率。

（1）优点：2021 年月活跃用户达到 5.66 亿人，日活跃用户达到 2.46 亿人，并具有博文、应用、账户、视频、图文、九宫格多种形式，可灵活使用，通过移动社交实现传播。

（2）缺点：成本偏高，流量不可控。

（3）投放行业建议：生活类产品（例如食品、服装等）、地区类产品或服务（例如摄影等）、游戏、App 等，广告内容要具有特色，以提高互动率。

6. 知乎

知乎是一个真实的网络问答社区，用户群体的特征倾向于年轻化、白领、高收入、高学历，集中在一二线城市，拥有较高的消费能力。

（1）优点：流量质量高，购买能力高。

（2）缺点：平台用户较为理性，对广告素材要求较高。

（3）投放行业建议：房产家居、游戏、金融、电商、网络服务、旅游等相关行业皆可投放。

以上是部分主流信息流广告投放渠道及其特性，网店需要根据自身产品的实际情况，选择合适自己的信息流渠道。

（二）分析商品

投放策略的制定离不开对商品的分析，网店需要明确商品特点、商品运营手段和流程，以及与相对竞品的优劣势等。

深入分析商品可以帮助网店更好地理解商品定位，提炼商品卖点和应用场景，主要包括以下两点：

1. 自身商品分析

明确商品定位，理解商品属性和特点、商品功能、应用场景等。

2. 竞品分析

了解竞品基本情况，以及竞品投放情况。竞品分析的主要维度有行业及市场、商业模式、商品策略和商品架构四个维度。竞品分析的主要维度如表 4–5 所示。

表 4–5　竞品分析的主要维度

主要分析维度	分析关键点
行业及市场	行业发展现状、市场分布及地位、营收情况
商业模式	运营策略、盈利模式、布局策略、发展策略
商品策略	商品定位及目标、目标用户及特征、核心功能及特征（痛点需求）
商品架构	信息架构、功能范围、交换体验

（三）分析人群

在分析信息流推广的人群时，必须要关注企业的战略目标，它包括两个方面的内容：一方面是寻找企业品牌需要特别针对的具有共同需求和偏好的消费人群，另一方面是寻找能帮助企业获得期望达到的销售收入和利益的人群。通过数据分析，准确勾勒出目标客户的画像，为制定具体的人群定向策略提供数据依据和参考。

通过分析用户的性别、年龄分布、兴趣爱好、职业、地域分布、时段、设备、教育水平等因素，可以将所有的消费者进行初步细分，筛选掉因经济能力、地域限制、消费习惯等原因不可能为企业创造销售收入的消费者，保留可能产生购买行为的消费群体，并对可能产生购买行为的消费群体进行某一维度的分解，分解的标准既可以依据年龄层次，也可以依据购买力水平，还可以依据有理可循的消费习惯。一般来说，在分析人群时，一般先进行人群分析，再进行需求分析。

1. 人群分类

通常可先根据职业将人群分类，然后再针对每一类人群进行分析。

以招商加盟为例，可以根据职业将人群分为“老板副业、行业小夫妻、上班族、创业大学生、辣妈、退伍军人”六类，然后再分别针对每类人群进行详细分析。

2. 需求分析

明确了人群分类后，下一步便是针对每类人群进行需求分析。

以创业大学生为例，他们最大的需求就是“解决就业问题和解决收入来源”。在制定营销目标时，就需要帮助他们解决就业与收入问题。

以上班族为例，他们可能收入不高，如果消费大于收入，在需求上可能更倾向于“让生活更好”，在制定营销目标时，就需要帮助他们合理增长收入。

后续的投放定向、受众定向、创意撰写、落地页设计等，都需要根据目标人群的需求去制定。因此，只有前期做好人群分析，后期才能取得良好的推广效果。

直通职场

网店推广目标

网店需要根据推广目标制定推广策略，网店推广目标有以下分类：

（1）提高商品的知名度和认知度；

（2）加强社会公众对网店和商品品牌的印象；

（3）提高消费者对品牌的购买率；

（4）维持和扩大广告品牌的市场占有率；

（5）向社会公众传播网店和品牌、网店经营和服务的信息；

（6）加强新产品的宣传，普及新产品知识，介绍新产品的独特之处；

（7）纠正社会公众对网店和品牌的认知偏差，排除销售上的障碍；

（8）提高网店的美誉度，树立良好的网店形象；

（9）对于人员推广一时难以达到的目标市场，进行事先广告宣传；

（10）在销售现场进行示范性广告宣传，促使消费者缩短决策过程，产生直接购买行为；

（11）通过广告宣传，增加产品使用的持续性，维持市场销售率或增加产品的销售；

（12）吸引潜在消费者到销售现场或展览宣传场所参观，以提高消费者对产品的认知，增强购买信心；

（13）以广告宣传扩大影响、造就声势，提高网店推销人员的士气，以提高工作的积极性和创造性；

（14）创造市场机会，挖掘潜在市场目标；

（15）进行文化传播，推进社会文化的发展；

二、投放策略

信息流投放定向是为了高效地达成对投放成本和量级进行控制的目标，因此企业制定的投放策略应该是贯穿整个投放周期的综合性的投放方案的集合，其中包含了投放的各个维度的具体方案和措施。

可以把策略的制定总结为“3C”理论，即 Customer（用户）、Cost（投放成本）、Core（核心主题）。灵活地运用“3C”理论，将会在投放过程中起到事半功倍的效果。

（一）用户

精准的定向投放能够降低成本，提高转化率。在制定投放策略时首先要找到核心用户，网店可以出较低的价格，将信息流广告不定向投放给所有用户，投放结束后通过报表分析找到产生点击的核心用户群。通过几次的投放数据对比，找到投放的核心用户。

例如，在制订推广计划中需要选择人群定向这个维度时，应该考虑选择哪些年龄段类型，应该选择用视频还是选择用大图等。

钻石展位投放原理

（二）投放成本

信息流广告主要有新闻资讯类、社交媒体类、搜索引擎类广告等类型，广告投放计费方式主要有 CPC、CPM、CPT 三种，网店在广告投放后台可以根据需要自行选择。

如果网店关注的是广告的效果，即希望浏览落地页、下载、购买、填表等用户行为，可以选择按点击付费（CPC），网店就只为被点击过广告的用户付费，对未被点击过的网店广告则无须付费。广告的点击成本相比搜索引擎竞价以及传统的资讯信息流广告的点击价格而言，是便宜很多的，这可以帮助网店节省广告成本。按点击付费的优势在于网店支付的广告费用都会产生效果，不会造成广告费用的浪费。

如果网店要品牌宣传、进行活动推广，需要提高品牌的曝光度，获得更多的用户关注，就可以选择按曝光量付费（CPM），这样可以让网店的品牌获得充足的曝光量，提升品牌在用户中的影响力。研究显示，广告被用户观看过 7 次后，就会被用户记住。当网店广告预算充足时，可以选择特定的目标群体进行重复投放，能够带来更好的品牌影响力效果。相比电视广告，广告按曝光量付费的价格还是比较便宜的，网店可以在后台了解被广告的曝光数据以及相应的曝光成本等数据，然后根据相关的数据反馈情况，及时对广告进行调整。

如果有充足的预算，需要做品牌曝光和推广，可以以一个固定价格去买断一段时间内的广告位展示，就可以选择按时长付费（CPT），比如各类 App 的开屏广告。

下面以今日头条为例，分析一下投放的成本。

1. 原生信息流

（1）固定位的原生信息流。按时长付费（CPT），在今日头条推荐首页信息流固定第四位展示，4 轮刷，固定在前 4 刷出现，如图 4–4 所示。

广告名称		位置	购买方式	轮刷/备注	CPM单价（元）
固定位信息流广告 CPT	小图	推荐首页第4位置	CPT	4—1	120
				4—2	120
				4—3	120
				4—4	120
	大图/组图			4—1	160
				4—2	160
				4—3	160
				4—4	160
	视＋（视频信息流）			4—1	160
				4—2	160
				4—3	160
				4—4	160

图 4–4　固定位的原生信息流广告的投放位置和费用

（2）非固定位的原生信息流。固定位补充广告，按照曝光量付费（CPM），投放更灵活。在推荐首页第四位展示，保量投放，如图 4–5 所示。

广告名称		位置	购买方式	轮刷/备注	CPM单价（元）
非固定位信息流保量广告 GD	小图	推荐首页第4位置	CPM	CPT广告没有投满时，GD广告在前10刷随机出现；CPT广告投满时只出现第5、6、7、8、9、10。	120
	大图 / 组图				160
	视＋（视频信息流）				160

图 4–5　非固定位的原生信息流广告的投放位置和费用

2. 开屏广告

开屏广告适合有充足预算、需要做品牌曝光的企业投放。今日头条用户数量非常庞大，主要覆盖一二线城市，并且多为年轻有活力的用户，因此，对于目标客户也是年轻人的企业来说，开屏广告可以帮助企业提升品牌影响力。

今日头条 App 启动时九轮播随机展示（其中一轮为区域轮播），未关闭后台进程时，展示间隔为两小时，关闭后再打开可再次进行随机展示。开屏广告单次广告展现收益远大于其他形式，对用户体验影响最小。按时长付费（CPT），每一轮播展示 8 000 次曝光量，溢出不收费。开屏广告的类型和位置如图 4-6 所示。

	广告名称	位置	购买方式	轮播/备注	CPM单价（元）
头条开屏	静态 3s (不可点击)	APP启动时	CPT	1/8	160
				全量	160
	静态 3s（可点击）			1/8	200
				全量	200
	动态 4s (不可点击)			1/8	200
				全量	200
	动态 4s (可点击)			1/8	240
				全量	240
	视频开屏5s(可点击)			1/8	240
				全量	240

图 4-6　开屏广告的投放位置和费用

华为 P20 系列就尝试了静态开屏广告。除了具体展现产品特性之外，还包含落地页和购买链接的开屏页面，让感兴趣的用户无须跳出搜索就能马上了解更多详情，甚至转化购买。

3. 文章详情页

竞价售卖，按实际 CPM 购买量核算（2 000 次＜可购买量＜20 000 次），也可按 CPC 购买。如图 4-7 所示。

在实际操作中，网店还需要根据实际推广需求进行出价的调整。例如，游戏行业在初期需要通过加大投入获得更多曝光，这时就可以提高出价，在短期内完成用户的快速积累。当推广一些新的促销活动时，也可以加大投入，快速引入新老用户，提升应用活跃。

（三）核心主题

网店需要设计几套主题风格，将其投放给相同的用户，试用同样的出价，查看线上的效果。点击率较高的主题可初步判定为用户较感兴趣的主题素材。通过多次测试，可以便捷地找到核心用户喜爱的素材。

广告名称		位置	购买方式	轮刷/备注	竞价 CPM/CPC 单价（元）
详情页广告	图文	文章详情页中，“相关阅读”的上方，顶踩按钮的下方	CPM / CPC	随机展现	竞价售卖
	大图			随机展现	

图 4–7　文章详情页的投放位置和费用

在整个投放过程中，网店需要综合考虑品牌、产品、活动、渠道、活动形式、客群等因素，针对不同的人群、不同的活动、不同的渠道设计不同的素材，让信息流广告能够在对的时间，以对的形式出现在对的人群面前，让用户能够注意到网店的广告并愿意去点击，愿意花时间去看落地页内容，这样才能有机会形成转化。

1. 加入地域通配符

在创意文案中插入地域通配符，可大大提高广告的点击率。网店可以根据用户的地域，有针对性地在描述文案添加地域信息，地域信息与用户所在地域场景的紧密结合，能有效地提升推广效果。

2. 提炼素材和文案

各类素材测试表明，简洁的信息流素材可以提高点击率，在同样的曝光前提下可获得更多流量。在图片设计以及文案构思的过程中，图片呈现的效果要尽量避免过于花哨，文案应言简意赅，突出重点，这样的素材往往更有吸引力。

3. 善用多图样式创意

在信息流广告中，图片的创意呈现效果要优于文字描述，而单图的样式受尺寸的限制，能够呈现的内容很有限。所以，无论是 PC 端还是移动端，多图样式的信息流广告能够借助多张图片为用户呈现更多的内容，不少广告主还借助多图样式拼接出一个大图的效果。经过广告主的测试，移动端多图样式的点击率可比单图样式提高 80% 以上。

影响信息流广告投放效果的因素还有很多，但精准的投放渠道和精心的素材设计是达到良好投放效果的必要条件。

三、受众定向策略

在信息流主动推送机制下，要获取较高的转化率要比关键词竞价难度高一些。关键词竞价可以被动地根据客户选择的关键词组成相应的词库，只要能搜索到客户需要的价值信息，允许一定的顺序时滞和误差。相对于关键词竞价，信息流主动推送机制则是在用户意图不明确的情况下主动推送的，因此在时间及精度等的要求上更高。如果想要实现精准推广，就需要网店为商品描绘清晰的用户画像，这样一方面可以帮助网店进行定向推广，另一方面也可以更有针对性地优化账户。

通过对用户进行调研、行为特征分析，网店基本上可以构建出一个完整的用户画像。当用户画像清晰后，网店需要对用户画像分类，可以通过区域、时间、性别、年龄、兴趣、学历、职业等多个角度确定不同的受众定向，以便更有针对性地制定推广策略。常用的定向策略有以下八种：

（一）时间定向

时间定向能够让企业根据消费者行为、营业时间，甚至季节性活动或特殊事件来进行信息流广告投放。

举例：美发沙龙只有白天营业，如果定向时间包括晚上非营业时段，那么用户在晚上非营业时间看到信息流广告后，无法通过打电话来预约，这样就没有转化。

（二）重定向

重定向指根据用户的历史行为，将曾在商家产生过浏览、收藏、购买等行为的用户作为商家的精准定向人群，对其进行信息流广告推送，拉回用户完成转化。通常情况下，消费者不会看过广告就能记住，所以需要重定向。网店可以根据重定向推送信息流广告，通过视觉方式提醒消费者有关商家的商品信息。

举例：如消费者看到广告后可能会想："啊，我忘了要买这双鞋……"这种提醒方式往往能够诱使他们点击并购买。重定向方式是所有定向方式中最精准、投资回报率最高的。

（三）地理位置定向

地理位置定向指的是根据用户实时地理位置（一般是蜂窝信息或者 GPS 经纬度）来进行定向，有助于帮助商家触达那些正在前往商家所在区域的消费者，包括距离定向、商圈定向等。在移动设备上投放信息流广告时，这种定向方式有着非常重要的作用。

举例：本地的一家美发沙龙，想要招揽本地生意，那么就可以使用地理位置定向技术在特定半径内进行宣传。如果这家店在某区域内有美发的特许经营权，那么就可以使用该技术进行相应定位。当然，针对各区域进行定向的时候，商家可以根据区域内的业务发展状况调整出价。

（四）人口属性定向

人口属性标签包括性别、年龄、收入水平、婚姻状况、是否有车、是否有子女等。通过人口属性标签，可以将信息流广告推送给相关消费者，商家在销售之前需要明确具有哪些标签的人群是潜在的消费者。

举例：婚纱摄影类商家会选择婚姻状况标签为“未婚”的人群进行信息流广告投放，美甲美睫类商家会选择性别标签为“女性”的人群进行信息流广告投放。这些标签中，性别、年龄等标签比较容易得到，这是因为用户注册的时候就提供了相关信息，而收入水平这种标签则需要通过预估得到。使用人口属性定向的时候，标签既不能过于笼统，也不能太过细分。

举例：美甲美睫商家选择年龄标签的时候，一方面不能选择年龄段为0～60岁，这种人群太宽泛了，低年龄段和高年龄段人群可能没有美甲美睫需求；另一方面，也要防止对人群太过细分。例如，尽管最终可能需要选择一个更细化的年龄标签，但不能仅仅定位为一个具体年龄，若只选择22岁的人群，就可能导致目标人群覆盖不完整。网店要时刻记住目标受众，但在定位的时候需要找到一个折中的办法。

（五）行为定向

行为定向是从用户的行为数据中挖掘用户兴趣偏好，从而推送相应的信息流广告。行为定向数据包括频道、商家详情页的浏览和点击、团单详情页的浏览和点击、用户评论和打分等，从行为定向数据中可以进一步挖掘客户的兴趣偏好，按照时间长短一般可以分为长期、短期和实时偏好。

当挖掘用户长期、短期偏好的时候，使用的是“一段时间内的行为”，需要对不同时间的行为计算不同的权重。而实时兴趣偏好是动态变化的，三个月前用户商圈偏好是A，可能现在偏好变成B。兴趣偏好按照具体的表现形式可以分为品类偏好、价格偏好、商圈偏好等。

（1）品类偏好指的是用户偏好的商品和服务的品类。举例：用户喜欢吃川湘菜还是江浙菜，喜欢吃火锅还是自助餐。

（2）价格偏好指的是用户的消费水平。

举例：用户点外卖价格区间是偏好0～20元的价位还是偏好20～40元的价位。

（3）商圈偏好指的是客户偏好的圈子，在电商环境中则是指在客户经常购买、浏览的数据中，以与客户的相关程度为半径，以客户的核心需求为圆心的商圈。

举例：某手表专柜每季度会有30多种SKU新品，主推新品会基于设计师对潮流的预测，但是并不一定符合具体商圈的偏好。为了让消费者“说出”喜好，专柜在原有的智能电子购物屏上安装了AR游戏，利用AR游戏吸引消费者互动，再将人群数据与线上的消费者行为打通，获得客流的人群特征。

（六）频道定向

频道定向是完全按照供应方的内容分类体系将库存按照频道划分，对各频道的流量投送不同的广告。这种定向方式比较适用于那些离转化需求比较近的垂直类媒体，如汽车、母婴、购物导航等。对于内容覆盖面比较宽的媒体，这种方式取得的效果是有限的。举例来说，如果把某网站的军事频道作为一个定向标签，那么很难找到与其直接匹配的广告需求。

将频道定向这种方法加以推广，可以根据网页的具体内容来匹配相关的广告，这就是上下文定向。上下文定向的颗粒度既可以是关键词和主题，也可以是根据广告主需求确定的分类。上下文定向的效果在不同类别的内容上有很大的区别，但是这种方式有一个好处，那就是覆盖率比较高。对大多数广告展示而言，电子商务平台不论对当前访问用户的信息了解有多少，往往都可以根据当前浏览的页面推测用户的即时兴趣，从而推送相关广告。

（七）新客定向

新客定向的核心是Look-alike，它以信息流广告主的老顾客作为种子信息，结合信息流广告平台的大数据，找出老顾客具有的某种特征或规律，为信息流广告主找到具有相同特征或规律的潜在顾客。这种方式可在保证精准定向效果的同时扩大用户覆盖面。

举例：一个川菜馆信息流广告主想投放信息流广告，目标人群除了在本店消费过的顾客外，还可以选择在别的川菜馆或者湘菜馆消费过的顾客，这是因为他们的口味可能差不多。

（八）兴趣定向

兴趣定向是基于用户历史兴趣图谱选择兴趣范围来进行信息流推广。这类定向方式非常适用于信息流广告，在网民行为碎片化的互联网时代，聚合受众成为影响目标受众十分关键的因素。兴趣定向的核心思想就是将数量庞大的网民聚合成了一个个清晰的受众画像，如喜爱买衣服的女生、热衷数码产品的中年男士、酷爱网游的大学生等。具体落实到信息流推广中就是通过选择目标受众的兴趣点、爱好来实现投放。

在百度信息流广告中，兴趣定向是根据用户浏览行为而打的标签，兴趣关键词是根据用户的搜索行为打的标签，二者覆盖受众范围的大小和精准度不同。兴趣定向是相对模糊的浏览行为标签，兴趣关键词是较为精准的搜索行为标签，这就是兴趣定向成本比兴趣关键词高的原因。这对于网店而言是一种反向思维，需要网店先根据自己的产品去选定产品所对应的用户群体，再根据用户群体去分析这些群体的行为，这些行为不是唯一性的，也不是精准性的，只要用户有这个兴趣，那么他们就是网店的潜在客户群体。例如，如果网店经营美容产品，那么美容产品面向女性群体，她们的兴趣还可能会有娱乐、网络购物、箱包服饰等。百度推广中兴趣关键词分类界面如图 4–8 所示。

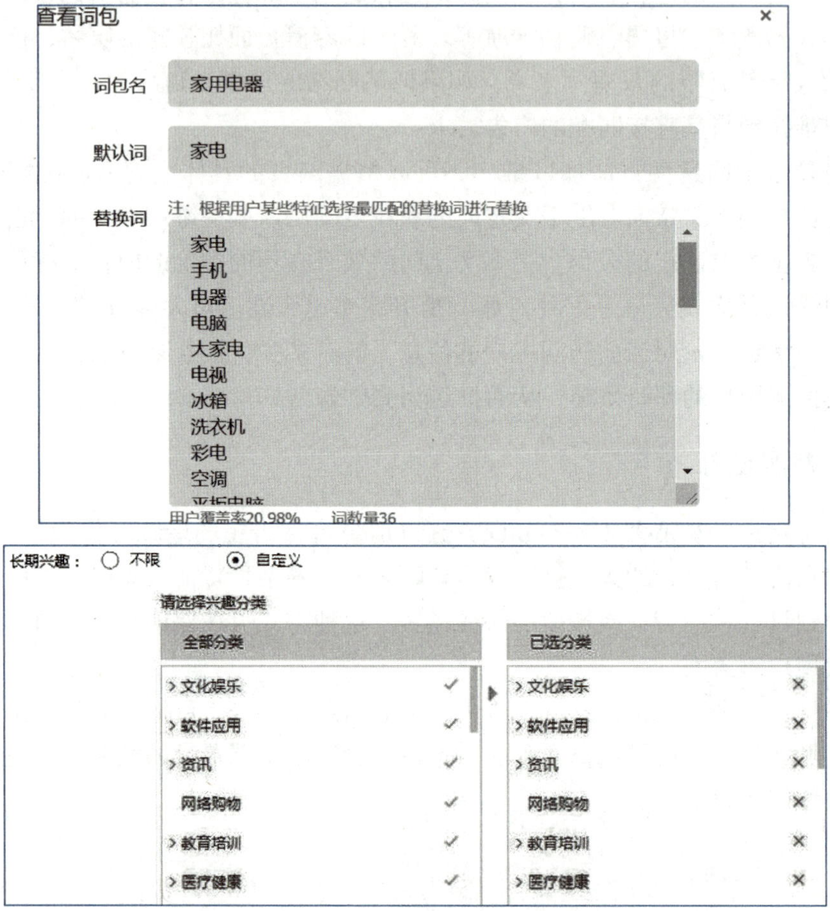

图 4–8　百度推广中兴趣关键词分类界面

举例：某美妆连锁店，应该采用“兴趣关键词定向 + 门店推广 + 卡券推广”三位一体的方式进行本地营销推广。

首先，通过兴趣关键词定向，筛选出关注美容化妆行业的潜在目标用户；其次，利用门店推广的“本地化创意填充 +LBS 门店定向”，引导目标用户查找和前往区域内的对应门店；最后，搭载卡券推广的红包奖励，进一步促进消费转化。

除以上营销方式外，在推广过程中，广告主还采用了 OCPC 计费方式，某企业以卡券推广作为转化目标，与之前的 CPC 计费方式相比，转化成本降低了

90%。最终在日均 500 元的预算下，完成日均卡券领取 35 个，在卡券领取和使用的同时，兼顾了公众号的增长及留存，真正完成了拉新、促活、留存的一站式营销。

简单总结下几个部分的环节流程：用户在平台上的搜索、浏览、收藏、购买等行为会被记录下来，形成用户日志。通过对用户日志的分析和挖掘，可以得到用户画像，包括用户基本属性、兴趣偏好、行为标签等。

受众定向是信息流推广计划与用户匹配的过程，可为每个信息流推广计划找到适合的受众群体。信息流推广计划投放后，需要统计定向效果，包括定向精准程度和覆盖率。精准定向信息流推广计划的运作流程如图 4–9 所示。

众多信息流工具软件均在一定程度上采集用户的相应数据，并对数据进行相应的客户挖掘、行业挖掘等。

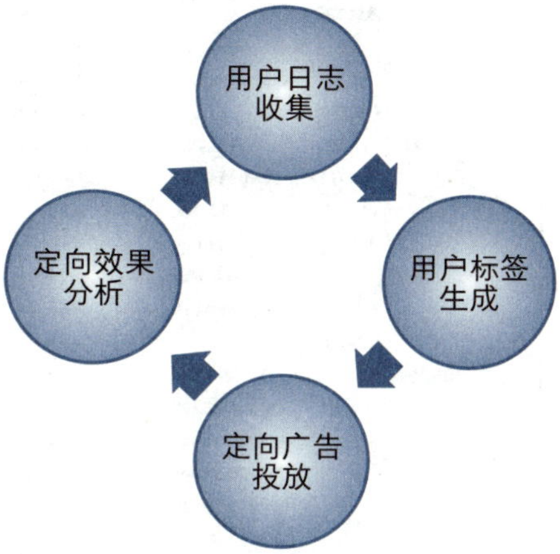

图 4–9　信息流推广计划的运作流程

访客定向与店铺定向

四、资源位策略

资源位是电子商务平台为网店提供的应用中心以及应用内页的非竞价推广的位置。用户的行为指导了资源位的定向策略和职能定位，资源位的转化数据又展现了用户的浏览偏好。资源位的等级如图 4–10 所示（以京东资源位为例）。

（一）交互样式

该策略是根据用户路径行为对资源位进行定向，分析出资源位的交互样式和运营策略。分析过程如下：

1. 基于购买路径定位运营导购

基于购买路径定位的运营导购，如图 4–11 所示。

2. 基于运营角度的运营导购

基于运营角度的运营导购，如图 4–12 所示。

3. 基于运营导购路径定位优先级

（1）P0：App 启动页、首焦、搜索框。

获取最佳曝光和核心资源，积累用户的精准数据。

（2）P1：商品位 / 豆腐块广告。

P0 资源位，补足曝光，网罗用户需求。

微信资源位		（家电）资源等级	家电位置数量		对接人
	一级入口幕帘	★★★★★	平台P0活动申请		
	顶通	★★★★★	平台P0活动申请		
首发	Banner	★★★★★	申请，需达KPI25w		
	首发推荐	★★★★☆	至少在线6个/天		
	热销新品	★★★☆☆	上新4个/天		
	潮品发现	★★★☆☆	上新1个/天		
品牌	Banner	★★★★★	不定		
	置顶坑位	★★★★★	至少2个/周		
	普通坑位	★★★★☆	上新2个/天		
特价	左侧小Banner	★★★★★	家电营销活动		
	心跳秒杀	★★★★★	上新10个/天		
	今日主打	★★★★★	1-2/月		
	家电今日主打	★★★★☆	5/周		
	日常团	★★★★☆	上新12个/天		
微店	Banner	★★★★★	目前只分给大POP部门		
	推荐微店	★★★☆☆			
	我关注的微店	★★☆☆☆	根据关注情况而定		
京东精选	二级入口幕帘	★★★★★	平台P0活动申请		
	Banner	★★★★☆	一般同步P0和P1的活动		
	更多精彩活动	★★☆☆☆	同步品牌栏目		
搜索	热搜推荐Banner	★★★★☆	一般同步P0和P1的活动		
	家用电器Banner	★★★☆☆	家电馆入口		
	本周最热搜	★★★★☆	每周更新一次，根据搜索数据		
	生活热搜	★★★☆☆	每周更新一次，根据搜索数据		
家电馆	大Banner	★★★☆☆	家电活动	新版将列为一级入口位置	
	小banner	★★★☆☆	不定		
	限时特卖	★★★☆☆	3场/天，上线6款/天		
	热销品牌	★★★★☆	上周品牌TOP5		
	热销排行（家电日）	★★★★☆	每周二、周五更新，共更新60款		
3c馆	大Banner	★★★★☆	家电活动	试运营中，新版将列为一级入口位置	
	今日直降	★★★★☆	1个/3天		
	首发现货	★★★★☆	2个/3天		
	导购专区	★★★★☆	更新1个/天，同步品牌闪购		
京东-服务号（2800W粉丝）	大图	★★★★★	Po活动自动匹配资源，若特殊情况，可额外申请		
	小图	★★★★★	每月2-3次，按需提报，通过评审和排期可上。		
	京东购物	★★★★☆	4个常规栏目+家电馆		
	粉丝福利	★★★★☆	搜索+周二领10元+福利转盘抢京豆+心跳秒杀		
	我的服务	★★★★☆	5个服务：个人中心、在线客服、返修退换货、分享赚钱、下载京东APP		
京东-订阅号	大图	★★★★☆	每日发送一次，有需求请提前1星期申请		
	小图	★★★★☆			
	新关注 自动回复	★★★☆☆	不定		
	任意 自动回复	★★★☆☆	不定		
	关键词 自动回复	★★★☆☆	不定		
京东家电-订阅号	大图	★★★★☆	每日发送一次，有需求请提前1星期		
	小图1-5	★★★★☆			
	新关注 自动回复	★★★☆☆			
	任意 自动回复	★★★☆☆			
	关键词 自动回复	★★★☆☆			
京东家电-服务号	大图	★★★★☆	正在开通中		
	小图1-5	★★★★☆			
	底部菜单左	★★★☆☆			
	底部菜单中	★★★☆☆			
	底部菜单右	★★★☆☆			
JD直投	类目JD直投配额引流	★★★★★	合理使用JD直投配额，投放支持家电馆、家电P0&P1活动		

图 4-10 资源位的等级

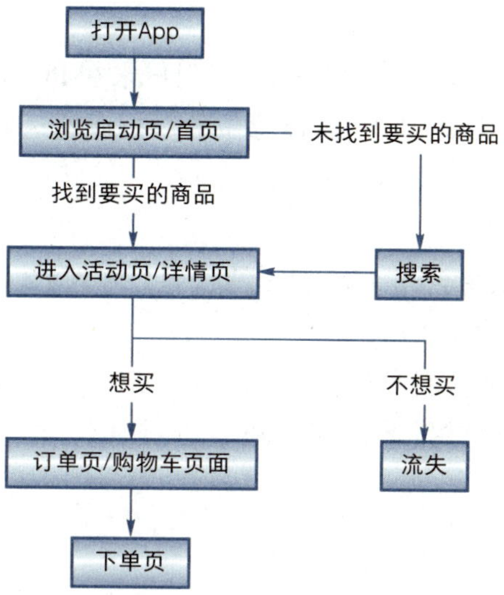

图 4-11　基于购买路径定位的运营导购

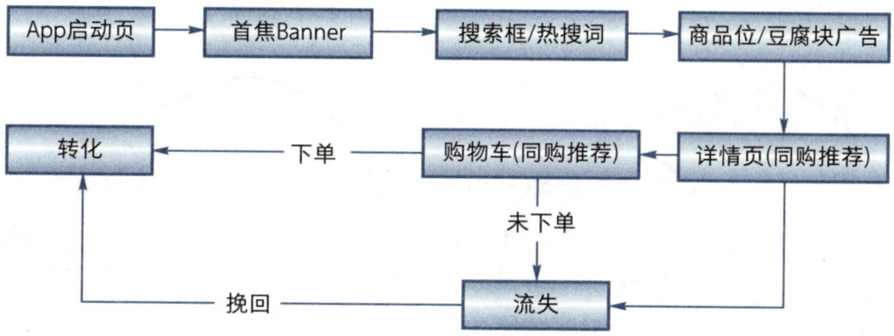

图 4-12　基于运营角度的运营导购

（3）P2：详情页 / 购物车的同购推荐。

细微分布于用户导购路径的节点上，刺激下单转化。

4. 基于优先级定位交互样式

（1）App 启动页。

P0 资源位，展示时间短（2～5 秒）而且一般只有一帧，适合投放全场大促。

（2）首焦 Banner。

P0 资源位，多帧轮播机制，适合最有吸引力的活动。

（3）搜索框。

P0 资源位，搜索是用户的自发行为，搜索数据可以最直观地反映用户偏好。

（4）热搜词。

短小精悍地概括核心利益点，当用户没找到想买的商品或没有明确购物需求时，推荐作用明显。

（5）商品位 / 豆腐块广告。

P1 资源位，交互形式多样，例如：单商品、多商品聚合，豆腐块广告，文字链，福利社等。

P1 的职能是：承载 P0 的补足功能，当用户未在 P0 资源位转化，P1 的内容会对用户进一步引导。可以基于 P0 资源位的数据调整运营策略，丰富对用户的推荐维度。

（6）详情页 / 购物车。

P2 资源位，用户必然经过 P0 和 P1 的引导，来到 P2 资源位，此时用户需求已经很明确了。

P2 的职能是：① 推动用户转化；② 避免用户流失；③ 产生同购引导。

然后进行排期和素材投放，再通过数据迭代优化，这是一个相辅相成的过程。

钻石展位资源位定向

（二）组合溢价

溢价就是在原本出价的基础上提高出价，是针对具体的人群进行的。溢价原理如图 4–13 所示。

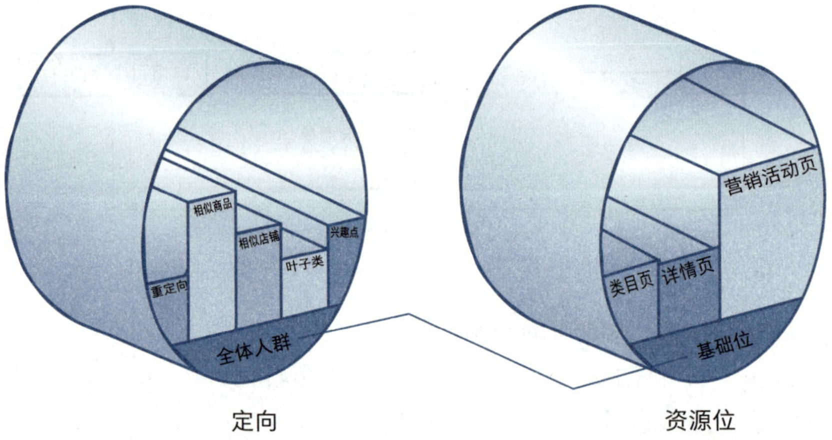

图 4–13　溢价原理图

条形图越高，代表着对应的溢价越高，曝光量也就越大。全体人群和基础位的开关是同一个，也就是基础价。

例如，基础价为 0.1 元，重定向就相当于以 0.1 元来竞争全体人群，如果相似商品溢价是 50%，那么就相当于把重定向中的开关调到 50%，也就是 0.15 元，让这部分精准流量更多一些。

对资源位的应用也是一样的道理，可以用溢价的方式来竞争相应的资源位，溢价越高，商品在这个资源位的排名就越高。高溢价和高基础价的区别如图 4–14 所示。

建议前期测试的时候用高基础价圈到较多人群，在曝光量足够多之后，使用高溢价来竞争精准人群。一般情况下，长期推款都是选择高溢价进行投放，这样

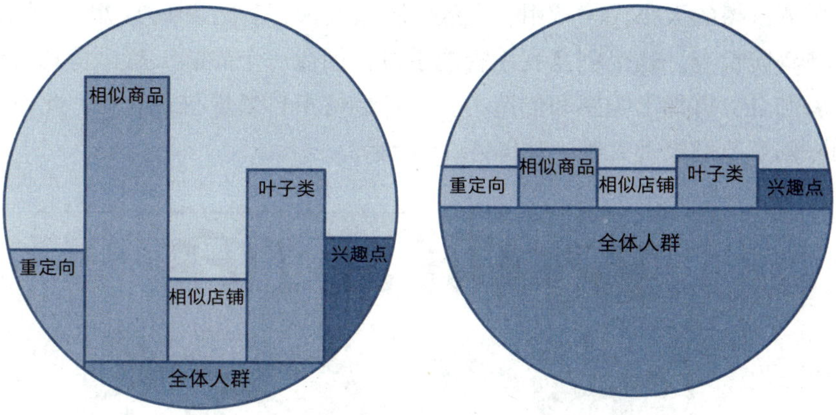

图 4-14　高溢价和高基础价的区别

更容易操作和分析。

下面介绍一下常用的四种溢价组合：

1. 提高基础价

客户在所有资源位看到的商品排名都是比较高的，这种情况比较难分析，因为网店往往不知道这些资源位匹配了哪些人群。

2. 降低基础价

单独提高相似商品定向，看过相似商品的人在所有资源位看到的商品排名会偏高。

3. 只提高类目资源位溢价

所有人在类目资源位看到的网店的商品排名会偏高。

4. 提高相似商品溢价和类目资源位溢价

看过相似商品的人在类目资源位看到商品排名会偏高。

五、信息流推广创意策略

（一）回归创意

创意的本质就是用意想不到的方式解决问题，创意越强，作用就越大。消费者最关注那些能直观感受到的信息——商品、服务，或一次营销事件，是否能为他们解决问题，此时，广告主就需要使信息流推广回归到创意本身。

中国是慢阻肺疾病的患病大国，但是呼吸急促常被误认是自然衰老现象，患者的疾病意识薄弱。为了鼓励患者早期就诊，麦肯健康上海与 GSK 联合呼吸科专家和相关的艺术家，将智能手机变为慢阻肺自测工具，用户只需和微信小程序 Breath of Life 互动，对着麦克风呼气，小程序就会利用算法和声波为用户生成相应的吹墨树，树的大小代表了用户大致的肺通气量，若结果低于 70%，就会建议用户前往医院检查。这个创意利用智能手机，创造一个提醒工具，将其与简单的用户体验结合，再加上美感和创造力，用户会情不自禁想与之互动。此创意荣获戛纳国际创意节健康类大奖，如图 4–15 所示。

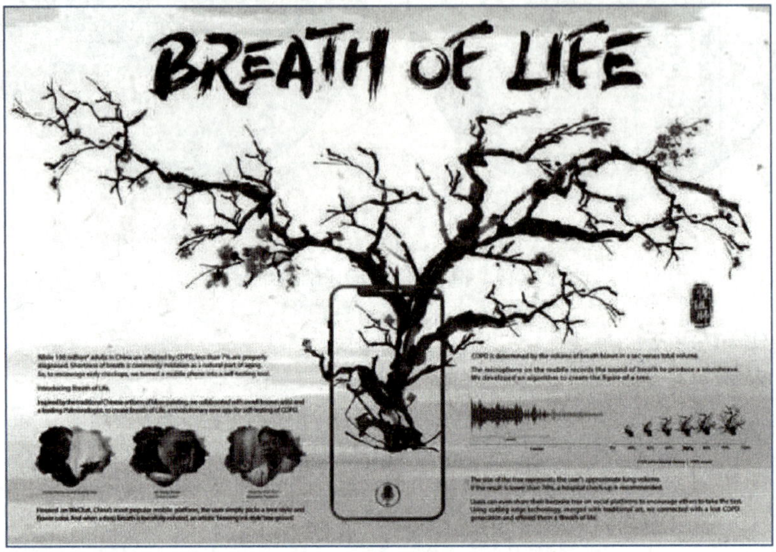

图 4–15　戛纳国际创意节健康类大奖——Breath of Life

（二）深挖卖点

撰写信息流文案时，如果想要让别人信服广告主写的内容，就要求推广创意人员对商品或服务的卖点进行深度剖析，对商品的足够了解是创意有效输出的前提；对商品进行全面的分析，掌握其特点及卖点，是文案输出创意的基本要求。以某移民服务品牌美宝之家为例分析其核心卖点，该品牌是专注于为 0～6 岁的婴幼儿及其家庭提供各类服务的综合服务商。其核心卖点为价格优惠、诚实入境、经验丰富、亲子餐厅、明星代言等，如图 4–16 所示。

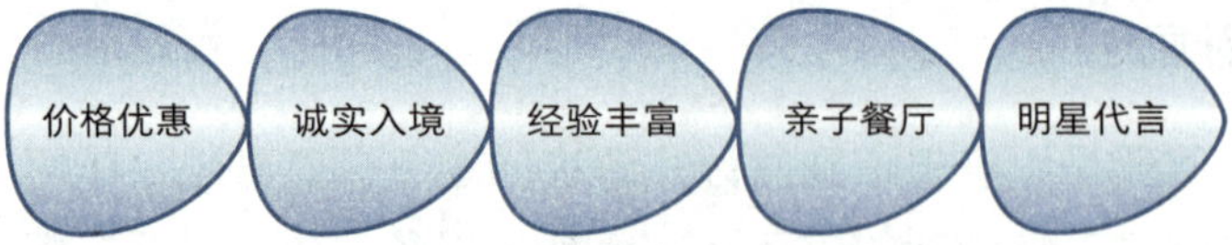

图 4–16　美宝之家核心卖点

（三）基础创意

1. 巧用关键词撰写创意

巧用关键词撰写创意，可以使创意更契合目标消费者的搜索需求，能有效激发目标消费者的关注和兴趣。贴近目标消费者生活习惯的原生创意，为目标消费者的有效转化奠定了基础，提高了创意的展现量和点击量，提升了目标消费群体的购买概率。

2. 创意尽可能包含价格和促销信息

消费者从创意中了解到的商品关键信息，能够提升消费者购买的可能性。经过调研发现，商品价格和促销信息更容易吸引消费者的关注，尤其是以数字形式出现的优惠幅度、折扣额等，例如："中秋节 6 折优惠""国庆节报名 3 重惊喜"等。

如果消费者看到价格后仍然点击，说明他们对价格水平比较满意，很有可能购买。如果他们觉得价格不合适，就不会点击。实践表明，让潜在客户越早越充分地了解到事实，越有助于他们做出购买决策。

3. 创意撰写时使用富有号召性的词汇

号召性词汇很容易抓住消费者的注意力，并激发他们采取行动，包括"申请""注册""报名""咨询""拨打"等带有行动色彩的动词，"立即""马上""现在"等营造紧迫感的时间副词。

4. 尝试用不同句式撰写创意

陈述句，平淡无奇；感叹句，语气强烈，富有感召力；疑问句，引起网民的好奇心……不同的句式带来的效果不同，不建议使用一成不变的句式。网店需要根据推广实际情况进行灵活调整。例如，某品牌眼霜的信息流广告创意中"熬夜刷屏不怕黑眼圈，让肌肤在对的时间做对的事""蓝光伤害无处不在，你是过度刷屏的'蓝光族'吗？"

（四）优秀创意

表达同一个意思的创意，有的让人觉得枯燥乏味，有的却引人入胜，区别就在于表达方式的不同，文案创意也是如此，网店需要使用一些创作方法及技巧来完成创意，搭配商品卖点去刺激用户的痛点，使得用户在看到创意的一瞬间产生了解欲望甚至购买欲望。优秀创意撰写思路可以总结为：优秀创意 = 产品卖点 + 创意技巧方法，关于创意技巧方法，总结为以下三种：

1. 价格优势 + 品牌保障

创意中突出价格和品牌优势。以童装品牌巴拉巴拉为例，该品牌创立于 2002 年，是具有国际视野的时尚大众童装品牌，其主张"童年不同样"的品牌理念，为孩子们提供既时尚又实用的儿童服饰产品，适用于不同的场合和活动，让孩子们享受美好自在的童年。文案突出冬装预售大力度促销活动信息，加以冷暖色调的色彩搭配，给消费者强烈的视觉冲击力，瞬间激起消费者购买欲望。

2. 高端服务 + 动态词包

创意中突出服务优势，合理运用动态词包。动态词包为动态创意的一种形式，将创意标题中的一个词包，根据用户特征替换为不同的词，从而提高创意相关性，提升广告转化率。图 4–17 以新浪扶翼系统为例，展示了动态词包功能与原理。

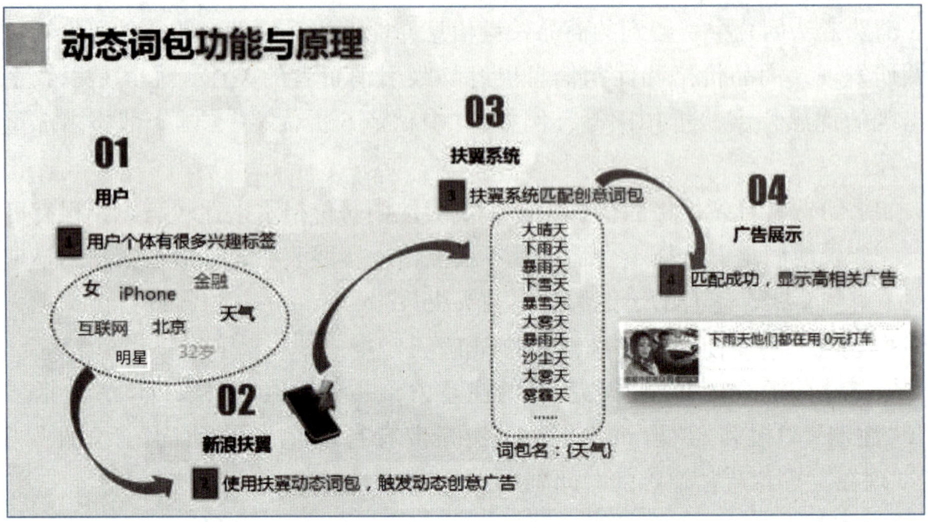

图 4–17　动态词包功能与原理

3. 主营业务 + 制造悬念

撰写优秀创意文案可以采用突出主营业务，给消费者制造悬念的创意技巧。例如，设置“想知道条件吗？快来点这里”的悬念，吸引目标人群进行点击。

（五）样式创意

不同信息流渠道除了风格、调性等不同，其信息流广告展现样式也不同，具体的展现样式有以下四种：

1. “文字 + 小图”展现样式

一般建议图片中尽量减少文字内容；图片清晰可辨认，且在有限的尺寸内尽可能突出重点。

2. “文字 + 大图”展现样式

建议尽量采用高清真实图片，让广告看起来有质感和可信度；同时可适当加入文字内容，如行动召唤类文案（如倒计时、抢先购等）、利益诱惑类文案（如免费送、买二送一等）等。

3. “文字 + 多图”展现样式

建议分别展示不同产品（如电商类推广）或不同场景（如游戏类推广）的图片，以增加卖点和吸引点。同时所有图片之间布局要协调，颜色搭配需合理，整体完整性要强。

4. “文字 + 视频”展现样式

这种样式的特点是：文字不宜过长且突出重点；视频画面要有趣且有吸引

力，让用户有点击观看的冲动。

（六）落地页策略

落地页也称“着陆页”，是指访问者在其他地方看到的某个具有明确主题的特定营销活动，点击后被链接到网站上的第一个页面。

落地页是用户接触企业和产品的第一步，将起到承接流量、转化用户的重要作用，也是营销过程的终端环节。落地页的设计、创意关系到产品的定位、企业的品牌形象、营销的整体规划等一系列问题，一定要综合考虑，从全局出发为企业和产品提供高效的流量窗口，助力用户数增长，提高转化率。

落地页能否发挥其作用，主要受用户转化率驱动模型的影响，同时还会受到用户动机、视觉、交互、内容等多重因素的影响，落地页转化率驱动模型如图 4–18 所示。

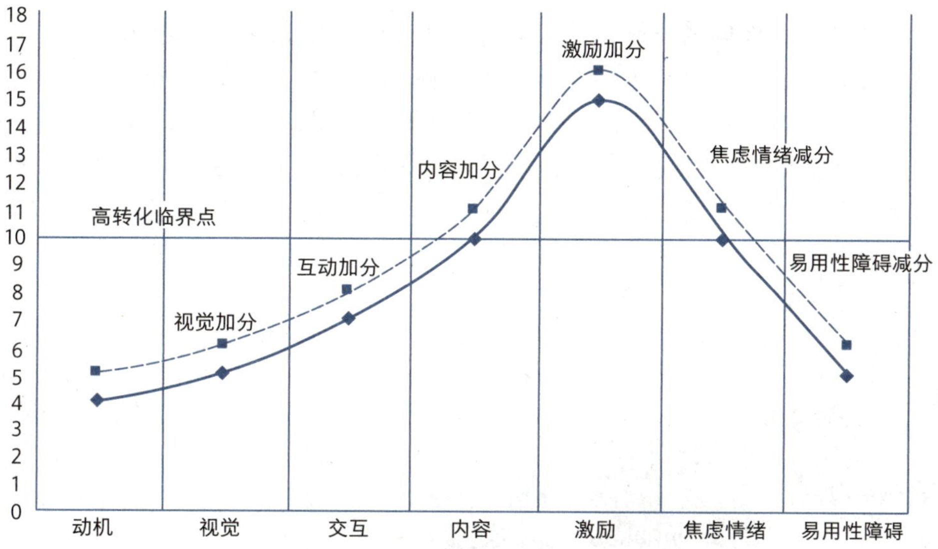

图 4–18　落地页转化率驱动模型

为了实现落地页的高转化，网店必须提前对落地页的目标进行深入分析，确定好战略方向后，再进行制作和优化。落地页的目标如图 4–19 所示。

1. 因素分析法

因素分析法是一种定性分析的方法，是指将落地页拆解成多个因素，然后对其中不同的因素进行分析的方法。

一个落地页上所需要包含的核心因素有：产品卖点、商品列表、为什么选择该产品、用户评价、常见问题回答、倒计时、促销信息等。网店可以寻找 10 个左右的竞品落地页，用因素分析法逐个拆解不同竞品落地页上所包含的因素。

以某房产平台的落地页设计为例，在当前行业巨头对行业流量垄断严重的同

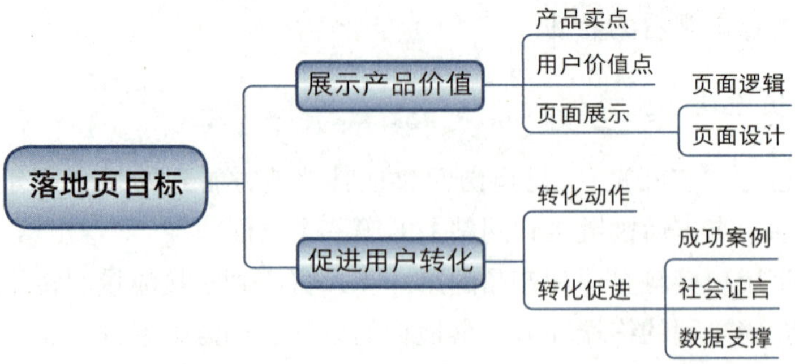

图 4-19 落地页目标

时，其他竞品不断涌入抢占剩余流量，将各种因素按照重要程度重新在落地页上进行组合。最终确定下来的落地页因素按照重要程度排序如下：落地页主标题、产品核心卖点文案、落地页主图、商品列表、为什么选择我们、常见问题回复、用户真实问答、网站底部导航栏。

该房产平台面向的目标人群主要是：未婚、已婚、与父母同住、为父母养老、置业投资这五类不同人群，分别突出各自的卖点，建立不同的落地页（未婚人群的落地页，在首图会体现出低门槛的特点，最低首付 10 万元起；项目特点：外地不限购；项目配套信息；户型介绍等相关内容）。这五类落地页均简单介绍其中某一特色楼盘的相关信息，引导网民留下线索。其效果如图 4–20 至图 4–24 所示。

图 4–20 未婚人群落地页

因素分析法中落地页需要突出以下优势：

（1）落地页与创意一致，色彩鲜艳丰富；

（2）多组落地页设计，不同的创意对应不同的落地页；

（3）落地页头部：突出客户的品牌和卖点，戳中网民的痛点；

（4）落地页中部：对应用户视角，描述合作项目，突出资源优势，宜室宜家，升值空间大，刺激需求；

图 4–21　已婚人群落地页

图 4–22　与父母同住人群落地页

图 4–23　为父母养老人群落地页

（5）落地页尾部：从商户视角设置全城接送看房，吸引用户到店，促进转化。

2. 盲选法

盲选法用得非常成功的例子就是“中国好声音”，导师仅根据选手的声音来进行选择，排除了外表、动作、衣着等一系列干扰因素。

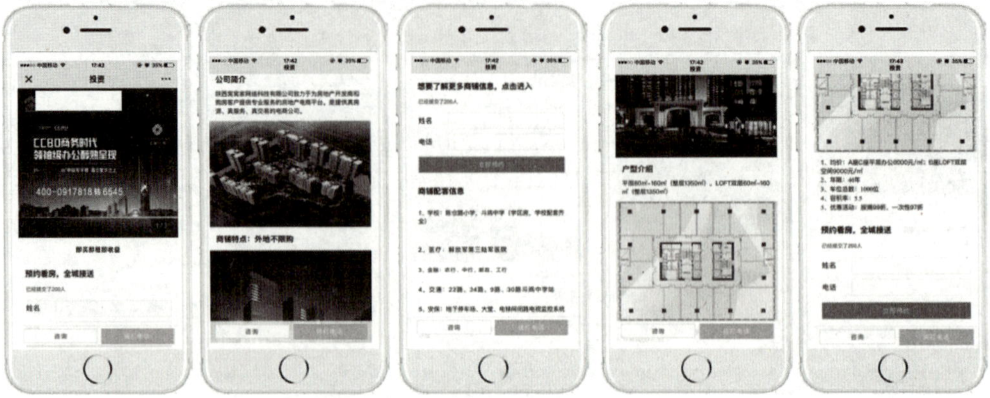

图 4-24　置业投资人群落地页

电商行业的竞争是非常激烈的，新产品的生命周期很短，相互之间的模仿也非常严重。而有些公司却持续在发布“原创作品”，引领行业潮流，它们运用的策略就是盲选法。

例如：要确定新的电脑椅样式时，公司会把这个样式交给 5 位工业设计师进行设计，每个设计师出 3 份设计稿，这样就一共会有 15 份设计稿出来。然后产品经理会拿着这 15 份设计稿在公司内部组织一次盲选评审会，邀请 25～30 位评审人员来进行盲选投票，最终选出票数最为集中的一张设计稿出来（如果票数比较分散的话，那么所有设计稿都会被打回重新设计）。通过这种方式，公司保证了每次新出的电脑椅款式基本上都能在市场上获得较好的销量与反馈。

在落地页的设计和制作中采用盲选法，具体流程如下：

第一步：由产品经理给出 3 种不同设计思路的落地页产品原型；

第二步：由三位设计师分别根据自己的理解设计出 4 张不风格的落地页（前 3 张结合产品设计经理的原型、第四张为个人创作）；

第三步：设计师团队内部进行第一轮评审和修改，并交付 12 张落地页；

第四步：由产品经理进行主导，整个运营团队进行盲选投票，从 12 张落地页中选出 3 张效果最好的落地页；

第五步：由前端工程师进行开发，然后测试；

第六步：由运营人员进行为期两周的落地页效果测试（每个落地页取样都需要在 100 次以上）；

第七步：根据实际的投放效果确定最佳的落地页。

通过这个过程，产生了 3 张风格不同、质量都很高的落地页，并且这些落地页是经过大家一致认可的。

3. A/B 测试法

A/B 测试，是指当一个落地页存在两个或多个版本时，在同一时间维度上，让用户随机地去访问这些版本，然后收集各版本的数据并进行比对分析，从而确定出最好的版本。

如果做的是海外网站，直接在Google Optimize上便可以很方便地配置A/B测试。测试思路如图4–25所示。

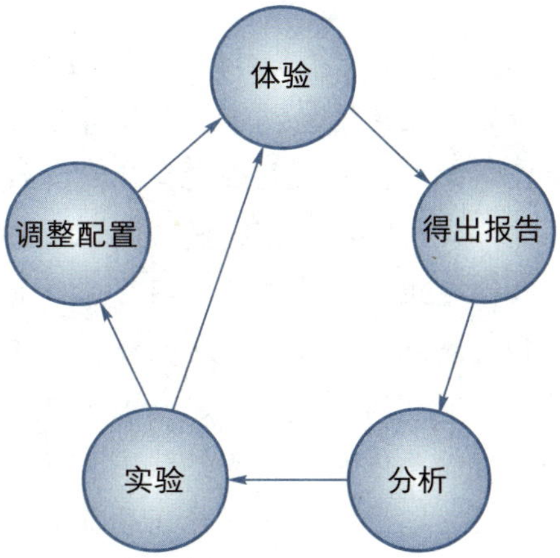

图4–25　测试思路

用户的行为通常会随着时间发生变化，如一天中的某个时段、一周中的某一天、某个月、某个季节等。为了体现这些差异，需要在统计意义和业务需求之间找到某种平衡，知道某项特定指标会在短时间内发生变化。

例如，对于一天或者一周中的某一天，就可以尝试让测试涵盖整个时期。对于用时较长的指标，测试几周可能会更合适，然后根据已知的随时间变化结果进行相应推断。

目前市场上已经有几种A/B测试平台，它们或是独立的产品，或是某更大分析平台（如Firebase远程配置及分析）的某一组件功能。通过客户端库，平台会向应用发送一组配置指令。由于应用不知道为什么要返回某个参数，因此无法获知这是测试的哪个部分，甚至不知道这是否属于测试的一部分。客户端仅仅是按照配置指令进行相应配置。此外，平台不关心返回到客户端的参数值的意义，而是由客户端自行解释。在最简单的情况下，返回的参数可以是简单的键值。对于控制是否启用给定功能存在不确定性，如果必须要启用，则激活对应的版本。

前面的策略多是定性分析，是从感性和经验的角度制定的信息流推广创意策略，但是最终还是要结合具体数据，只有引导用户成功下单的落地页才是真正有价值的落地页。

德技并修

中央网信办开展“清朗·2022年算法综合治理”专项行动

在电子商务平台的网络推广中，算法是近两年来网民关注的热点之一，算法滥用也影响了广大网民的正常生活和相关权益。为加强互联网信息服务算法综合治理，有效推动《互联网信息服务算法推荐管理规定》（以下简称《管理规定》）落地见效，弘扬社会主义核心价值观，维护国家安全和社会公共利益，保护公民、法人和其他组织的合法权益，促进互联网信息服务健康有序发展，中央网信办牵头开展“清朗·2022年算法综合治理”专项行动，专项行动开展时间为2022年4月8日至12月初，主要包括以下五个方面工作：

（一）组织自查自纠。指导互联网企业对照《管理规定》有关要求，全面梳理算法应用情况，深入开展算法安全能力评估，积极采取有效措施，整改算法应用问题，消除算法安全隐患，维护网民合法权益。

（二）开展现场检查。中央网信办牵头会同有关部门和各地网信部门组成联合检查组，对部分互联网企业开展现场检查，各地网信部门可结合当地实际自行对属地其他企业开展检查，重点检查企业算法合规情况和算法安全能力。

（三）督促算法备案。向企业宣传解读《管理规定》中互联网信息服务算法备案的总体原则、备案范围、填报要求和咨询途径等，督促企业尽快完成算法应用情况梳理，并及时开展算法备案信息填报工作。

（四）压实主体责任。督促企业配备与业务规模相适应的算法安全治理机构和专门人员，建立完善算法安全相关规章制度，积极利用算法服务正能量传播、处置违法和不良信息等工作，监测算法滥用乱象，防范算法安全风险。

（五）限期问题整改。对检查中发现的措施不健全、执行不到位、效果不理想等问题，向企业及时反馈并督促限期整改，对存在违法违规行为的企业，将依据《管理规定》严肃问责处罚、责令改正。

党的二十大报告明确指出：“加强个人信息保护。”我国相关部门开展的算法综合治理行动，对于保护个人信息的安全和隐私，以及推动数字经济的长远、健康发展，都具有重要意义。

单元三

信息流推广账户搭建

【引例】

传统商超信息流推广账户搭建

A 市某商业广场开业在即，发现传统搜索广告营销成本逐年上升，且用户数据碎片化严重，无法找到精准的潜在客户。因此，该商业广场开展信息流推广，将投放地域设置为“A 市”，同时将时间定向选择在年轻群体用手机上网高峰时段进行投放，以及提升用户设备匹配度的“网络环境定向”——以 Wi-Fi 或 4G、5G 网络判断用户场景并展示不同场景的创意内容。信息流广告投放后，商业广场人群规模扩大至 1 400 000 多人，广告投放实现了 71.2% 的目标人群覆盖，展示量超出预期 86.5%，点击量超出预期 17.2%，信息流广告带来了表现优异的点击率。

信息流推广账户搭建就相当于广告投放过程中的“地基”，只有打好“地基”，在后期广告投放过程中才能保证推广效果，并且起到事半功倍的作用。

思考：通过该案例可以看出信息流推广账户搭建的重要性，那么，信息流推广账户该如何搭建，人群定向、创意制作、落地页应该如何完成呢？

以某展会服务类客户投放信息流广告为例说明信息流推广账户的搭建。某展会服务企业主营业务以会展服务为主，对国外展会、国内农产品、航空、建材家居、医疗、通信电子、汽配、能源电力、轻工业消费品、游艇展都有较为丰富的承办经验。由于会展期间的资源多、时间短，传统会展模式对会展资源的利用度、开发度并不高，而移动互联网让会展行业能够更深入地对会展资源进行开发，衍生出颇具想象空间的“互联网 + 会展”新模式。

在进行信息流账户搭建开始前，需要进行信息流推广目标分析。企业信息流推广目标有两个：第一，希望通过投放信息流广告，借助各类定向精准触达目标人群，为展会服务机构开拓新客流量，稳定放量，降低新客成本；第二，为会展中心将要举办的展会提高人气，扩大知名度，吸引目标人群参加展会。完成了推广目标分析之后，开始信息流账户搭建。

一、信息流推广账户概述

在信息流推广中，对于账户搭建规则没有明确的要求。只要做到分类清晰，实现不同的人看到对应的广告信息，最大概率获取转化，最终利于统计推广效果数据即可。信息流账户结构一般分为四个层级：账户—推广计划—推广组—创意。

（一）创建基础结构

钻石展位推广计划与推广单元

（1）在推广计划级别，从信息流媒体选择、产品、目标受众角度设置推广目的，设置预算方式、预算金额。

（2）在推广组级别，从定向方式、创意配图形式角度设置地域、兴趣、性别、年龄等广告受众的属性，设置广告预算和出价。

（3）在创意级别，从细分卖点角度向平台用户展现推广内容，包括文字标题、图片或者视频素材，这些都是影响转化率的关键因素。

（二）推广计划搭建思路

推广计划可以按照产品类别、推广目的、定向人群、创意素材和活动等思路搭建。

1. 按照产品类别进行搭建

企业会在同一时期推广不同类别的产品。例如，某服装厂要推广高级定制时装和普通类服装，显然产品对应的潜在用户差异很大，因此按照产品类别划分推广组更合理，即最少一类产品建立一个推广组，更能做到精准营销。在实际推广中，企业一般会把产品划分规则和其他规则合并进行推广组搭建。上述展会服务类客户的推广计划可以按照产品类别进行搭建，在推广计划中建立农产品、航空、建材家居、医疗、通信电子、汽配、能源电力、轻工业消费品、游艇展、会展策划 10 个计划，如图 4–26 所示。

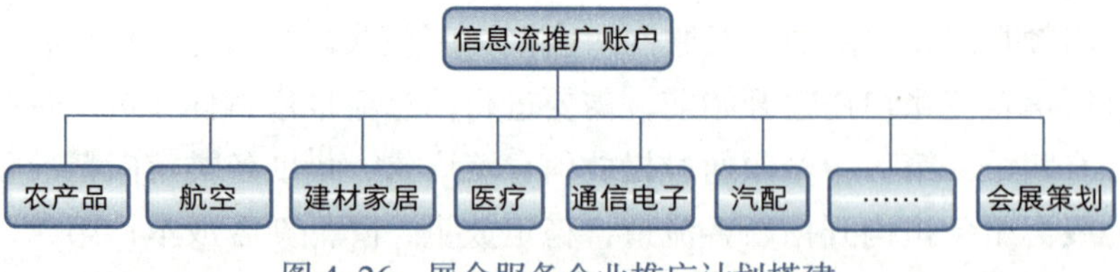

图 4–26　展会服务企业推广计划搭建

2. 按照推广目的进行划分

以今日头条为例，推广目的可以分为四类：落地页、App 应用、头条文章和门店推广。

（1）落地页：点击广告进入某落地页；如果企业的营销诉求是表单提交、在线咨询、电话拨打或在线成交量等，那么可以选择落地页为推广目的。

（2）App 应用：点击广告进入应用商店的下载地址；一般针对有应用下载需求的广告主，以此提升 App 应用的下载量、安装量和激活量等数据指标。

（3）头条文章：点击广告进入某头条文章；此推广目的一般适合头条号文章作者或有软文推广需求的广告主，可投放在已在头条号创建的文章，也可投放在新创建的文章。常规运营是广告主撰写一篇有关产品或服务的文章，利用头条广告推荐给潜在用户。

（4）门店推广：点击广告进入门店推广页面；一般针对当地服务类企业，用来提升实体店铺企业销售量等数据指标。

在实际推广运营中，落地页和 App 应用是企业需求量最高，也是最常用的广告组层级设置推广目的。因此，当企业有多种推广目的营销需求时，可采用按照推广目的划分搭建思路。

例如，某招商加盟咖啡店和奶茶店两种项目，获取转化信息的手段有落地页填写表单和 App 应用，具体可以搭建如下推广计划：加盟咖啡店落地页、加盟咖啡店 App、加盟奶茶店落地页、加盟奶茶店 App，如图 4–27 所示。

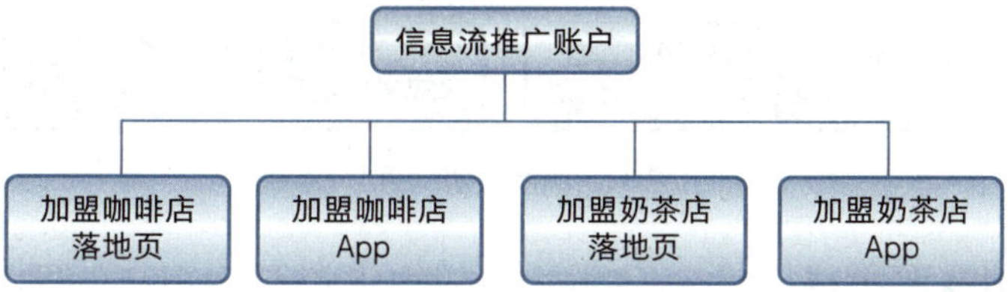

图 4–27　按推广目的划分推广计划

3. 按照定向人群进行划分

常规企业一般会进行目标人群和兴趣人群的定向人群的定位，并预计在短时间内可获取的推广效果。按定向人群划分推广计划的示意如图 4–28 所示。

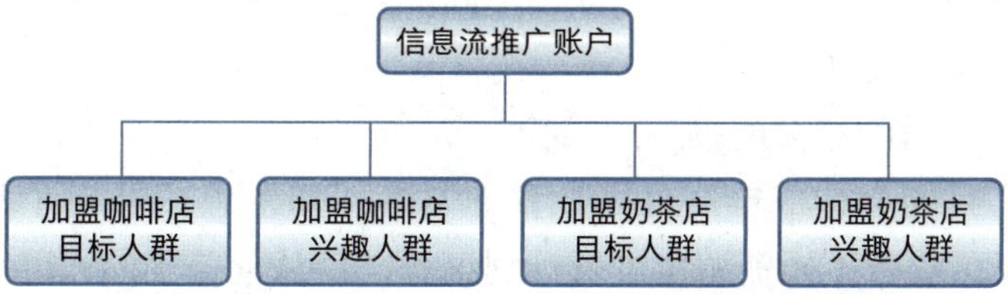

图 4–28　按定向人群划分推广计划

4. 按照创意素材进行划分

按照投放策略中的设计素材要求，在常规推广过程中，不同尺寸的图片素材将展现不同的推广效果。图片素材主要包括大图、组图、小图和视频等。按照创意素材进行推广计划的划分如图 4–29 所示。

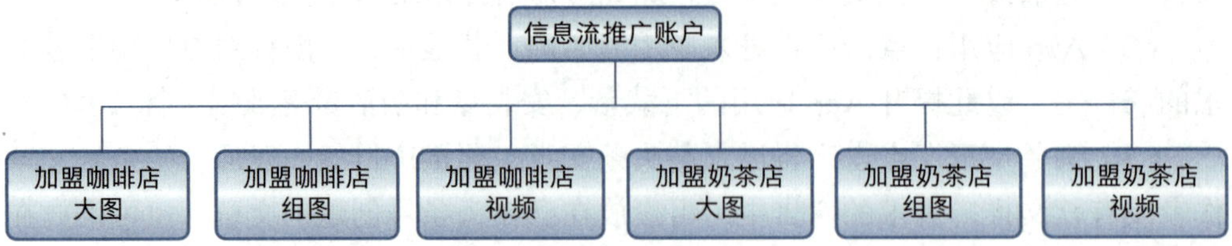

图 4–29 按创意素材划分推广计划

5. 按照活动划分

结合“双 11”“6・18”等各类线上营销活动，企业将设计活动的广告语和配图，因此推广计划还可以按照各类营销活动进行划分。同时需要注意，由于各类营销活动具有时效性，此类推广计划不便于常年推广，涉及该推广计划一定要设置投放时间。一般情况下，大型活动需要提前一个月时间预热线上推广，小型活动提前半个月预热线上推广，按活动划分推广计划如图 4–30 所示。

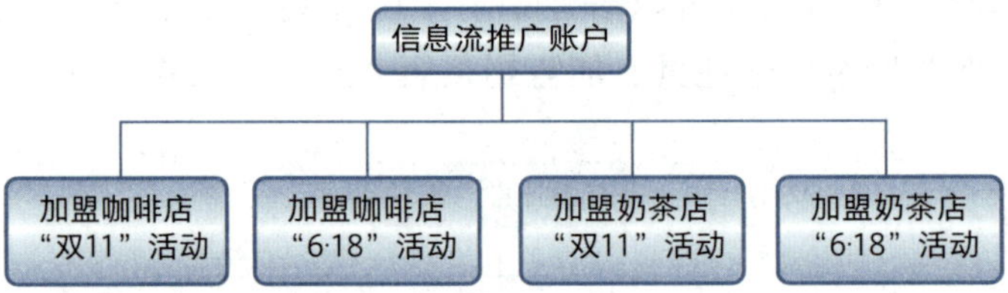

图 4–30 按活动划分推广计划

（三）推广组搭建思路

推广组层级基础搭建思路是进行细分，从而做到千人千面的精准营销。具体搭建目的是使不同属性的人群看不同类型的广告内容，从而在推广数据中定位问题，不断优化推广效果。如果预算充足或前期用户画像定位不清晰，那么建议将人群定向设置得宽泛一些，后期再通过数据对比逐渐细分人群。建议一个推广组层级只放置一种尺寸的创意素材，即使不同广告位置对素材要求较高，也尽可能分不同广告位进行投放。

1. 按照推广目的细分的推广组结构

多重推广目的会造成推广计划数量非常多，如果想在推广计划层级控制预算，则不建议再按照不同资源位进行计划细分，仅从覆盖不同人群和创意样式进行细分即可。标注出价和计划搭建时间是信息流推广中常见的规则，这是因为信息流广告要经常更新创意，通过时间标签能快速定位信息流推广账户。

下面的信息流推广账户搭建仍以上面的加盟咖啡店和奶茶店为原型，以今日头条为例，按照不同产品不同推广目的进行推广组细分，结合产品细分为 4 类：兴趣人群、关键词、App 行为和定向人群（再营销人群）。鉴于控制转化成本，选择 OCPM 出价，选择大图的广告素材，如图 4–31 所示。

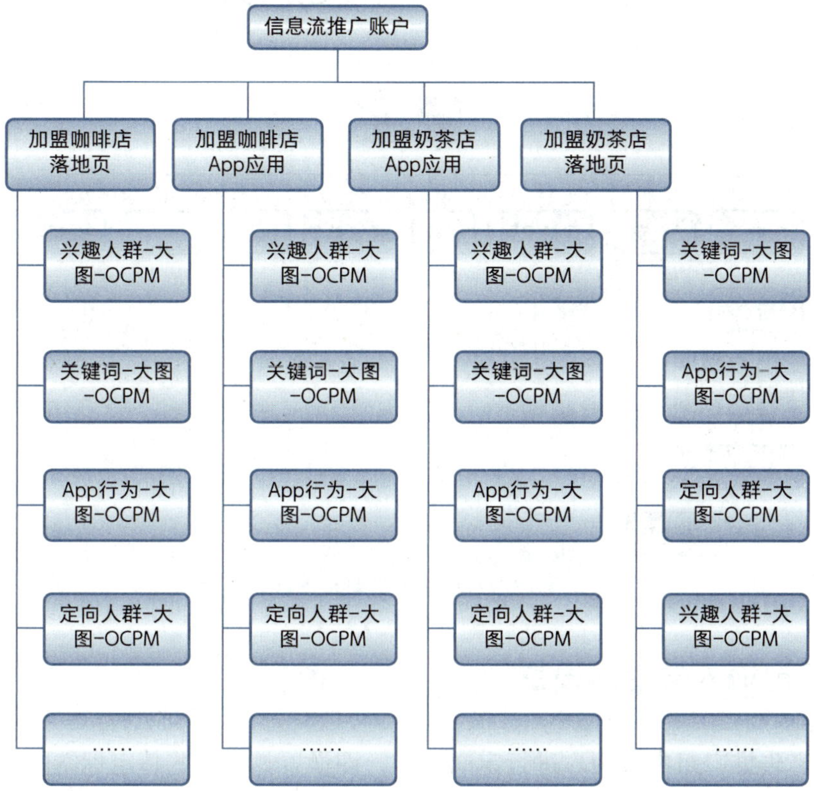

图 4–31　按照推广目的细分的推广组结构

2. 按照定向人群细分的推广组结构

定向方式的具体设置决定了对应人群的属性，按照定向人群细分推广组之后，目标人群的广告计划覆盖人数较少，转化成本会相对较低。在这里一定要注意的是，如果某广告计划覆盖人群数量过少，则说明定向人群设置得过细，这时需要将定向人群设置得广泛些，既可以避免前期广告计划不精准，也能减少日后的优化负担。

3. 按照创意素材类型细分的推广组结构

如果按照创意素材类型细分推广组，那么其广告计划要区分投放广告位置、人群，可以将同质化的广告位置进行合并，如抖音短视频、西瓜视频和火山小视频，从而有效减轻运营难度。

在实际信息流推广中，对于账户搭建没有标准化的规定，企业应结合实际需求、营销目的、预算等内容合理搭建即可，初期可遵循“给不同类型的受众看不同形式的广告”的原则。但如果想要实现精准营销，做到千人千面，那么对应推广组计划的数量就会非常多，不可能都在账户里一一操作，这时候就需要提前制作大量的各种维度的定向包来提高工作效率。

结合推广组搭建方法，在上述展会服务企业搭建账户的案例中，可以按照定向方式、创意样式、卖点、投放地域四种维度划分单元。展会服务企业推广组账户搭建如图 4–32 所示。

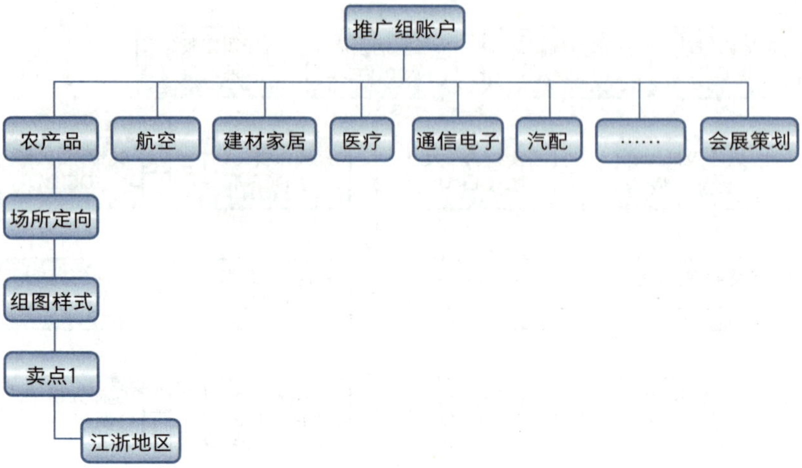

图 4–32　展会服务企业推广组账户搭建

二、信息流人群定向设置

在广告推广组中对用户进行定向设置，即设置具有哪些特定标签的人可能会看到信息流广告。在具体的信息流广告投放平台受众定向设置中，可以参考按照地理位置定向、人口属性定向、兴趣定向、行为定向等策略分别设置。

（一）地理位置定向设置

通过简单的设置，便能投放出千人千面的创意，可大大提升效率，尤其推荐电商、金融、游戏、社交、教育、商务服务、生活服务等行业客户使用。

结合受众定向策略中地理位置定向，进行地理位置定向设置。目前信息流广告投放平台地域定向是将用户当前的 GPS、IP、历史城市、服务器地址等因素进行加权得出的。这样的定位方式比单纯的 IP 定位更加准确。例如，可以根据网民行为属性进行判断。① 正在该地区的用户：用户实时 GPS 正在该地区的用户；② 常驻该地区的用户：选取近 2 个月用户的 GPS 信息；③ 居住在该地区的用户：根据用户上报点的时间及密度，推断最接近“居住地”属性的常驻点，系统判定是居住地在此的用户；④ 到该地区旅行的用户：用户实时 GPS 正在该地区的用户，但根据历史数据可知这个地区不是用户的常驻点，表明该用户是跨城市用户。

在信息流广告投放平台中地域设置大致分为四类，即：不限、按省市、按区县和按商圈。其中，按区县投放可使投放更加精细化，适合推广产品有较大地域限制的企业。例如，某乡镇的某婚纱摄影照相馆，基本上去此照相馆的客户都是本地人。按商圈是指把全国大部分一二线城市按照商业圈进行划分，这种方式非常适合本地服务类企业，因为这类企业的潜在用户对商家地域有强烈需求。例如，消费者想喝一杯咖啡，不会到 20 千米以外的地区购买，而是在直径 5 千米范围内搜索咖啡门店，这样无论是自取还是点外卖，都符合人们的消费习惯。

（二）人口属性定向设置

结合受众定向策略中人口属性定向，对性别定向、年龄定向进行设置。

1. 性别定向设置

通过用户的使用行为及阅读文章的属性判断用户的性别，在平台的设置中主要包括不限、男、女这三类。在具体操作中，对性别一般不进行限制，除非产品的消费者完全偏向某一类性别人群。

2. 年龄定向设置

目前平台可以通过用户的使用行为及阅读文章的属性判断出用户的年龄，按照年龄段属性进行划分。在确定年龄定向之前，企业需要了解消费者、影响决策者和产品使用者的区别。

（1）消费者：最终购买产品的人，也是实际消费的人。

（2）影响决策者：影响消费者决策的人，其意见会影响消费者是否购买产品。大部分产品的影响决策者和消费者都是同一类人群。

（3）产品使用者：真正使用产品的人。

在实际工作中，企业将根据产品和推广目的合理设置年龄定向，同时为方便精细化推广，推广计划层级通过定向不同年龄段的人群，使他们观看不同内容的广告。奶粉售卖年龄定向设置如表 4-6 所示。

表 4-6　奶粉售卖年龄定向设置举例

人群属性	婴儿奶粉	中年奶粉
消费者	1—3 岁婴儿	40—65 岁的中年人
影响决策者	1—3 岁婴儿的父母	18—40 中年人的子女，40—65 岁的中年人
产品使用者	1—3 岁婴儿	40—65 岁的中年人
年龄选择	21—49 岁	18—65 岁

（三）兴趣定向设置

按照兴趣定向策略进行设置，一般信息流广告投放平台确定了不限、系统推荐和自定义三种类型。其中，系统推荐是根据推广计划目前的设置，自动找到最匹配的人群，帮助企业以更低的成本达到更好的投放效果。这里所选的人群会根据实时投放效果随时进行调整，并逐步放开兴趣定向的范围，兼顾投放量和转化成本，相当于投放平台自动帮网店进行推广和优化。虽然现在信息流广告投放平台的数据量和技术都已经比较成熟，但许多企业目前还是选择自定义兴趣。

信息流广告投放平台可以统计受众在不同文章分类下的打开率、阅读时间及点赞、评论等数据并加以有效分析。如果设置了多个兴趣点，那么它们之间是“或”的关系，即选择的兴趣点越多，覆盖的人群数量就越多。广告主要结合产品的特点，通过兴趣分类，向与自身产品相关内容感兴趣的用户实现精准投放。

（四）行为定向设置

部分信息流广告投放平台中行为定向设置分为新用户定向设置、App 行为定向设置。

1. 新用户定向设置

新用户定向设置是根据新用户安装投放平台 App 后首次打开应用的时间进行定向，例如，设置为一个月以内、一个月到三个月和三个月等。对于大部分行业来说，该定向一般也不做筛选。

2. App 行为定向设置

App 行为定向设置是根据用户群体的特征去分析这些用户会使用哪些类型的 App，是在 App 分类里进行筛选，从而圈定群体。这里 App 行为也涉及逆向思维，即根据推广的产品，反向思考安装过哪类 App 的人群是最有机会的潜在客户。

例如，A 网站利用今日头条行为定向做信息流推广，A 网站认为自己的客户会对旅游、美食类 App 感兴趣，并在账户内设置好 App 行为定向计划，那么今日头条就会帮助 A 网站找到手机内安装过这些类别 App 的用户，在他们使用今日头条看新闻时，使他们有机会看到 A 网站的广告。

三、信息流创意制作

创意是潜在用户能够看见的，包括文字、图片、视频等内容的广告素材。创意是账户结构中最小的单位。

（一）信息流广告的基本结构

创意是由不同的图片素材、文字素材和视频素材组成的，不同的图片、视频会搭配文字标题展现在信息流前台，是网店首次向顾客展现的产品信息。

网店需要了解信息流广告的基本结构。一条信息流广告由三部分组成，即标题、图片 / 视频、来源。标题就是信息流广告中文案的内容，来源则显示谁在做推广。图片素材分为小图、大图和组图三种样式，视频素材分为横版和竖版两种尺寸。

以今日头条为例，说明信息流广告创意的图片、视频及创意文字具体要求如下：

图片素材支持 JPG、PNG 等格式，大小在 500KB 以下。小图的宽高比为 76∶50，最小尺寸为 456 px × 300 px；大图的宽高比为 16∶9，最小尺寸为 1 280 px × 720 px：竖图的宽高比为 9∶16，最小尺寸为 720 px × 1 280 px。视频素材支持 MP4、MPEG、3GP、AVI 文件格式。宽高比为 16∶9 的视频素材的分辨率需大于等于 1 280 px × 720 px，码率≥516 kbit/s，视频大小不超过 1 000 MB：宽高比为 9∶16 的视频素材的分辨率需大于等于 720 px × 1 280 px，码率≥516 kbit/s，视频大小不超过 100 MB。

每条创意文字在 30 个字符以内，这里汉字只占一个字符，标点符号占半个字符。多个标题会组合不同的图片 / 视频素材内容进行展现，所以创意中素材和标题是多对多的关系。

（二）素材使用方法

创意图片本身是配合标题一起呈现给顾客的，所以图片的制作质量也会影响后续的转化。目前大部分信息流平台的图形广告素材分为四类：视频、大图、组图和小图。经过优劣势比较和对实际推广结果的整理，纯图片类素材的营销效果大图优于组图，组图优于小图，而视频类素材的营销效果呈直线上升态势。

创意图片通常有五类要素：背景、口号（Slogan）、Logo、点缀物和商品。

1. 背景

在外层图的设计中主要包括文案和产品，而背景往往起的是一个烘托、渲染、对比的作用。在品牌广告图背景设计中，经常运用实景拍摄高清图作为背景，点缀物烘托或者纹理叠，加大量留白的方式。

2. 口号

目前大部分信息流外层素材图对口号（Slogan）进行字体设计相对较少，但是往往一张外层素材的质量高低，很大程度取决于设计师有没有对主题进行字体设计。信息流外层素材的字体设计包括四类：图形设计、文字排版、色彩搭配和字体。

3. Logo

信息流外层图的 Logo 不是单独设计的 Logo，而是根据广告主提供的 Logo，使用合适的大小，放在合理的位置，使得 Logo 不显得突兀。

4. 点缀物

在外层素材图的设计中，点缀物将使用户在视觉上更加丰富，画面更加饱满；使用户产生愉悦或者刺激感，使其产生点击欲望。

5. 商品

显示创意的主要内容，通常是商品图片，一般商品图要重点突出。

（三）文案创意

基于信息流广告的特殊性，用户停留时间极短，文案需要有极强吸引力。在具体的文案创意中具体应用以下五个创意生产法：

1. FBA 创意生产法

Feature：特点（商品 / 服务的卖点）。

Benefit：利益（能让用户得到的利益）。

Advantage：优点（商品 / 服务的竞争优势）。

写具体文案创作时，信息流运营者往往专注 Feature 和 Advantage，而忽略了 Benefit。实际上，相比产品、服务这两个方面，用户更关心商品能带来的具体利益。

例如，有两条文案，文案 1：×× 专注公司注册 15 年，流程简单一步到位；文案 2：×× 专注公司注册 15 年，让你不出门完成全流程。可以看出文案 2 优于文案 1。

2. 关键词联想

寻找该商品 / 服务的不同方向和特点，随机组合创建思路。例如，为旅行社撰写文案，按照目的地、价格和效果三个方面，对大众团、精品团和 VIP 团三个类别进行设计，如表 4–7 所示。

表 4–7 关键词联想

方向 / 特点	大众团	精品团	VIP 团
A 目的地	A1	A2	A3
B 价格	B1	B2	B3
C 效果	C1	C2	C3

将关键词联系应用于实际中，将确定出更多的方向和特点。

B1 组合：大众团全年超低价特惠来袭，错过再等一年！

C2 组合：报名 VIP 团，全程不用费心。

3. 5W1H 法

5W1H，就是 What、Where、Why、When、Who、How。

信息流推广运营者在撰写文案前，首先需要明确表述该产品或服务的具体内容（What）、具体使用的地点（Where）、使用的原因（Why）、使用的时间（When）、使用的人（Who）、最终能够达到的效果（How）。

例如，工业风扇是通风、降温设备，在车间、仓库等大空间内使用，用来通风、降温，在工人工作或其他需要的时候使用，希望其能达到很好的通风、降温效果。

文案 1：几百平方米的大厂房，用几台降温风扇足够，老板们来看看。

文案 2：市面上 5 种工业风扇对比，哪个通风降温效果更好？

4. 快速文案灵感的方法

（1）时光旅行法。信息流运营者将自己置身于 10 年前、20 年前，或者 10 年后、20 年后，重新思考文案的撰写。例如：“未来 10 年，你会后悔没开一家这样的鸡排店。”

（2）瞬间移动法。假设信息流运营者在不同国家、地区、空间，要对文案内容进行创意设计。例如：“当地人都会吃的当季水果，你也能吃到。”

（3）属性变化法。假设信息流运营者站在另一个性别、年龄、种族、智力、国籍的角度，进行创意文案设计。例如：“这三款皮鞋，随便一双送男朋友都合适。”

（4）角色扮演法。假设信息流运营者站在父母、老师、经理、搭档、好朋友、对手等角度考虑问题，这种商品 / 服务有什么用？消费者希望这种商品 / 服务有什么功能？例如：“妈妈们千万别学我，这几样东西宝宝根本用不着。”

（5）间隙填补法。假设用户现在所处的位置是 A，设定终点为 B。A、B 之间存在的差距有哪些？这种商品 / 服务如何帮用户填补这中间的差距？例如：“缺几万元不用到处借，凭身份证就能申请。”

5. 应用心理分析法

结合用户的追求心理、规避心理、恐惧心理、失去心理开展文案的撰写。以下以加盟 ×× 零食店开展为例说明，具体应用心理分析法如表 4–8 所示。

表 4–8　应用心理分析法

序号	应用心理分析法	举例
1	利用追求心理	加盟 ×× 零食店，快速实现财务自由
2	利用规避心理	加盟 ×× 零食店，不再为创业艰难担忧
3	利用恐惧心理	错过这个加盟开店机会，明年创业会更难
4	利用失去心理	免加盟费开零食店，今年只有这一次机会

在具体的创意制作中可以使用标题和图片交叉组合方法，生成 N×M 条创意，运营者最终选取最优组合，找到效果最好的创意。如图 4–33 所示。

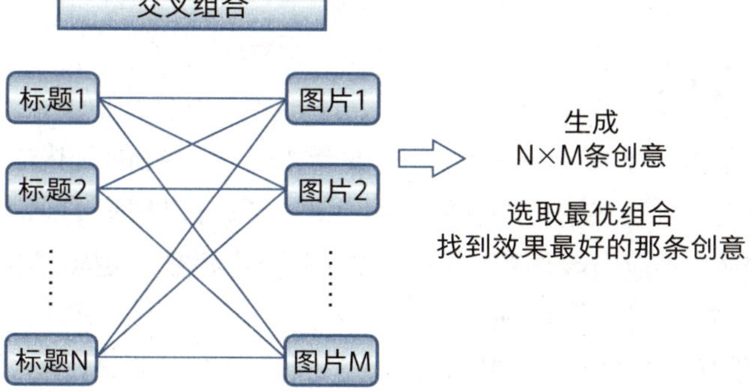

图 4–33　创意交叉组合

在上述展会服务企业搭建信息流账户的案例中，在创意制作时可以突出“商机无限”。

四、信息流落地页制作

当信息流运营者有了良好的创意后，就需要一个高质量的信息流落地页。在一个信息流广告中，信息流落地页的角色像是一个超级销售员。用户进入信息流落地页之后，这个“销售员”就开始向客户介绍商品的特色、卖点等。当用户看到自己关心的内容，就会被吸引，进一步被说服……用户就会觉得“这就是我想要的”，然后进一步完成购买，实现信息流落地页的转化。

（一）页面布局与配色

页面布局就是推广内容的排版方式，主要包括图片的大小、位置、排列，文字的行距、边距和间距等。由于网民的浏览习惯是“从左至右、从上至下”，所以图文类组合元素尽量选择左图右文、上图下文形式，文字和图片之间也要设置间距。另外，信息流落地页主要呈现在移动端，为了让用户专注于内容，建议一屏设置一个主题。推荐使用 1 136 px × 640 px 这个尺寸作为单屏设计原型图，因为目前 90% 以上的手机屏幕的长宽比例都是 16∶9。

页面合理配色可以有效帮助用户建立对品牌、商品或落地页的第一印象，能影响用户感和购买决策，所以也是落地页设计的基础要素之一。

企业还可以使用复合颜色来增加页面层次的变化。不管使用何种配色，在策划网页配色时需要注意以下问题：

（1）确定主色调：以一种颜色为主色调，以其他颜色为点缀，避免视觉效果混乱；

（2）突出重点：文字颜色与背景色要有反差，如底色深时文字应浅，这样才能让深色的背景衬托出浅色的内容（文字或图片），反之亦然。

（3）避免单调：不要只使用一种颜色，可以通过调整亮度、饱和度、白平衡、复合色来让页面层次丰富。

（二）页面逻辑策划

信息流落地页除了布局、配色等基本要求，更重要的是内容要呈现出逻辑性。信息流推广必须站在用户的立场思考问题，只有以用户的思维方式来设计落地页的逻辑结构，才能引导用户，最大化实现企业利益。逻辑结构的设计没有固定的模式，以下推荐常态化落地页逻辑结构。

首先要激发用户的需求。浏览信息流广告的用户大部分是弱需求客户，创意将其引流到落地页，那么激发需求，让其产生购买产品的欲望是页面营销的开始。信息流落地页给人的第一印象很重要，直接决定用户是否会关闭页面。不协调的配色、杂乱无章的排版、不美观的人物形象都会增加阅读压力，从而让用户选择逃避。那么用户愿意观看的首屏内容是怎样的呢？有以下三种常规方法：

方法一：展示产品使用场景模拟，例如，某彩妆品牌的首屏内容就是“约会妆”的化妆视频，通过视频结果来认证产品的高质量，同时弱化了硬广的功利性。

方法二：利用优惠活动激发用户占便宜的心理。例如，某餐饮的免费试吃或团购优惠等活动。

方法三：申明利益点，让顾客产生不购买就有所损失的心理，例如，某成人学历提升机构信息流落地页首屏的内容为“面试碰壁，仅仅是学历问题，一年制本科学历报名倒计时”。很多企业为了快速转化，还会在首屏上设置一个易懂、好操作的转化组件，从而促成最终转化行为。目前比较常见的形式是指引填表单或在线咨询按钮。如果用户看了首屏还没有离开，那么接下来就要戳用户的“痛点”，“痛点”是面对产品所产生的购买困惑，“戳”代表解惑的过程。

如果在戳“痛点”环节用户依然没有离开，那么就需要介绍产品的其他卖点或产品详情，如使用方法、周期等，但内容应该简化，以点带面。在信息流落地页的最后还可以添加一些风险评估报告、竞品对比、使用授权等内容，以打消用户顾虑。

在整个信息流落地页的策划过程中，要根据页面的设计适当加入转化按钮，避免出现用户找不到转化按钮的情况；同时，也要注意转化入口不要设置得过于频繁，避免引起用户反感。信息流落地页不建议制作过长，常规在 3 屏以内为宜，保证用户的浏览体验。按照企业常规做法，一款产品至少会设计两版信息流落地页以方便对比。

（三）页面简洁设计

在制作落地页时，往往存在过度包装的现象，广告主希望将所有内容展示给潜在客户，这样做会导致页面中卖点内容堆砌太多，令用户有压迫感，最终落地页转化效果不佳。

信息流广告的营销背景并非是用户主动搜索的，其实际使用场景是用户在各个 App 内进行的活动。在这样的心理背景下，“给他全部”其实很容易让用户失去耐心，所以信息流落地页的策划不能像传统网站一样，不能把所有内容和功能都放到信息流落地页，而是要浓缩精华。

第一，拒绝大段落文字，大部分用户不愿意在手机上仔细阅读很长篇幅的文字，这会极大影响浏览体验，可以采用模块化、概括总结性语言。

第二，加强图文配合，常见的是在背景图上直接搭配文字信息或采用素材分栏样式结构。

第三，集中用户的注意力，建议一屏设置一个主题，单一主题更能吸引网民对内容本身的关注。

第四，页面内应减少用户动作，避免引起用户反感。

信息流落地页不要设置过于复杂的导航栏，要在单页面上实现产品转化。表单内容设计建议在3项以内，其核心项是获取有效的用户联系方式。对于在线咨询转化的用户，不要频繁弹出邀请对话窗口，可以设计成吸底样式。

在上述展会服务企业搭建信息流账户的案例中，在落地页制作时，落地页头图应突出奢华游艇体验、注重细节等特点，以刺激消费者；落地页包含产品优势、展会详情预留线索，用户体验较好；转化工具全面，页面中部插入表单，尾部设置吸底按钮，提升转化率，如图4-34所示。

图4-34　展会服务企业落地页制作

德技并修

信息流推广账户搭建要遵守法律法规

微博经营主体北京微梦创科网络技术有限公司因发布的信息流广告，内容为文字、配图和包含跳转链接组合的形式，未对送审的广告主产品页面打印件与实际落地，构成违法，该广告已于2020年3月10日下线。

以上事实有当事人营业执照复印件、当事人网站相关数据内容截屏打印件、当事人情况说明及询问（调查）笔录等在案佐证。北京市海淀区市场监督管理局于2020年6月8日向当事人送达了《行政处罚告知书》，告知当事人北京市海淀区市场监督管理局决定做出行政处罚决定的事实、理由、依据、内容以及当事人依法享有的陈述、申辩的权利。当事人在法定期限内未提出陈述、申辩意见。

《中华人民共和国广告法》第三十四条第二款规定："广告经营者、广告发布者依据法律、行政法规查验有关证明文件，核对广告内容。对内容不符或者证明文件不全的广告，广告经营者不得提供设计、制作、代理服务，广告发布者不得发布。"另外，《中华人民共和国广告法》第六十一条第一款规定："违反本法第十六条第一款第四项规定，在医疗、药品、医疗器械广告中作推荐、证明的"，由市场监督管理部门没收违法所得，并处违法所得一倍以上二倍以下的罚款。

当事人的上述行为，违反了《中华人民共和国广告法》第三十四条第二款之规定，已构成未依据法律、行政法规核对广告内容的违法行为。依据《中华人民共和国广告法》第六十一条第一款之规定，责令当事人改正，并决定罚款30 000元。

单元四

信息流推广账户优化

【引例】

信息流广告表单设计

以某二手车平台信息流广告为例，一级表单逻辑设计很简单，只要填写手机号，测测自己的爱车值多少钱，单击“在线评估”按钮后，实际上已经提交了手机号并且跳转至二级表单。

二级表单会设计更详细的信息及选项，信息如果能够全部且认真地被填写完毕，那么，可以判断客户意向较强。反之，如果信息填写不完整，则意向较弱。

一级表单的设计，信任门槛很低，多数人是在没有太多防备的情况下，为了满足好奇心而单击按钮。而企业可以根据二级表单收集到的信息的完整度来做进一步的跟踪并组织话术。这样，在广告投放阶段就已经把用户意向等级分了出来。

分析：① 表单逻辑设计较为合理。一级表单通过引导，降低信任门槛；二级表单通过多项内容选择及填写，筛查用户意向程度。② 外层创意有待优化。建议与落地页表单卖点保持一致，且用最直白的话语来表达。

思考：通过该案例可了解信息流表单设计的重要性，那么，不同信息流平台之间有哪些异同点？在后续的推广中，信息流账户优化人员应注意哪些问题？

一个完整的信息流广告包括：友好的广告入口标题 + 配图，叫卖合一的落地页，操作便利的互动设计。这三项内容的质量会直接影响整体信息流广告的效果。因此，在账户问题分析、搭建账户以及物料制作上线环节完成后，优化反馈显得尤为重要。

信息流优化即通过一系列的信息流数据监控，依据科学的数据分析，发现推广中的问题，调整账户内各细节的操作，从而覆盖更多精准的人群，获取更多的流量。其优化原则是：数据驱动、开源节流。

（1）数据驱动：依照投放数据反馈，判断账户各维度的效果，针对好和差的部分采用不同方式进行优化；

（2）开源节流：针对转化效果好于预期或相对较好的部分，继续增加展现量，获取更多转化量；针对转化效果大幅差于预期的部分，减少消费量，控制消费。

一、信息流推广账户优化概述

信息流推广账户优化是指通过改变信息流推广中的关键要素（如预算、时段、素材、出价、落地页等），从而不断提升推广效果的过程。

利用“营销漏斗”模型分析数据是比较有效的方法之一。优化的目的是把广告尽量只展现给真正的潜在用户，并且减少之后每层营销漏斗的流失率，保证最大限度地获取转化量。信息流推广账户优化逻辑如图 4-35 所示。

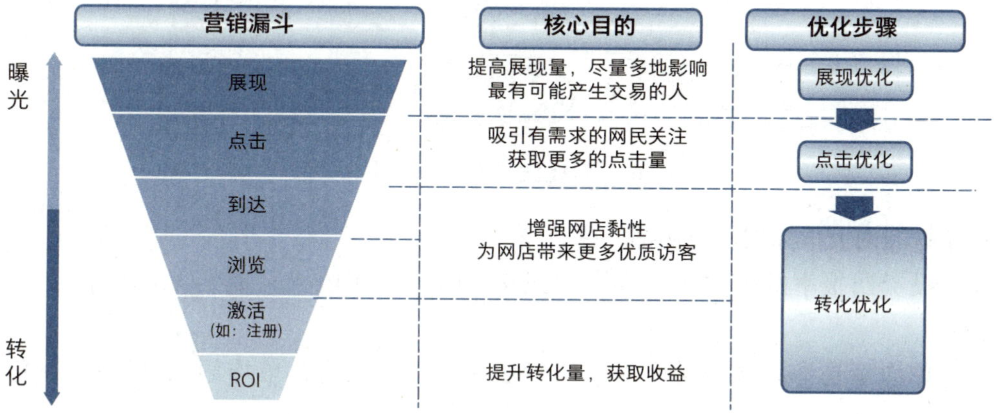

图 4-35 信息流推广账户优化逻辑图

（一）账户优化评价指标

通常可以通过展现量、点击率和转化率三大指标进行信息流数据分析，分析影响信息流推广过程中的各种问题，从而优化各项指标及素材，达到最优的投入产出比，提升转化率，降低成本，扩大营业额。信息流账户优化评价指标关系如图 4-36 所示。

1. 信息流的展现量

展现量是衡量产品曝光度、提升品牌认知度的重要指标。相对于搜索的展现量，信息流的展现量更为重要。原则上信息流的展现量越多越好，越多意味着覆盖的人群越多，人群越多线索才会越多。

2. 信息流的点击率

点击率可以有效获取目标用户关注情况，借此进一步分析目标顾客的需求，不断优化，进一步获取更多目标顾客点击。

3. 转化率

转化率越高，企业获益越大。转化率有助于激发消费者购买欲望，释放其核心需求。

企业产品无论销售流程时间长短，当信息推广一段时间后，就可以获取不同渠道推广带来的订单额（每次交易营业额的总和），并通过投资回报率（ROI）

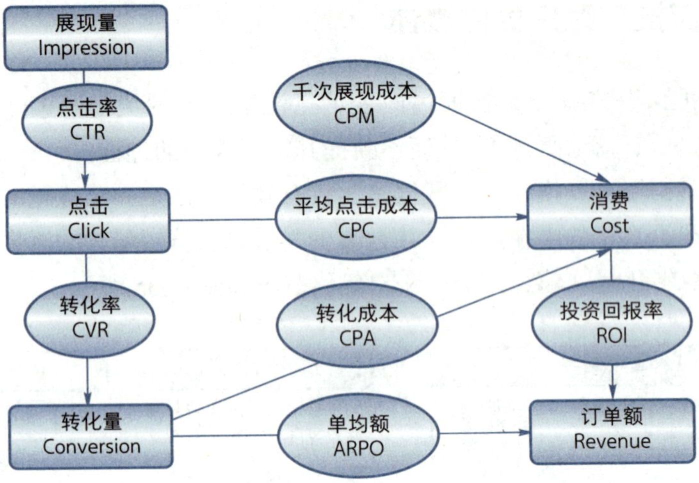

图 4-36　信息流账户优化评价指标关系

和单均额两大指标判断企业推广是否盈利。

投资回报率的公式为：投资回报率（ROI）=（收入 − 成本）÷ 广告费 × 100%。

单均额是指一次转化所带来的营业额，其公式为：单均额 = 订单额 ÷ 转化量。

（二）账户数据分析

在关注曝光量、点击量等基础数据的同时，也需要关注转化量；结合转化量，分析基础数据，是账户优化的原则和根本。

1. 信息流展现量影响因素分析

信息流展现量提升有助于提升后续的点击量和转化量。影响展现量的因素有以下两种：

一是外部因素。当一个媒体上的广告数量增加时，就会造成竞争加剧；同时，CPM、CPT、GD（Guaranteed Delivery，保证交付）广告订单的增加，也会造成竞价信息流广告的资源池被挤压。另外，媒体在不同时期对不同行业的流量分配不同，如“双 11”大促时，媒体会将更多的流量分配给电商行业，从而导致其他行业展现量减少。

二是内部因素。影响展现量的内部因素的是 ECPM，ECPM 值越高，广告排名越靠前，获得的展现量越大，在冷启动阶段，预估 CTR 积累不足时建议溢价投放，以获取更多展现机会。

2. 信息流点击量影响因素分析

在展现量一定的情况下，创意的质量和排名直接影响用户的点击率。

影响创意质量的因素包括：创意吸引力、创意和产品相关性、创意图片质量、创意与受众人群匹配程度、创意表现形式（大图 CTR>小图 CTR）。同时，信息流创意存在衰退周期，即随着推广时间的增加，创意的点击率会逐步下降，所以创意要时常更新，一般热门行业 3～7 天就需要换一批创意。

另外，如果信息流广告竞价环境激烈，就会造成各家争排名，要想保证排名靠前就需提高出价。

3. 信息流转化量影响因素分析

点击量一定时，不同推广目的因营销场景不同，影响转化量的因素也会不同。

首先，在 App 推广第二营销阶段，如果创意与 App 匹配程度低，用户就会离开，从而造成流失。这说明创意撰写不能只为追求高 CTR。落地页首屏不但要设置转化元素，还要考虑位置、形式和交互性。

其次，在设置账户时，选择 Wi-Fi 网络环境，避免因 App 安装包过大而浪费点击量。iOS 和安卓下载版本、地址都不同，所以平台设置不能选择“不限”。如果个别产品只适用于移动用户，那么设置时要过滤掉其他运营商，否则会影响下载、激活等转化量。

再次，在 App 变现环节，创意优惠是否在 App 首屏提示、产品支付流程是否顺畅，直接会影响成单量。而产品和推广覆盖人群的匹配度、产品优势领先程度则会在所有营销阶段影响转化量。在落地页推广中，应更重视落地页的策划质量、转化元素、页面文案、页面配色和布局等。

最后，当转化量发生变化后，也会对 CPA 产生影响。CPC 费用增加，会造成总消费增加，即使转化量没有变化，CPA 也必然提升。而 CVR 数值降低，也会拉高 CPA。

因此，做信息流推广应对数据持续观察。当数据波动明显时，可以观察该数据属于哪个漏斗层级，再根据影响因素进行问题排查，找到真正影响因素并进行有效优化。需要注意的是，提升有效展现量才能让营销漏斗呈现正常形态，否则会导致花钱没效果。

如图 4-37 所示是一套营销数据，从中可以清楚地了解到每个地区花了多少钱，每个地区的转化率是多少。通过计算消费占比和转化占比两个维度，从而判断投放方向或投放效果。

以北京地区为例，它的转化占比低于消费占比，说明整体转化效果并不好，那么就需要思考：转化不好是哪出了问题？目前北京的消费比例符合网店目前的推广策略吗？

而河北地区，转化占比高于消费占比，说明该地区转化效果很好，那么就需要思考：对该地区需要增加推广费用吗？

4. 信息流推广的优化路径

（1）完善市场调查研究，加强对推广的精准投放，增强推广的传播效果。

信息流推广进行投放前，必须进行充分的市场调查和研究，对广告的产品、

地区	展现量	点击量	消费	点击率	转化次数	转化率	消费占比	转化占比
北京	366018	20563	549591	5.60%	1836	8.93%	61.12%	56.30%
江苏	2225514	5381	72580	2.40%	225	4.18%	8.07%	6.90%
山东	87282	4422	70971	5.10%	223	5.04%	7.89%	6.84%
浙江	75814	3307	54499	4.40%	160	4.84%	6.06%	4.91%
河北	29954	1878	29002	6.30%	248	13.21%	3.23%	7.61%
四川	20045	1274	29142	4.40%	117	9.18%	3.24%	3.59%
湖南	17430	747	13079	3.70%	75	10.04%	1.45%	2.30%
安徽	16486	1002	16676	5.70%	76	7.58%	1.85%	2.33%
陕西	15402	1087	19196	6.60%	94	8.65%	2.13%	2.88%
湖北	13744	613	10010	4%	86	14.03%	1.11%	2.64%
江西	15402	737	12084	5.40%	37	5.02	1.34%	1.13%
广西	12822	525	8001	4.1	39	7.43%	0.89%	1.20%
重庆	11432	735	14344	6.40%	45	6.12%	1.60%	1.38%

图 4–37　信息流数据转化占比分析

市场、消费者及竞争对手进行认真的调查和研究，找准推广的定位，并与产品定位进行有效结合，制定出有效的广告策略。

相较于传统的广告而言，信息流推广的可视化和简短性可以有效地针对目标受众，提高广告的有效展现率和有效到达率，让目标受众能够积极主动地接受广告信息的传播，同时挖掘新的潜在受众，不断扩大企业品牌和产品的关注度，提高信息流广告二次传播量。

（2）引导受众对信息流推广信息的参与互动，增强信息流推广的传播影响力。

信息流广告是通过互动形式进行广告信息的沟通和交流的，从而使信息流广告在传播过程中被不断地扩散及再扩散。信息流推广基于自身巨大的用户基数，以碎片化的信息发布适应各层次的用户需求，通过热点话题、信息的顺畅切入与精准投放增强其传播效果。但信息流推广在发展过程中仍然存在投放精准度与反馈度欠佳的问题，为此，网店需要基于市场调查完善精准投放策略，提高受众的参与积极性等，不断提高信息流推广的传播效果，为提高用户体验、营销效果和自身盈利“三赢”提供可能。

（三）定向方式优化

1. 定向的问题

定向方式是为了将广告受众人群限定在一定范围内，实现更精准的触达，提高投资回报率。定向要避免过窄、交叉、重叠。

（1）避免过窄：“兴趣关键词 +App 名称定向”选定过少导致用户覆盖范围小；自定义人群数量太少；错选过滤地域（投放到偏远地区）；点击或转化人群包未拓展；

（2）避免交叉：多重定向重叠，不同定向类型取交集，例如，选择某一城市，再叠加分类，叠加关键词；

（3）避免重叠：同级信息流账户间多个计划选择了相同的定向，导致相互竞争。

2. 定向优化方法需考虑的因素

定向方式优化需综合考虑以下三个主要因素：一是目标人群属性及行为习惯；二是产品特征、优势、应用场景；三是企业营销目标及市场环境等。推广计划的设定需要服务于广告主自己的营销规划思路，虽然没有固定的规范限制，但要确保结构清晰，以在提高管理效率同时方便后期数据统计和分析。

进行定向优化时，需要问自己两个问题：

一是通过信息流推广希望达到什么营销目的？假如目的是产品转化，那么可能较为适合行为定向，优化的重点是通过数据分析对用户的行为进行分类筛选；若目的是品牌认知，则较为适合基础定向。

二是希望通过信息流获取到什么人群？比如，如果是意向人群，那么便采用兴趣定向；如果是30～40岁的人群，那便适合基础定向。

流量转化是一个系统的过程，但无论哪一层次，都要以“营销目的”和“目标人群”为基准。以婚纱摄影行业为例，可通过分析行业、渠道、受众人群，来优化信息流推广账户策略。信息流推广设计方案示例如图4–38所示。

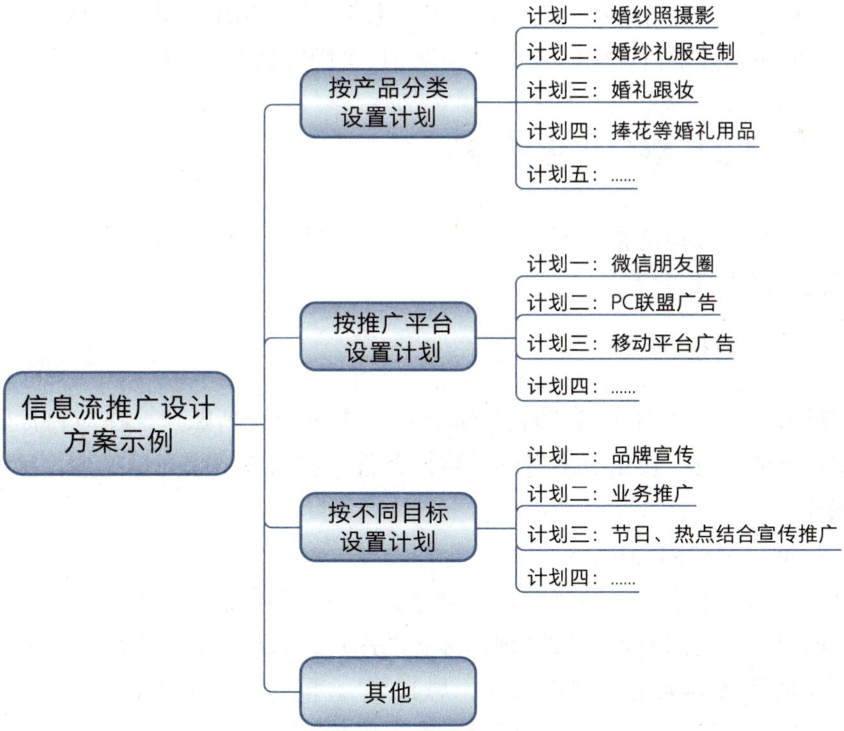

图4–38　信息流推广设计方案示例

（四）信息流推广账户转化的方式优化

信息流推广账户转化优化包含应用下载页优化、落地页优化和转化工具优化三个层面。

1. 应用下载页优化

Logo、简介要清晰醒目，建议使用与平台最为接近的色调；对于优惠活动等，要突出核心卖点和优势；选用高清、富有特色的应用截图及真实使用场景截图；过滤掉已经安装过的用户，注意避免非 Wi-Fi 环境的投放。

2. 落地页优化

按照首屏原则精简信息，突出卖点；表单噱头位置适当，逻辑通顺，有理有据；落地页整体长度建议不超过 3 屏，拒绝冗余信息；落地页承上启下，在文案和色调上外层与创意保持呼应。

3. 转化工具优化

设置 1～2 个转化目标最佳，在设置转化目标时，不建议在落地页中设置多种转化目标，这样会有碍广告系统智能学习。

将落地页中的转化目标放置于首屏或固定悬浮位置。如果转化目标不明显，就会影响落地页转化率，导致转化量低。所以转化目标，如表单最好设置在首屏，或者通过头条建站设置成固定悬浮样式，以提高表单转化率。

表单以 2～3 个字段为最佳。表单字段过多，会影响用户提交体验，减少表单提交量。使用视频素材投放广告，表单必须设置固定悬浮，以提高表单转化率。

二、信息流推广账户优化策略

信息流推广账户优化主要从人群定向优化、出价优化、预算推广优化和推广时间段优化来进行。

（一）人群定向优化

在投放前期，人群定向“宜宽不宜窄”。尤其对于新账户，在对目标转化人群认知不够清晰时，设定过多过细的定向条件，容易导致曝光量过少，从而导致成本飙升。

1. 定向过窄原因分析

（1）定向过于小众，导致覆盖人群过少。对于部分信息流投放平台，可以设置关键词定向，定向有过相关关键词标签的用户，长尾过长的关键词会限制目标人群，更建议关键词定向“宜大词，忌长尾”。同时在没有数据支撑的情况下，也建议前期的地域、兴趣定向不要过于窄，以免限制了潜在目标人群的范围。

（2）多重定向重叠，导致定向过窄。前期不建议同时采用关键词、兴趣两种定向，多重定向取交集，容易导致定向过窄。

2. 人群定向方面优化技巧

建议新账户，特别是新手投放，通过受众分析，先确定一个大概的人群定向，再根据数据逐步缩窄定向，实现精细化运营。等账户稳定之后，再考虑开拓其他人群定向，避免前期制订过多的定向计划从而分散预算。具体如下：

（1）根据目标受众优化。例如，可以把目标受众人群分为三大类：品牌的忠诚人群、行业目标人群和潜在人群。

品牌的忠诚人群是对某个品牌或者服务或者产品已经有一个基本的初步了解的人群。对此类人群定向建议：关键词定向。以公司或者品牌的名称作为关键词，进行关键词的锁定。

行业目标人群是指对一个行业的产品有需求，但还没有明确的目标品牌和青睐产品。对于这一类人群，如果选择关键词定向，要选行业内的一些通用词。如果选择兴趣定向的话，要根据这个行业用户兴趣的关注点来锁定。

潜在人群没有一个明显的行业目标需求，但是他们可能关注过跟这个行业相关的一些活动或者新闻，并且他们可能去这些行业所在的一些公共场合。那么这一类人群就有可能成为真实客户。针对这类人群的定向建议：地理位置定向、相关兴趣定向。

因此，进行受众分析的时候，一定要有一个思路框架，研究不同目标受众的关注点。根据这些用户的关注点，推出一些创意文案，并根据不同受众人群的特性，在做定向的时候，考虑近期这些不同人群的一个兴趣爱好、活动范围，做一个定向参考。

（2）根据后台的受众分析功能，结合广告主产品的用户属性（如地域、性别、年龄分布、兴趣分类等），提升效果转化。如图 4–39 所示。

在投放设置中，定向人群设置得越宽泛，广告位置选择得越多，所获得的展

目标受众	范围
地域	根据客户地域属性合理定向 可根据历史数据排除法投放/商圈定向形式推广　不限　省市　区县　商圈定向
性别	男性：汽车、房产、股票、技术性论坛、摄影、财经、军事 女性：影视、美妆、情感、星座、美容美体、购物、趣味性
年龄分布	影响用户的“上网活跃时间、关注点、消费能力、消费观念” 在选择投放渠道、媒体资源、投放时间段、定向条件时，是重要的参考依据。
兴趣分类	学生--教育 职场大众--视频、娱乐、电商 高管/政府高层--旅游、读书、军事 个体私营--论坛 家庭主妇--育儿、化妆 TIPs：CPA是智能转化出价，会智能挑选受众流量，因此除了地域、年龄、性别等自然属性外，兴趣定向尽量不要进行设置，放开受众会让广告投放系统更快去学习广告特征，进而更精准放量。
平台/手机品牌/网络/运营商	不限　自定义 IOS　Android　PC
APP行为定向	不限　按分类　按app
时段	目标用户的浏览高峰时段、转化高峰时段

图 4–39　结合用户属性提升效果转化

现量就越高。日预算设置得越高，媒体会判断需求越大，从而给予更多流量，所以对一些定向精细的计划或“O”智能出价计划可以不限定预算。增加推广时段也能增加展现量。在搭建账户结构时，避免将消费能力差异较大的定向方式放入同计划中，同一推广计划下至少要有 3 条创意。

（3）根据效果数据优化。除必选定向外，全量投放，通过“受众分析”报告，查看用户属性分布分析数据报表，去除高转化成本地域、年龄段、兴趣分类，可有效降低转化成本。

例如，通过媒体后台可以查看基于地理位置的效果数据，了解用户性别分布、年龄分布、设备使用情况等信息。如图 4–40 所示。

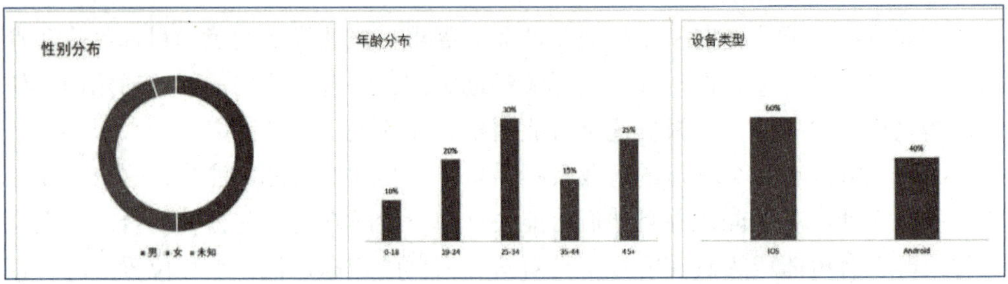

图 4–40　人群分析

然后分析如何进行有针对性的优化调整，例如，通过分析发现某地域点击量特别多，就可单独建立广告定向投放到该地域，也可以制订独立的计划，分配预算，设计有针对性的广告语，进一步提升效果。也可以使用多种定向组合投放，尽量多做一些尝试，观察设置了不同定向条件广告的投放效果，逐步选出最适合的定向设置。

（二）出价优化

1. 人群定向出价分析

人群定向如果出价低于行业均值，会导致展现量低；例如，某行业均价在 2 元，如果网店的出价太低，那么肯定没有竞争力，也就没有展现量。

在新计划冷启动时，出价没有竞争力会导致展现量低，比如，统一账户内老计划出价高于 1 元，新计划出价如果低于 1 元，这个新计划肯定竞争不过老计划，从而导致产品没有展现量。

同样，如果大图、小图、组图出价一样，iOS 出价和安卓一样，也会导致展现量低；一般情况下，大图出价＞组图出价＞小图出价才有竞争力，iOS 用户出价＞安卓出价才有竞争力；

人群定向售卖旺季出价和平时一样也会导致展现量低；品牌、电商平台活动期间竞争加剧，如果出价还是和平时一样则会没有竞争力，从而没有展现量。

2. 出价优化技巧

出价与广告展现密切相关，出价的优化技巧通常如下：

新计划高出价。开始可对初始价格设定较高的值，观察该广告的展现量、点击量等数据，决定后续操作是降价、提价、暂停，还是更换素材等，不断摸索优化经验。例如，如果推荐出价范围是 0.48～1.50 元，可设置在 1.0 元以上。

持续密切关注数据，若广告展现量很少，低于 3 000 次，可适当提高出价，获得一定展现量后再做判断；若已经有了一定的展现量（在 3 000～5 000 次或更高），但点击率较低，可及时更新优化广告素材；如果数据走势呈现上扬或稳定趋势，点击率也较为理想，那么可以保持当前的广告不变或尝试逐步降价，并持续关注数据；如果展现量低于正常水平，可以再提价重新观察，提价后数据如果还没有起色，那建议放弃调价，转为更新广告素材或者新建计划。

（三）推广预算优化

1. 推广预算问题分析

（1）多计划分散预算。对于预算少的账户，前期建议集中精力投放，创建过多的创意和计划会分散预算，导致广告计划的展现量比较低。

（2）整体预算低，未集中安排好预算。选择平均投放模式会影响投放速度，展现量在全时段都比较低。在前期预算不足的情况下，需要根据流量需求调整投放策略，例如，将优先预算集中投放在有效的时间段或人群定向。对于新计划，建议设置较高预算，保证初始的投放量级，盯紧投放账户，等到一定量级时再及时调整，避免消耗过多。

总的来说，需要持续观察效果转化，按转化成本、ROI 合理地分配预算，同时避免因预算消耗过快而导致投放停顿的现象发生。

2. 预算设置优化技巧

根据转化量目标和历史投放效果反推预算，公式为：预算 = 转化目标（T）/ 转化率（CVR）/ 点击率（CTR）/1 000 × 受众 CPM。如果转化目标（T）是一天 20 个，转化率（CVR）是 5%。那么，20 个转化目标需要 20 ÷ 5%=400 个点击量。点击率（CTR）是 2%，所以 400 个点击量需要 20 000 个展示量。如果定向的受众 CPM 浮动在 12～20 元之间（也就是 1 000 个展示量需要 12～20 元购买），那么要达到 20 个转化量的目标，就需要设置 20 ÷ 5% ÷ 2% ÷ 1 000 × 20=400 元的预算。

根据流量需求调整投放策略。比如，某产品在一天的某个时间段转化效果更好，其他时段差异较大，那就可以增加一天中这个时段的预算。

还要注意广告组预算和计划预算的限额。要保证账户余额充足，接近预算用尽的时候要及时增加预算，保证计划不会因为预算用尽和账户消耗完毕而停止展现。

对新计划建议设置较高预算，保证能有一个初始的投放量级，积累到一定量级再及时调整。

持续观察效果转化，按转化成本、ROI、ARPU 分配预算。

（四）推广时间段优化

1. 推广时段选择问题分析

投放时段选择过窄（每天仅投放几个小时）会导致展现量低，导致在优质时段（上下班用户使用平台高峰期）出价无竞争力而导致展现量低。

2. 推广时间段优化技巧

充分结合以前的投放数据，根据产品受众人群在推广平台上的活跃时间来设定投放时段。例如，信息流平台主要针对用户的碎片化时间推出娱乐信息，上下班高峰期、午休时间是属于平台流量的高峰期。

如果预算不足，建议根据分时段效果选择 CTR 或转化效果最优时段，尽量覆盖优质时段，提高这些时间段的出价，从而保障转化率。

考虑到预加载的功能，也为了保证更好地抢占上下班高峰期的流量，建议将投放时间在最优时间段的基础上提前投放 1～2 个小时。

三、信息流推广创意优化

如果点击率不高，首先就应该优化创意。创意切入点、创意文案、创意视觉是影响创意的三个重要因素。

在信息流广告中，创意优化是重中之重，创意是转化的第一路径和流量入口。因为创意本身直面用户，所以创意文案和图片本身需要符合企业产品的用户画像和标签，并且在一定时间内需要更替调整，以避免用户产生视觉疲劳，实现“吸引用户→点击广告→进入落地页→最终转化”的目标。

（一）创意切入点优化

在优化分析信息创意点之前，用梯子理论把产品能带来的利益、能完成的任务和用户价值观进行完整分析，确定广告要对谁说、说什么、达到什么样的转化目标，进而寻找点击率不高的原因，对症下药。

例如，某企业产品有个卖点是“免费设计”，那么这个卖点能带来什么结果？其中一个结果就是“不花钱就能看到装修后的样子”，再往下联想，客户想通过“看到家装修后的样子”达成什么目标呢？其中一个可能是“通过设计让家变得更美”，那为什么“让家变得更美”是一个对客户很重要的目标呢？因为用户的价值观是“努力奋斗的自己，一定要住得好一些”，如图 4–41 所示。

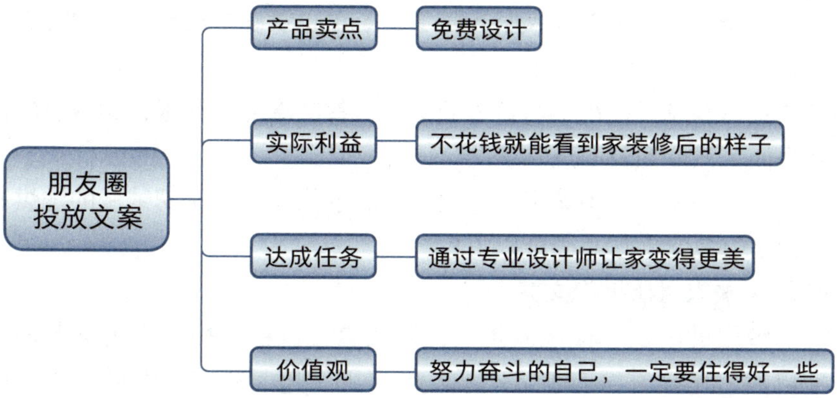

图 4-41　创意切入点优化案例

（二）创意文案优化

创意文案要通过幽默、新奇的等话语吸引用户点击。

1. 文案优化原则

（1）根据用户痛点去撰写。创意最终的目的是吸引用户点击，需要企业了解用户的痛点，从而吸引用户进行点击。例如，教育行业中不同的受众群体，对于教育产品的关注点会不同。

语言培训类消费群体，主要集中在大学生、白领、女性。他们学习的目的大部分是出于兴趣或者能力的提升。这部分人群对模特形象不太感兴趣，对于他们来说，真正有吸引力的是课程优惠的力度以及课程的内容，也就是价格以及价值的体现。

学历提升群体，基本都是考研、专升本、学技能的学生。他们希望能够考上理想学校，对分数有追求，那么他们对于是否能考上，分数线到达多少都非常看重，所以广告需要重点体现这两部分的内容，也就是人性和价值的体现。

留学群体大多数是一二线城市经济条件较好的学生或者职场人群。他们对于留学的地点、机构以及课程会非常感兴趣。信息流广告是否能够解决他们在留学准备期间的问题是关键，能不能吸引他们点击以便于了解更多留学信息也非常重要。

（2）根据平台特性去撰写。比如，微博平台信息流广告的撰写可能比较偏向有趣、特色化；而新闻类平台可能会偏向专业、严肃化。

2. 文案内容优化

内容优化要根据需求，分析场景，定卖点，促成交。

例如，小李刚装修完新家，想换一台新洗衣机，但很多洗衣机要么不能洗羽绒服，要么不支持烘干，两种功能都有的价格又太高。因此，小李针对洗衣机这个需求产生的诉求是：既能洗羽绒服，又能烘干，而且价格不能太贵。

按着这个思路可能搜集到如下场景：

场景一：今天晚上小李的衣服弄脏了，家里也没有换洗衣服，用洗衣机直接洗的话，第二天上班有无法晾干。

场景二：每到冬天，小宋用家里的洗衣机每次洗完羽绒服，羽绒服的保暖性就大幅度降低，只能到外面洗衣店洗。

场景三：小孙是一个小城市的普通白领，想换一个能洗羽绒服的洗烘一体洗衣机，但价格近万元，让小李难以负担。

下面是 A 洗衣机店推广文案：

能洗羽绒服的洗烘一体洗衣机，价格实惠，再也不用担心用不上好洗衣机了。看完以后，用户觉得有什么问题？能洗羽绒服是卖点，洗烘一体也很吸引人，但是，具体是洗完羽绒服之后是什么效果？烘干要用多长时间？价格实惠，具体是多少钱？卖点太多，且卖点描述不清晰。

能满足用户需求、解决用户问题的功能才是卖点。第一步，消费者不能解决的问题，就是企业的突破点所在。第二步，企业需要将产品的卖点对号入座放到用户诉求中，用以满足其需求。文案内容如图 4–42 所示。

补需求	用什么来填补需求：how	卖点分析，对号入座
	使用目标物所付出的成本：how much	2 999元即可购买
	对结果的预测：how feel	不影响羽绒服保暖性，1小时烘干
年轻人想买一个能洗羽绒服的洗衣机 小城市白领想用便宜的价格购买能洗羽绒服的洗烘一体洗衣机		

图 4–42　文案内容示例

提前总结的产品卖点如下：

能洗羽绒服：洗完不影响保暖性

烘干快：1 小时烘干

价格低：2 999 元

经过分析，小李需要的是洗烘一体且烘干快，能洗羽绒服且效果好，并且价格实惠的洗衣机。对应的商品卖点：洗烘一体，1 小时烘干；能洗羽绒服，不影响羽绒服保暖性；价格实惠，只需 2 999 元。

最后，这个完整的场景是：小李是一个小城市的普通白领，想买一款新洗衣机，但很多洗衣机要么不能洗羽绒服，要么不支持烘干，两者都有的价格又太高。现在 A 洗衣机店称，其销售的洗烘一体洗衣机能洗羽绒服，不影响羽绒服保暖性，1 小时烘干，价格实惠，只需 2 999 元。

该企业账户文案内容调整后销量提升了 200%，推广成本降低了 150%，账户量级从 3 000 人提高到 3 万人。

3. 创意主题表现优化

人物、场景、学习元素构成了信息流创意主题表现的三大法宝。

（1）人物。例如，学生模特：学生形象青春活泼、热情洋溢，可以唤起用户对于学生时代的向往；教师模特：通常与学生模特一起出现，呈现在课堂的场景中，唤起用户想成为莘莘学子的心理。创意主题人物优化建议结构如图 4–43 所示。

左右结构　　上下结构

图 4–43　创意主题人物优化建议结构

（2）场景。例如，学校典型设施：多选用大学校园、知名学府、教学楼、操场等场景，体现沉浸在知识海洋里的感受；操场 / 运动会：多选用体现挥洒青春活力的场景，增强用户成功的信心；课堂：多选用勤奋刻苦的莘莘学子的场景，用来激励用户的进取心。创意主题场景优化建议结构如图 4–44 所示。

（3）学习元素。黑板、书本等学习工具，能使用户沉浸在学习氛围中。建议结构如图 4–45 所示。

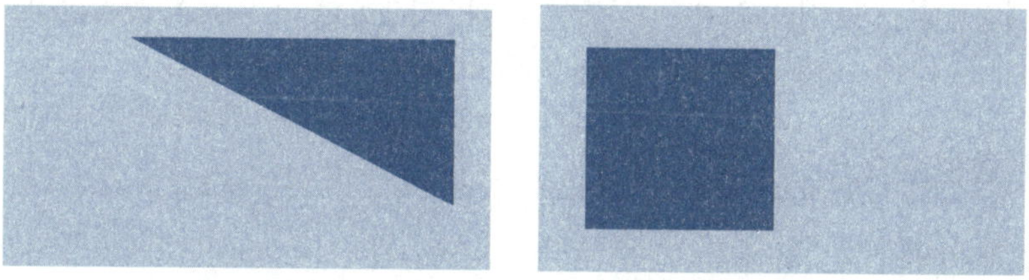

对角结构　　左右结构

图 4–44　创意主题场景优化建议结构

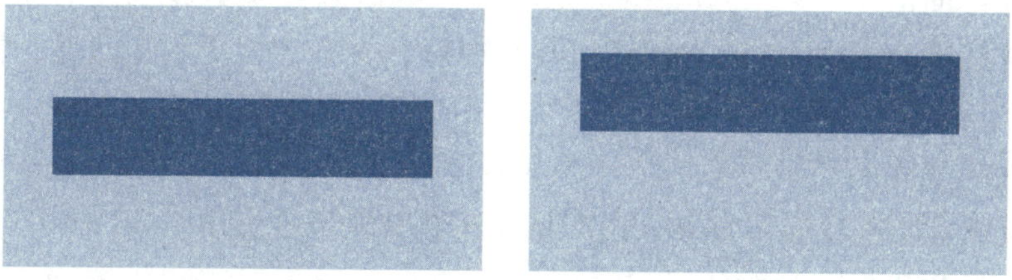

居中结构　　上下结构

图 4–45　创意主题学习元素建议结构

（三）创意素材优化

1. 素材质量优化

（1）明确推广目标。制作素材之前先要确定广告要对谁说、说什么、达到什么样的转化目标，做到有的放矢。

（2）避免重复。广告素材并不是以多取胜，避免使用相同素材重复进行投放，过多重复的素材会使用户产生视觉疲劳，降低点击率。相同定向条件的相似广告素材投放1～2个即可。

（3）文案清晰。文案要抓住重点，尽可能有针对性和吸引力，不要使用泛滥通俗的文案。可以采用“主题＋辅助说明”的形式，建议每种颜色使用的字体数量不超过2种。尽可能使用标准字体，不要使用变形字体以及仅适合低龄人群的字体。

2. 素材点击率优化

（1）素材更新频率。以腾讯社交平台为例，根据广告运营团队用户调研和测试，同时结合腾讯社交用户的上网行为习惯，建议每隔3～7天更新一次广告素材，如果所投放的广告素材在新广告训练期内（1～7天）展现量和点击率等数据持续不佳，可以考虑暂停或更新现有的素材。

（2）规格多样化。建议广告主将可用规格均提交上线，以保证获取足够的展现量，避免因规格缺失造成无法获取该广告位展现的情况。

（3）素材吸引力。点击率（CTR）＝点击量 / 展现量 ×100%。对于大部分广告主（非单纯追求展现量）来说，CTR越高越好。在展现量既定的前提下，CTR的提升主要取决于素材的吸引力，相对的CTR也是衡量素材优秀与否的重要指标。提升素材吸引力需要：广告主提炼不同卖点→了解消费者心理→做出优质的素材上线投放→测试数据→提炼总结→不断分析积累经验。

（四）创意视觉优化

1. 主次分明

信息流广告展示环境相对复杂，要让用户能在第一时间了解到广告所传递的信息，挑选最有价值的唯一卖点，必须用最简洁的设计方式呈现。

2. 字体简洁

文字不超过图片1/3的空间，留有空白区，文案才能更容易凸显，快速传达广告内容。

3. 浅色优先

浅色背景能通过反差效果，让产品在浅色背景下更突出。

4. 设计突出

选择高质量清晰的画面，设计主题的颜色应控制在3种以内。

5. 整体协调

素材整体的色调、风格保持统一，背景尽量使用纯色、平面、微质感的图片，避免使用过于具象或者比较抢眼的图片。

（五）广告尺寸优化

对广告素材需要选择一个合适的广告尺寸。不同的投放平台均提供了不同的广告尺寸供选择，这些尺寸对应了不同的展现量和点击费用，广告主根据自身需要进行合理的选择，可以达到更理想的效果。如果推广目标是以较少的预算，在短时间内获得高展现量，提升品牌的公众认知度，那么可以选择日均展现量高，同时点击单价低的图片广告位进行投放。

直通职场

信息流推广优化小技巧

（1）广告上新之后，不要在短时间内随意调整。尤其是对于已经产生流量的广告，如果要调整，可以新建计划，不要对成熟的计划进行大幅调整。

（2）出价比系统建议的出价还要高，便于最初起量。

（3）一旦确定了出价，就不要随便改动。

（4）投放初期，不要做太细致的人群定向，可以通投，然后再优化。

（5）在预算有限的情况下，可以多增加一些预算设定，甚至增加到“不限制投放金额”的程度，多设置预算，平台分配的流量也会多一些。

（6）页面和图片很关键，创意配图要美观、清晰、有吸引力。页面的表单要明显具有引导性，表单尽量在三个之内，最好设两个表单。

（7）不同广告位与创意样式都需要进行尝试，要尽快测试出效果，从而选择最优的广告位和创意样式。

（8）信息流稳定以后就不要经常调整，可以新增不同推广方式的计划，对效果好的计划就尽量不去调整。

四、信息流推广落地页优化

信息流是人群定向，主要是获取意向和潜在人群。如果展现量过万次、点击量超过 200 次还没有转化，基本可以确定落地页制作存在问题，就需要对落地页进行分析优化。

（一）面向人群优化

落地页的目的是承载流量，需要尽一切可能去满足用户的需求。转化率低首先就要判断落地页的面向人群是否准确。

针对意向人群设计品牌型落地页，通过用户的已知信息去获取用户的好感，以此来进行转化。第一屏主要突出自身品牌，第二屏要展示自身优势，第三屏为产品介绍，第四屏以案例做支撑。品牌型落地页如图 4–46 所示。

图 4–46　品牌型落地页

针对潜在人群和目标人群分析推广目的，优化设计促销型落地页或曝光型落地页。潜在人群往往没有明确的购买意图，落地页在设计上以促销、曝光为主，通过一定的优惠力度刺激需求。目标人群对产品本身和品牌已经有一定的了解。要通过一定的曝光，提升用户对产品的认知度和好感度，然后再通过优惠去提升转化率。

（1）促销型落地页以促进转化为目的。在页面展示以“优惠 + 爆款”的展现形式，通过以优惠活动、转化工具相结合，从而促进用户完成转化。

促销型落地页如图 4–47 所示，通过促销活动来刺激用户快速完成转化。

（2）曝光型落地页，借助和产品相符的营销热点，通过提升曝光度，一方面为产品引流，另一方面以高频率的曝光提升用户对产品的认知度和好感度。

曝光型落地页如图 4–48 所示，在通过世界杯竞猜来吸引兴趣人群的同时，也提升了产品曝光度。

图 4-47　促销型落地页

图 4-48　曝光型落地页

（二）内容设计优化

1. 首屏精简，突出卖点

落地页首屏必须与外层广告创意高度相关，首屏精简信息，突出核心卖点，减少用户的首屏跳出率，如图 4-49 所示。

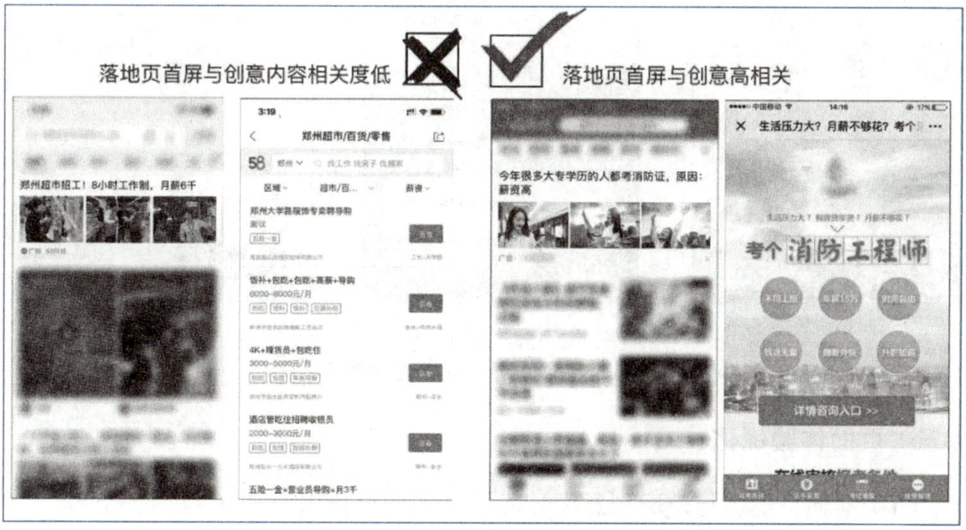

图 4-49　落地页首屏与创意相关度

2. 明确用户需求

落地页详情需以推广内容为核心，展示目标用户最为关注的信息，明确推广内容能够满足用户哪些需求。

3. 文案清晰，主次分明

文案清晰、重点突出、主次分明，便于用户读取有效信息，模块化展现页面详情信息。

4. 引导用户转化

转化窗口设置引导用户转化的信息，提升用户转化率。

明确营销主题，抓住用户最关注点“装修需要多少钱”，围绕怎么帮助业主省钱、降低装修中的无谓消耗来激发业主填写表单。

第一版是优化前的落地页。主题文案有情怀但是无痛点，覆盖点太多却没有明确的主题，也没有合适的转化引导，不够有吸引力和转化效果。

第二版虽然突出了不再花冤枉钱的主题，但是字体颜色和整体色调不搭配。重点突出了帮助用户省去 3 项费用这个点还算不错，但是上下内容衔接不够顺畅。

第三版依然以报价为主题，帮助用户免费算报价，明确装修需要多少钱，而且色调搭配协调，以今天已有 185 位业主获取报价和免费获取报价来引导用户填写表单。最后又用一个小细节说明会对用户信息进行保密，用来降低用户的警惕性。转化效果比第一版提升 4 倍。落地页优化示例如图 4–50 所示。

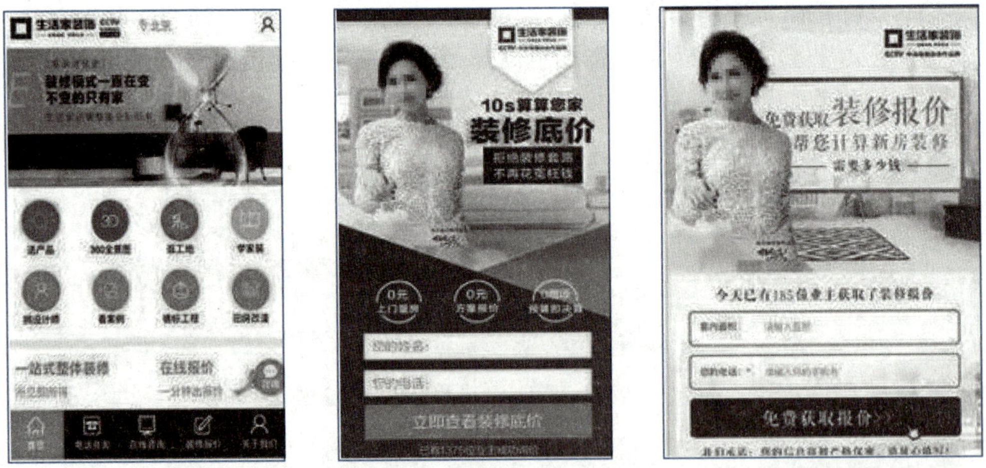

（a）第一版　　（b）第二版　　（c）第三版

图 4–50　落地页优化示例

（三）页面体验优化

（1）落地页建议与外层创意设计协调统一，符合用户喜好。

（2）页面打开速度一定要快，避免页面打开速度慢导致用户大量流失。如果页面打开速度过慢，需检查服务器、网站、代码、页面加载量，例如，是否页面图片过多过大导致加载量过大，影响页面打开速度。

（3）转化窗口的设计要符合用户行为习惯，综合提升用户操作便捷度，促进用户转化。例如，转化窗口设计突出、省力，并且不干扰用户有效阅读；如果页面过长，可以通过底部悬浮导航栏方便用户浏览等。页面体验优化如图 4–51 所示。

图 4–51　页面体验优化

（四）数据追踪优化

（1）页面转化数据必须能够有效获取，保证推广效果。

（2）页面转化来源必须能够追踪到创意层级，便于后续账户分析，以降低推广成本。

（3）对页面访问数据需要进行实时监测，便于发现推广问题，分析解决流量情况等问题。常用两种方法。第一种方法：观察。观察点击量到达 300 次或者 400 次时的线索量，如果依然没有转化，考虑停止该计划。第二种方法：换落地页。采用换落地页的方法时，可以把时段暂停一个小时再去换落地页，换好之后等待时段开启自然上线。需要说明的是，要停时段而不是暂停计划，在信息流推广中，停时段比停计划效果好。

大赛直通车

网店商品推广

全国职业院校技能大赛高职组“电子商务技能”赛项的网店运营推广模块中，根据大赛需求，卖家可以对已经筹建完成的B店发布的商品，选择央视、网络广告联盟、百度三种媒体中的一种或多种进行推广，用来吸引品牌人群的购买需求，增加店铺人气及商品人气，参赛者需要掌握其中的逻辑。

1. 成交顺序

成交顺序为：品牌人群→低价人群→综合评价人群→犹豫不定人群。

2. 媒体影响力

媒体影响力是指一种商品在某个媒体的影响下所获得该媒体影响力。

3. 综合评价指数

综合评价指数是衡量卖家综合实力的标准，其与企业信誉度、卖家店铺总人气、卖家企业总的媒体影响力、卖家社会慈善、卖家店铺视觉值、卖家B店开设情况、卖家办公场所所在城市影响力、卖家员工经验值、卖家员工业务能力相关，其公式为：

综合评价指数 = 卖家企业信誉度 / 整个市场总企业信誉度 ×140+ 卖家店铺总人气 / 整个市场店铺总人气 ×60+ 卖家企业总的媒体影响力 / 整个市场总媒体影响力 ×100+ 卖家社会慈善 / 整个市场社会总慈善 ×100+ 卖家店铺视觉值 / 整个市场店铺总视觉值 ×100+ 卖家B店开设情况（完成为20，未完成为0）+ 卖家办公场所所在城市影响力 + 卖家员工经验值 + 卖家员工业务能力

同步测试

1. 单项选择题

（1）以下关于出价，说法正确的是（　　）。

A. 出价是决定广告曝光机会的唯一因素

B. 提高出价是提升曝光量的唯一方法

C. 出价是指广告主为点击所支付的最终价格

D. 广告质量得分相同的情况下，出价越高曝光机会越多

（2）实际投放中，曝光量偏低，以下（　　）方式无法提升曝光量。

A. 提高出价　　B. 减少一级定向标签

C. 优化创意素材　　D. 增加一级定向标签

（3）以下情况中，会造成广告展现量高，但是点击量小的是（　　）。

A. 出价偏低

B. 创意有特色、形态新颖

C. 定向不够精准，广告投放给了对产品没有需求的人群

D. 账户结构搭建不够科学

（4）以下说法正确的是（　　）。

A. 新建广告时应该设定较低的出价，避免上线后消费太多

B. 新建广告时应该设定较高的出价，以便在上线之初积累较好的数据表现，提升广告质量得分

C. 广告投放一周后即使曝光量、点击率表现都很好，广告创意也必须更新一次

D. 广告的质量得分可以在账户内查询到

2. 多项选择题

（1）在信息流广告投放过程中，某条广告创意播放 8 小时，曝光量 300 次，点击量 6 次，点击率 2%，转化量 0 次，请问如果需要对这条广告进行优化，首先从（　　）方面入手。

A. 页面加载速度　　B. 投放时段

C. 定向　　D. 转化窗口

（2）信息流广告中，以下（　　）计费方式按照转化率参与竞价曝光。

A. CPC　　B. OCPM　　C. CPA　　D. OCPC

（3）今日头条信息流广告定向逻辑“一交二并”，以下定向中覆盖量级不是最高的是（　　）。

A. 地域：福建；年龄：25～50 岁；兴趣分类：家装建材；兴趣关键词：红木家具

B. 地域：福建；年龄：25～50 岁；兴趣关键词：家装建材、红木家具

C. 地域：福建；年龄：25～50 岁；兴趣关键词：红木家具

D. 地域：福建；年龄：25～50 岁；兴趣分类：家装建材

（4）信息流广告展现量高、点击量高、页面访问量低，需要着重排查的问题包括（　　）。

A. 广告定向设置是否过窄　　B. 创意内容与目标用户群体不相关

C. 页面打开速度过慢　　D. 页面设计不符合用户体验

（5）以下关于视频信息流广告的特点，说法正确的是（　　）。

A. 可展示的信息较多，表现力更强

B. 绘声绘色，能够向用户展现沉浸式体验内容

C. 游戏类、功能性产品推荐使用

D. 转化效果好，推荐优先使用

（6）希望提升效果广告素材点击率，可以从（　　）方法入手。

A. 场景化展示，提升用户代入感

B. 大面积突出品牌 Logo，强化品牌输出

C. 展现福利诱惑，刺激用户需求

D. 使用有授权的明星 / 代言人

3. 判断题

（1）大部分信息流广告投放平台的结构都分为 4 个层级：账户—推广计划—推广组—创意。(　　)

（2）信息流广告的核心是个性化推荐，而个性化推荐的前提是行为定向。(　　)

（3）在人群定向中，基础定向偏向泛人群，兴趣定向偏向精准效果，而行为定向（搜索、App、电商、社交互动）更偏向目标。(　　)

参考文献

[1] 段文忠．网店运营管理［M］．北京：高等教育出版社，2019.

[2] 全国电子商务职业教育教学指导委员会．教学用电子商务领域术语［M］．北京：高等教育出版社，2018.

[3] 李敏，曾鸣．网店视觉营销［M］．北京：高等教育出版社，2021.

[4] 徐洪峰，崔恒华．电商多平台运营实战：淘宝、京东、拼多多、抖音［M］．北京：电子工业出版社，2021.

[5] 任小龙．淘宝天猫店铺运营［M］．北京：电子工业出版社，2020.

[6] 吴洪贵．商务数据分析与应用［M］．北京：高等教育出版社，2019.

[7] 李静．网店客户服务［M］．北京：高等教育出版社，2021.

[8] 段洪斌，郑海峰，倪萍，等．网店推广实战：网店流量全渠道获取实操宝典［M］．北京：电子工业出版社，2021.

[9] 黑马程序员．跨境电子商务：亚马逊运营推广［M］．北京：清华大学出版社，2021.

读者意见反馈

为收集对教材的意见建议，进一步完善教材编写并做好服务工作，读者可将对本教材的意见建议通过如下渠道反馈至我社。

咨询电话　400-810-0598

反馈邮箱　gjdzfwb@pub.hep.cn

通信地址　北京市朝阳区惠新东街4号富盛大厦1座

高等教育出版社总编辑办公室

邮政编码　100029

防伪查询说明

用户购书后刮开封底防伪涂层，使用手机微信等软件扫描二维码，会跳转至防伪查询网页，获得所购图书详细信息。

防伪客服电话　(010)58582300

网络增值服务使用说明

授课教师如需获取本书配套教辅资源，请登录“高等教育出版社产品信息检索系统”(http://xuanshu.hep.com.cn/)，搜索本书并下载资源。首次使用本系统的用户，请先注册并进行教师资格认证。

高教社高职电子商务专业教师交流及资源服务QQ群：218668588